유아 교수-학습방법

윤희경 김애옥 나은숙 이분려 황혜경

창지사

머리말

교육의 기본적이며 핵심적인 요소는 가르치며 배우는 과정이다. 실습을 나가서나 초임 교사 시절 가르치는 일과 관련하여 계획대로 수업이 진행되지 않아 좌절하기도 하고 또는 유아들과 함께 만들어가는 수업을 통해 다시금 에너지와 용기를 얻었던 경험을 가지고 있다. 교사라면 누구나 좋은 수업에 대한 열망을 가지고 있다. 그러나 많은 유아교사는 교수-학습과정에서 '학습의 효과를 극대화하는 방법은 무엇일까?', '열심히 준비했는데 왜 아이들은 산만해지는 걸까?', '어떤 방법으로 활동을 계획하고 이끌어야 하나?'를 결정할 때 어려움을 느낀다. 아마 이 질문에 대한 유일한 답을 찾기란 쉽지 않을 것이다.

본서는 만 3~5세 유아학급을 맡고 있는 교사들이 일상생활에서 유아들과의 의미 있는 경험을 언제, 어떤 방법으로 채워야 하는지에 대한 물음에서 출발하였다. 자동차를 운전하여 목적지까지 갈 때 네비게이션의 도움으로 초행길을 좀 더 편안하게 가듯이, 하루 일과의 시작인 등원에서 귀가까지 유아교육기관 안팎에서 이루어지는 활동에 대해 적절한 교수-학습방법을 활용할 수 있는 교사의 수업역량을 지원하려는 것이 본서의 목적이다. 예비유아교사들에게는 본서의 취지대로 자연스럽게 유아교육기관의 일과를 익히면서 각 활동의 의미와 구체적 지도방법을 제공하고, 현직교사들에게는 유아들을 가르치다가 궁금증이 생길 때 다시 읽어보며 현장에 적합한 실제로 새롭게 창조하는 경험과 이를 통해 실천적 지식을 적용하는 데 도움을 주고자 한다.

본서는 이론과 실제편으로 구성하였다. 제1부에서는 유아 교수-학습방법의 이론적 측면을 다루었고, 제2부에서는 등원에서부터 귀가까지 일과활동별 유아 교수-학습방법의 실제를 구체적으로 제시하였다. 1부의 유아 교수-학습이론은 교수-학습의 개념 및 중요성, 교수-학습에서의 유아교사 역할, 유아의 발달 특성과 유아발달에 적합한 교수-학습, 유아의 학습원리와 유아를 위한 교수-학습유형, 교수-학습에 대한 평가를 다루었다.

특별히 유아기는 초·중등학교와 달리 어떤 내용을, 어떻게 가르칠 것인가를 결정하는 데 유아의 발달적 고려가 중요하므로 이에 대한 이해와 학습내용에 따른 다양한 접근방법, 교수전략을 중요하게 살펴보았다. 또한 평가는 교수-학습과정의 선순환에 반드시 필요한 과정이므로 유아를 위한 평가방법 외에 교사 자신을 위한 평가도 함께 제시하여 교수-학습과정이 효율적이고 발전적으로 운영되는 데 도움이 되도록 하였다.

교사가 양질의 프로그램에 대한 이론과 지식을 단순히 아는 것만으로는 학습의 효과를 거둘 수 없다. 유능한 유아교사는 학습 상황과 학습자에 대한 이해를 토대로 자신이 아는 것을 실제적이고 구체적 활동으로 연결할 수 있어야 한다. 이에 제2부에서는 일과의 시작인 등원에서 귀가까지 유아가 유아교육기관에서 접하는 모든 경험을 중요한 교육적 활동으로 보고 전 일과를 포함하였다. 활동들은 구체적으로 등원, 자유선택활동, 전이 및 주의집중, 이야기 나누기, 동화, 동극, 동시, 게임, 동작, 음악, 미술, 요리, 현장학습, 간식 및 점심, 낮잠 및 휴식, 귀가를 다루었다. 각 활동들은 사진자료와 함께 활동의 교육적 의의, 활동내용, 지도방법, 활동의 예를 자세하게 제시하여 유아교사들이 활동으로 실행할 때 도움이 되도록 구성하였다.

저자들은 본서가 유아교사들이 좋은 수업을 하기 위해, 왜 유아 교수-학습방법이 중요한지 인식하고 실천하는 데 작은 지침서가 되기를 소망하며 준비하였다. 집필과정 내내 본서의 완성도를 위해 수차례 논의와 협의를 거쳤으나 막상 본서를 내놓으려니 아쉽고 미흡한 부분이 눈에 더 들어오는 것이 사실이다. 향후 현장의 교사와 유아의 목소리에 귀 기울이고, 지속적인 노력을 기울여 더 나은 내용으로 수정·보완할 것을 과제로 남겨둔다.

본서가 완성되기까지 많은 분의 도움이 있었다. 특별히 각 장의 내용을 이해하기 쉽도록 적절한 사진을 제공해 주신 계명문화대학 부설어린이집, 한림대 부속유치원, 포항 대동유치원, 휘경유치원에 감사의 마음을 전한다. 아울러 본서가 나오기까지 묵묵히 기다려주시고 정성껏 출판해 주신 창지사 관계자 분들께도 감사를 드린다.

2015년 봄을 기다리며

저자 일동

차례

PART 1 유아 교수-학습방법의 이론

3장 유아 교수-학습유형

4장 교수-학습평가

PART 2 일과활동별 유아 교수-학습방법의 실제

11장 동시

12장 게임

13장 동작

14장 음악

15장 미술

16장 요리

17장 현장학습

18장 간식 및 점심

19장 낮잠 및 휴식

20장 귀가

1장
유아교육과 교수-학습

2장
유아 발달 특성과
교수-학습

3장
유아 교수-학습유형

4장
교수-학습평가

PART I

유아 교수-학습방법의 이론

1장 유아교육과 교수-학습

현대 유아교육에서 유아기는 인생의 결정적 시기로, 유아는 사람과 사물과의 상호작용을 통해 지식을 능동적으로 구성해 가는 존재로 인식하고 있다. 반면 언어, 인지, 사회적 능력이 미성숙하여 자신의 감정과 생각을 적절하게 표현하는 데 어려움이 있고, 개인 간 발달 차이가 크며, 주의집중에 한계가 있을 수 있다. 또한 유아는 놀이를 통해 끊임없이 주변 환경을 탐색하면서 능동적으로 지식을 구성하며, 성인과 다른 유아와의 사회적 상호작용을 통해 학습한다. 특히 유아의 흥미와 '알고자 하는 욕구'는 학습을 자극한다(NAEYC, 1991). 따라서 교육대상인 유아의 개별적인 특징과 경험 그리고 유아가 살고 있는 사회문화적 배경에 대한 지식에 기초하여 적절한 교수-학습방법을 적용해야 한다.

이 장에서는 교수-학습의 개념 및 중요성에 대해 간략히 살펴보고 교수-학습에서 교사의 역할은 교사가 어떤 교육신념을 지니고 있는지, 학습의 주도성이 누구에게 있는지, 집단 크기는 어느 정도인지 등에 따라 달라질 수 있으므로 이를 고려한 다양한 교수-학습전략에 대해 살펴보고자 한다.

1 교수-학습의 개념 및 중요성

교수-학습이란 교수(敎授, teaching)와 학습(學習, learning)을 합친 단어로 '교수'란 '가르치는 행위'를 의미하며, '학습'이란 '배우는 것'을 의미한다. '교수'는 교사가 의도적으로 계획한 지식이나 기술 또는 기능을 가르치는 것뿐만 아니라 인성적인 측면까지 포괄적으로 포함한다. '학습'은 지식적인 것과 기술(기능), 태도가 비교적 지속적으로 변화하는 것을 의미한다.

20세기 이전에는 교사의 교수활동만을 강조하거나 유아의 학습활동만을 강조하였다. 그러나 미국유아교육협회(NAEYC)에서 유아들이 어떻게 학습하는지에 관한 이론적 근거를 찾기 위해 피아제, 비고츠키 등의 이론적인 관점을 논의하면서, 교수-학습 과정이 교수와 학습으로 구분하여 생각하기보다 상호작용의 과정이라고 제시하고 있다(홍순정, 이기숙, 2014). 즉 교육을 교사에 의한 교수로만 생각하거나 학습자에 의한 학습으로만 생각하는 것보다 교사에 의한 가르침과 학습자에 의한 배움의 개념, 이 두 가지 모두 내포한다고 볼 때 교수와 학습을 분리하여 생각하는 것은 큰 의미가 없다.

유아교육의 개념은 학자에 따라 매우 다양하게 정의할 수 있겠으나 '교육을 하는 사람과 교육을 받는 사람 모두의 노력으로 서로의 삶이 바람직한 방향으로 변화하는 것'(이은화, 양옥승, 1988)이라면 가르치고 배우는 것이 이원적인 것이 아닌 일원적인 체계라고 할 수 있다. 따라서 개념적으로는 교수와 학습을 구분할 수 있으나 실제 교육 현장에서는 교사의 교수활동과 유아의 학습활동이 서로 연결된 과정으로 나타난다.

교육과정과 교수-학습과의 관계를 살펴보면, 일반적으로 교육과정 계획 시 목적 및 목표를 설정하고 이를 달성하기 위한 교육내용과 교육대상 및 시기 등 교육의 전체 과정을 설계한다. 교수-학습은 교육과정 차원에서 볼 때 어떤 환경이나 조건에서 '어떻게' 가르치는 것이 학습자에게 가장 효과적으로 전달될 수 있는가의 문제이다. 국가 수준의 교육과정인 누리과정(2012.07.10 고시문)에서는 유아교육의 목적을 "영·유아의 심신의 건강과 전인적 발달을 도와 행복을 도모하며 민주시민의 기초를 형성하는 것" 이라고 명시하고 있다. 이때 교수-학습과정은 기대하는 인간을 형성하기 위한 교육목적을 달성하기 위해 어떠한 방식이 가장 효율적인가를 결정하는 과정이다.

초등 이상의 학교급과는 달리 유아교육의 대상인 유아들은 여러 가지 발달적 특징으로 인해 교수-학습방법이 더욱 중요하다. 효율적인 교수-학습활동이 이루어지기 위해서는 교사, 유아, 교수-학습의 내용, 기타 환경적 조건에 대한 개별적 전략을 구상하는 것에서부터 시작할 수 있다. 그러나 무엇보다 교육대상에 대한 이해가 선행되어야 한다. 교육대상에 대한 이해는 철학적·심리적·사회적 기초에 따른 교육신념과 연결되며, 이러한 신념은 교사의 교수-학습방법에 직접적인 영향을 미치기 때문이다.

유아는 조용히 앉아서 지켜보고 듣는 수동적인 존재가 아니라 개별적인 발달양식을 가진 독특한 존재로 인식된다면, 교사는 유아가 자기 지시적인 놀이 속에서 문제를 해결할 수 있도록 충분한 시간을 제공하고, 교사가 준비한 학습영역의 여러 활동 중에서 유아가 자신이 원하는 활동을 선택할 수 있어야 하며, 모든 활동이 일상적인 생활 속에서 즐겁게 이루어져야 학습효과를 높일 수 있다. 그리고 이러한 방법들은 유아의 동기유발이나 지속적인 흥미를 촉진시키고, 창의적 사고를 확장시켜 학습을 내면화할 수 있도록 돕는다.

성공적인 교육을 위한 유일한 방법은 없다. 학습자의 연령과 상황이 각 개인마다 차이가 있듯이 어떻게 가르쳐야 하는가의 방법은 매우 다양하다. 교사는 유아의 발달 정도와 흥미, 관심 등 개인차를 염두에 두고 그러한 특성을 살리면서 학습효과를 높이기 위한 다양한 교수-학습방법을 모색해야 한다.

2 교수-학습에서 유아교사의 역할

학습효과를 극대화하기 위해 교사는 교수-학습전략의 다양한 방안을 염두에 두어야 한다. 유아가 학습하는 내용과 그에 적절한 교수-학습방법을 연결할 때 좋은 수업이 가능하다. 교사는 교수-학습계획의 과정에서 어떠한 형태로 학습경험을 제공할지 결정하게 되는데, 이때 교사가 가지고 있는 교육신념, 학습의 주도성, 집단 크기에 따라 교사의 역할이 달라진다.

1) 발달이론에 따른 교수-학습방법

(1) 성숙주의

발달에 대한 생득주의적 견해를 가지고 있는 성숙주의는 발달을 유전자에 의해 안내되는 생리학적 성숙의 결과로 본다. 즉 인간은 타고난 유전적 요인에 의해 성숙·발달할 수 있는 내재적인 힘을 가지고 있다고 보는 입장이다. 이런 이유로 유아마다 발달속도에 차이가 있고, 성인의 인위적인 계획대로 유아들을 발달시키고자 한다면 오히려 성장을 방해하는 일이라고 본다. 그보다는 유아의 발달이 자연스럽게 전개될 수 있도록 학습 환경을 지원해 주는 것이 필요하고, 성인의 간섭을 최소화할 것을 제안한다.

성숙주의에서는 학습에 있어서 준비도(readiness)의 개념을 강조한다. 학습에 필요한 지각적·운동적·지적 성숙이 이루어지기 전에 갖는 경험은 실제 학습에 도움을 주지 못한다고 본다. 학습은 유아가 무엇을 하고 싶다는 욕구와 흥미를 따라가면 어떤 특별한 방법을 적용하지 않더라도 자연스럽게 배우게 된다고 보기 때문에 교사의 역할은 수동적일 수 있다.

(2) 행동주의

발달이란 학습의 축적 또는 자극과 반응(S-R), 행동반응을 지속시키는 강화에 의해 이루어진다고 보는 행동주의는 후천적·환경적 요소를 강조한다. 행동주의는 '백지설(tabula rasa)' 에 철학적 기반을 둔다. 학습은 유아가 성숙함에 따라 자연스럽게 특별한 능력이 생기는 것이 아니라 기대하는 목표를 달성하기 위해 적절한 외적 경험을 제공해야 한다는 것이다. 따라서 학습이 이루어지기 위해서는 바람직한 행동의 강화를 통해 빈도를 높이고, 바람직하지 않은 행동은 부적 강화를 통해 행동을 수정하도록 유도한다. 이 관점에서 보면 모든 지식은 외적 환경에 존재하므로 교사의 의도적인 학습 계획과 직접적 교수를 강조한다. 따라서 학습에서 유아는 수동적 존재인 반면, 교사의 역할은 성숙주의 견해보다 능동적이고 지시적이다.

(3) 구성주의

구성주의 관점은 인간의 발달은 성숙적 요인과 환경과의 상호작용을 통해 이루어진다고 본다. 구성주의는 개체의 발달 중 인지적인 면에 관심을 가지며, 유아는 스스로 지식을 구성해 나가는 존재로 본다. 그리고 유아는 연령과 사전 경험에 따라 지식을 점차 재구성해 나가고, 환경이 조성되면 학습을 위해 능동적인 지적 노력을 기울인다는 것이다.

구성주의자들은 인간발달 과정에 영향을 주는 주된 요소를 제시하였다. 첫째, 유전적 요인이 주된 원인이 되는 성숙, 둘째, 환경이 주된 영향력을 제공하는 경험, 셋째, 유전적 요인을 소유하고 있는 개체가 환경과의 상호작용을 통해 수행하는 발달과제, 넷째, 함께 지내며 발달과정에 참여하는 다른 사람들과의 관계, 다섯째, 평형을 유지하기 위한 노력의 과정에서 앞의 모든 영향력 간의 상호작용이다(이영자, 이기숙, 이정욱, 1999). 지식에 대한 이러한 관점은 다른 이론들과 차이를 보이는 것으로, 인지론자들은 지식이 유아의 외부에 존재하는 것이 아니라 사람과 주변 환경과의 상호작용을 통해 구성된다고 본다. 따라서 교사는 지식을 전달하는 입장이 아니라 유아의 현재 사고수준이 어느 정도인지 이해하고, 유아 주변의 물리적·사회적 현상에 대해 관심을 가지고 직접 경험하고 상호작용해 볼 수 있는 학습의 지원자 및 중재자 역할에 중점을 둔다.

2) 학습의 주도성에 따른 교수-학습방법

교수-학습방법은 참여 정도에 따라 교사 주도적 활동(adult-guided activities)과 유아

주도적 활동(child-guided activities)으로 구분할 수 있다. 유아 주도적 접근방법은 유아의 흥미에 따라 활동이 진행되며 유아가 주체적으로 활동을 이끌어가는 것을 의미한다. 반면 교사 주도적 접근방법은 주로 교사가 활동을 계획적으로 시작하고 목표를 향해 이끌어가는 것을 의미한다. 전통적으로 두 접근방법은 서로 상반되고 극단적인 의미로 사용되었다. 교사 주도적 방법에서는 교사가 중심이 되어 학습을 일방적으로 주도해 나가는 역할로, 유아 주도적 방법에서는 교사의 간섭없이 유아가 학습의 주도권을 가지는 것으로 보았다.

그러나 유아 주도성과 교사 주도성의 교육적 효과는 획일적으로 나타난다고 볼 수 없다. 실제로 유아 주도적 경험과 교사 주도적 경험 간의 경계가 분명하지 않다. 오히려 상호 보완적이다. 어떤 학습도 전적으로 유아의 노력만으로 또는 전적으로 교사의 가르침만으로 일어나지 않는다(Epstein, 2009). 유아는 교육내용과 상황에 따라 유아 주도적 활동이나 경험으로부터 가장 잘 배울 수 있고, 때로는 교사 주도적 활동으로부터 더 잘 배울 수 있기 때문이다. 유아는 아직 미성숙한 존재이므로 학습활동의 계획과 실천, 평가에서 교사의 도움이 절대적으로 필요하다. 또한 주어진 영역 내에서 유아가 배우는 내용과 방법은 발달시기와 유아의 학습방식에 따라서도 달라진다. 예를 들어, 어린 유아는 자발적이고 자연스러운 대화(유아 주도적 경험)를 통해 말하고 듣는 기술을 습득하기 시작한다. 그러나 유아는 성장하면서 문장과 어휘를 주변의 성인으로부터 배우고 교사는 유아의 문해발달을 위해 계획적으로 새로운 단어와 글의 구조(교사 주도적 경험)를 소개한다.

효과적인 유아교육 프로그램은 〈표 1-1〉과 같이 유아 주도적 활동과 교사 주도적 활동 두 가지 모두를 활용한다. 두 접근방법은 모두 유아교육의 상황에 따라 적합할 때가 있다. 어느 한쪽만이 발달에 적합하다거나 유아에게 좋은 경험과 활동이라 말할 수 없다. 유능한 교사는 이러한 입장을 이해하고 각각의 장점을 조합하여 주어진 내용과 상황 또는 유아에게 가장 효과적인 유형을 선택적으로 활용한다.

표 1-1 유아 주도적 경험 + 교사 주도적 경험 = 가장 바람직한 학습

	유아 주도적 경험	
유아가 전적으로 통제하지는 않는다. (교사는 수동적임)	수업이 주로 유아의 흥미와 행동에 따라 진행되며 교사의 전략적 지원을 받는다.	성인이 전적으로 통제하지는 않는다. (유아는 수동적임)
	예) 두 유아가 바구니에 담긴 구슬을 똑같이 나누어 가지려 한다.	
유아들이 '누가 구슬을 더 갖느냐'로 속상해하고 화를 내더라도 교사는 간섭하지 않는다.	• 유아들이 먼저 눈짐작으로 구슬을 두 묶음으로 나누려 하지만, 만족스럽지 않다. • 교사가 구슬을 세어보라고 제안한다. • 교사의 제안에 따라 구슬을 옮기고 세어본 후, 두 묶음이 똑같아질 때까지 계속 조절한다.	교사가 구슬을 세어서 둘로 나누고, 각각 몇 개씩 가져야 할지 말해 준다.
	↑↓	
	교사 주도적 경험	
유아가 전적으로 통제하지는 않는다. (교사는 수동적임)	수업이 주로 교사의 목표에 따라 진행되지만, 유아의 적극적인 참여에 의해서도 변한다.	성인이 전적으로 통제하지는 않는다. (유아는 수동적임)
	예) 교사는 유아가 그림자에 대해 배우기를 원한다.	
교사의 계획은 그림자 수업이나 유아들이 카드 만들기를 원할 경우 이를 허용한다.	• 교사는 소집단에서 손전등과 종이로 그림자를 탐색할 수 있게 수업계획을 세우고 진행한다. • 교사는 유아의 의견과 제안을 수용한다(예: 유아가 '동물' 그림자를 만들고 싶어하면 이를 수용함).	교사가 수업의 모든 측면을 통제하고 이를 전체 집단에게 제시한다.

출처: Epstein, A. S.(2009).

브레드캠프와 로즈그란트(Bredekamp & Rosegrant, 1992)는 교사의 교수유형 또는 유아와의 상호작용을 교사의 개입 정도에 따라 비지시적 유형에서 지시적 유형으로 제시하였다. 〈표 1-2〉와 같이 7가지의 교수유형은 학습의 성격에 따라 가장 적절한 방법이 선택될 수 있다. 비지시적인 유형이 바람직하다거나 교수-학습과정에서 일방적으로 한 가지만 사용하는 것은 비효과적이다.

표 1-2 교사 개입 정도에 따른 교수 유형

개입 정도	비지시적 ←			중재적		→	지시적
교수유형	인정하기	모델 보이기	조성하기와 지원하기	비계 설정하기	함께 구성하기	시범 보이기	지시하기

(1) 인정하기

인정하기는 유아의 활동에 관심을 기울이고 활동을 지속할 수 있도록 긍정적인 격려나 칭찬을 해주는 것을 말한다. 다만 의미 없는 칭찬보다 유아의 행동과 노력을 구체적으로 칭찬하고 인정한다.

(2) 모델 보이기

모델 보이기는 유아에게 단서, 힌트, 코치를 통해 바람직한 기술이나 행동, 언어를 유아에게 직접 보여주는 것이다. 교사가 어른께 인사하기를 자연스럽게 유아들에게 보여줌으로써 바람직한 기술이나 행동양식을 모방하여 교실에서나 가정에서 적절한 행동을 실천하도록 한다.

(3) 조성하기와 지원하기

조성하기는 유아가 좀 더 높은 수준의 기능을 성취할 수 있도록 잠시 도움을 제공하는 것이다. 유아가 글자 쓰기나 책 읽기, 블록 구성하기 등을 두려워하거나 좌절감을 느끼지 않도록 탐색과 경험의 기회를 마련하고 분위기를 조성하는 것이다. 지원하기는 더 높은 수준의 기능을 성취하도록 조성하기보다 도움을 좀 더 구체적이고 분명하게 제공하는 방법이다.

(4) 비계 설정하기

유아의 현재 능력에 도전적인 활동을 제공하여 도움을 받아 성취할 수 있게 함으로써 발달 수준을 높이려는 것이다. 읽고 쓰기에 능숙하지 못한 유아가 친구에게 편지를 받았을 때, 함께 읽고 그림편지나 글편지로 답장을 보내도록 도와 혼자서도 읽고 쓸 수 있도록 한다.

(5) 함께 구성하기

교사도 유아들과 함께 학습자가 되어 공동의 문제나 과제를 해결해 나가는 것을 말한다. 민속박물관 견학에 앞서 무엇을 볼 것이며, 어떤 방법으로 갈지, 그 방법과 내용을 함께 조사하고 결정해 나가는 과정에 참여한다.

(6) 시범 보이기

유아가 결과를 관찰할 수 있도록 교사가 적극적으로 행동을 보이거나 활동에 참여하는 것으로, 대피훈련 시 유아들이 안전하게 교실을 빠져 나올 수 있는 방법을 교사의 직접 시범으로 보여줄 수 있다.

(7) 지시하기

실수 없이 학습이 이루어지도록 교사가 필요한 정보나 지식, 행동을 구체적으로 지시하고 전달하는 것이다.

3) 집단 크기에 따른 교수-학습방법

유아교육기관에서의 활동, 즉 수업을 참여인원 수로 구분하였을 때 집단활동(대집단, 소집단)과 개별활동으로 나눈다. 대집단활동이란 한 반의 유아가 모두 함께 모여서 하는 활동을 말한다. 이야기 나누기(개념학습, 학급회의, 새 소식, 출결 확인, 날씨 이야기), 문학활동(동화, 동시, 동극), 멀티미디어 감상, 음악활동(노래 부르기, 악기 연주, 음악 감상), 신체활동(걷기, 달리기, 공놀이), 과학활동, 요리, 게임, 휴식, 평가, 생일축하 등이 이에 속한다(양옥승, 최경애, 이혜원, 2011). 대집단활동은 전체 유아가 참여하므로 소속감과 일체감을 느낄 수 있는 장점이 있다. 반면 전체를 총괄해야 하므로 교사 주도적으로 운영될 소지가 있음을 염두에 둔다.

소집단활동이란 전체 유아를 3~4개 집단으로 나누거나 6~8명 정도의 인원으로 구성하여 각 집단별 활동에 의해 학습효과를 거두려는 전략이다. 각 집단마다 다른 교사가 동시에 같은 활동을 지도할 수도 있고, 한 교사가 다른 집단의 유아들과 다른 시간대에 교대로 활동하기도 한다. 유아들의 사고나 탐색활동이 집중되고 적극적인 참여 기회를 가져야 하는 경우 소집단활동을 권장한다. 이야기 나누기, 실험 및 관찰, 신체표현, 음악 감상, 동시 짓기, 동극, 요리 등의 활동은 대개 소집단활동으로 계획한다.

개별활동이란 학습자의 개별적인 독특성을 최대한 존중하고 이를 개발하는 효율적인 방법이다. 개별활동은 유아와 개별적으로 상호작용하면서 유아를 이해하고 그에 적절한 지도와 도움을 제공하므로 개별화 교육이라고도 한다. 개별화 교수방법에서는 학습자의 적성, 진도, 필요에 따라 학습을 한다면 소정의 과정을 만족할 만한 수준까지 성취할 가능성이 있다는 전제에서 출발한다(김철주, 1999). 개별화 교수에서의 중심은 물론 학습자이지만, 그중에서도 학습자의 흥미, 경험, 능력, 욕구 등이 우선적으로 고려되고, 그에 따른 교수의 내용 및 방법이 정해진다. 개별활동은 학습자 스스로 선택한 학습자료를 통해 필요한 정보를 얻고 스스로 문제들을 해결하면서 능동성과 자발성, 책임감을 갖게 되는 것이 가장 큰 장점이다.

유아교육기관에서는 개별활동을 지원하기 위해 매일 자유선택활동 시간을 제공한다. 유아들의 개별적인 흥미와 욕구, 발달 수준에 따라 놀이에 자유롭게 참여하면서 능동적으로 탐색, 조사, 측정, 구성, 실험 등의 기회를 갖도록 격려한다. 개별활동은 많은 기회뿐만 아니라 그것을 할 수 있는 충분한 시간의 제공에 중요한 의미를 둔다.

충분한 시간이란 짧은 시간으로 된 여러 활동이나 놀이를 말하는 것이 아니라 선택한 놀이 경험을 통해 생각이 확장, 유지, 심화되는 것을 의미한다(Eliason & Jenkins, 2003).

교수-학습은 유아의 발달적 특징과 요구 및 활동의 특성에 따라 집단의 구성을 다양하게 할 수 있다. 즉 어린 연령일수록 대집단에의 적응 유연성, 주의집중, 상호 양보와 협력이 어려운 점을 고려할 때 소집단활동이나 개별활동을 지향한다. 반면 만 5세반의 경우 발달적으로 집단의 규칙적 일과와 활동에 비교적 유연하게 적응할 수 있으므로 상황에 따라 대·소집단활동과 개별활동을 모두 활용한다.

2장 유아 발달 특성과 교수-학습

인간발달은 생명이 시작되는 수정의 순간부터 계속되는 연속적 과정으로 일생을 통해 일어난다. 특히 유아기는 발달의 결정적 시기로서 신체적으로 변화하여 키와 몸무게가 늘고, 말과 어휘는 빠르게 확장하는 등 현저한 발달이 이루어져 이 시기의 경험이 일생을 통하여 중대한 영향을 미치게 된다. 유아기의 발달은 매우 다양하여 유아 간에 유사성 및 개인차를 볼 수 있다. 또한 유아의 성장과 발달은 개인적·문화적으로 상당한 차이가 있으며 빠르게 변하는 특징을 가지고 있다. 그러므로 발달과정에서 각 시기마다 보이는 유아들의 발달적 특징과 발달과업 및 그에 따른 행동을 정확히 이해하여 가르치는 것은 중요하다. 발달에 대한 인식은 유아 개개인을 이해하는 기초가 되며, 각 발달과정에서 유아가 배우고 경험해야 할 활동이 무엇인지를 알게 해준다. 유아의 연령에 따른 교수-학습방법은 유아 개개인의 발달 수준에 적합해야 하므로 유아의 발달 수준을 바르게 이해하는 것이 우선적으로 필요하다.

따라서 본 장에서는 유아들의 성장과 발달에 대한 전반적인 이해를 위해 신체, 인지, 언어, 사회·정서발달의 일반적인 특징과 발달에 적합한 교수-학습방법을 살펴보고자 한다.

1 신체발달

유아기의 신체적 성장은 영아기처럼 급속하지는 않지만 꾸준한 성장을 보이며, 기능 면에서는 운동능력의 발달이 비약적으로 이루어진다. 유아들은 성장하면서 대·소근육을 발달시키고 정교화시킨다. 특히 운동기술이 발달하여 대근육 사용을 즐기며, 몸의 균형이 증가되어 잘 달리고 멈추며, 깡충 뛰기, 뛰어오르기, 오르기, 구르기, 점프하기, 그네 타기, 계단 오르기 등을 할 수 있다. 유아 후기에는 균형감과 평형감각이 발달하여 평균대 위를 걸을 수 있으며, 갤로핑과 스키핑도 할 수 있게 되고, 인라인 스케이트를 탈 수 있게 된다.

1) 대근육발달 특성

유니바를 뛰어넘는 만 3세 유아

(1) 만 3세

만 3세 유아는 대근육 사용을 즐기며 몸의 균형이 증가된다. 반듯한 선을 따라 앞으로 걷기, 뒤로 걷기, 달리기, 돌기, 균형 잡힌 보폭으로 달리기, 방향을 바꾸고 멈추기 등을 할 수 있다. 낮은 높이의 물체나 계단을 뛰어넘을 수 있으나 감각이 정확하지 않아서 균형감을 갖기 위해 계단 난간을 잡으며 발을 번갈아가며 계단에 오른다. 그러나 10cm 정도의 낮은 평균대에서는 한 발로 균형잡기는 어렵다. 영아기에 비해 협응능력이 발달하여 팔, 다리를 움직여 그네를 탈 수 있고, 세발자전거도 탈 수 있다.

(2) 만 4세

만 4세 유아는 대근육활동이 더욱 활발해지고 대근육의 기본적인 운동기능이 모두 가능하여 선 따라 걷기, 5초간 한 발로 서 있기, 장애물을 피해가며 자전거 타기, 한 손으로 매달리기, 계단 오르내리기, 기어오르기 등이 가능하다. 이 시기는 운동의 속도나 정확도가 증가하여 10cm 정도의 낮은 평균대에서 한 발로 균형을 잡을 수 있으며, 위로 점프하거나 양발로 서는 등의 행동을 할 수 있어서 줄넘기를 할 때 시간에 맞추어 넘을 수 있다. 만 4세 유아는 자신의 행동에 대하여 비교적 한계를 잘 알고 있다. 그러나 안전을 위해 건널목을 건널 때 등 어른의 감독이 필요한 경우가 많다.

미끄럼틀을 타는 만 4세 유아

(3) 만 5세

만 5세 유아는 자신의 신체에 대한 통제능력이 발달하고, 운동능력이 더 향상되어 뒤로 걸을 수 있으며, 뒷걸음으로 빨리 갈 수 있다. 균형감각이 뛰어나서 평균대 위를 잘 걸을 수 있으며, 장애물을 잘 뛰어넘을 수 있고, 뜀뛰기나 줄넘기를 잘한다. 이 시기는 세발자전거를 능숙하게 탈 수 있으며, 더 나아가 두발자전거 타는 것을 배울 수 있다. 협응능력도 발달하여 다양한 활동을 할 수 있게 된다. 만 5세 유아는 지나치게 자신 있게 행동하고 활력이 좋아 거의 피로감을 느끼지 않는다.

평균대 위를 걷는 만 5세 유아

표 2-1 유아의 연령별 신체발달 특징

만 3세	만 4세	만 5세
• 갑자기 돌아서거나 멈추지 못한다. • 5~9cm 정도 멀리 뛸 수 있다. • 도움없이 발을 바꾸면서 계단을 올라갈 수 있다. • 도움을 받아 다양하게 불규칙한 깡충뛰기를 할 수 있다.	• 출발과 멈추기, 돌기를 효과적으로 통제할 수 있다. • 9~13cm 정도 멀리 뛸 수 있다. • 도움받아 발을 바꾸면서 긴 계단을 내려갈 수 있다. • 한 번에 4~6번 깡충뛰기를 할 수 있다.	• 게임에서 출발, 멈춤, 돌기를 효과적으로 통제할 수 있다. • 11~14cm 정도 멀리 뛸 수 있다. • 도움 없이 발을 바꾸면서 긴 계단을 내려올 수 있다. • 5cm 정도 거리를 쉽게 깡충뛴다.

출처: 이영 외(2009).

2) 소근육발달 특성

(1) 만 3세

만 3세 유아는 양손 사용이 보다 유능해지고, 눈과 손의 협응능력이 발달하여 큰 구슬을 실에 끼우기가 가능하며, 우유컵이나 그릇에 담긴 물을 조금 흘리기는 하지만 다른 그릇에 옮길 수 있다. 또한 8개 이상의 블록으로 탑을 쌓을 수 있으며, 집 모양 등을 지을 수 있다. 그림을 그릴 때도 크레용을 주먹이 아닌 손가락으로 쥐며 수직, 수평, 원을 그리고, 어떤 형태를 갖춘 모양을 그린다. 혼자 옷을 벗을 수 있으나 입을 때는 도움이 필요하다.

탑 쌓는 만 3세 유아

(2) 만 4세

만 4세 유아는 만 3세 유아와 다르게 작은 나무못을 나무판에 꽂을 수 있으며, 작은 구슬도 실에 끼울 수 있고, 소근육발달이 정교해져서 작은 부품이 있는 놀잇감 조작을 즐기며 가위 사용도 잘한다. 10개 이상의 블록으로 탑을 쌓을 수 있으나 공간 지각력이 낮아 쓰러뜨리는 경우가 있다.

만 4세 유아는 목적을 가지고 생각하여 색칠하고 그리지만 단순한 모양을 섞어서 그리고 단순한 형태로 사람이나 물체의 모습을 그린다.

성인의 도움 없이 옷을 입고 벗을 수 있으며 이를 닦거나 머리를 빗을 때 컵이나 빗을 제대로 사용한다. 그리고 신발 끈을 끼울 수 있으나 묶지는 못하고 도구의 사용이 서투르다.

끈 끼우는 만 4세 유아

(3) 만 5세

만 5세 유아는 못질을 할 수 있으며, 컴퓨터 키보드를 사용하고, 15개 정도의 퍼즐을 쉽게 맞출 수 있다. 이 시기는 필기도구를 사용하는 통제력이 발달되어 다양한 모양이나 글자를 알아볼 수 있게 쓰며, 글쓰기와 그림 그리기가 세련되어서 그리기는 모양을 따라 그릴 수 있고, 머리와 몸통만을 그리던 것에서 팔, 손, 다리, 발 등을 넣어서 사람을 그릴 수 있으며, 다양한 모양이나 글자를 알아볼 수 있게 쓴다. 가위를 바르게 쥐고 능숙하게 사용하며 네모 모양도 잘 자를 수 있다.

퍼즐 맞추는 만 5세 유아

많은 블록을 사용하여 정교한 쌓기가 가능해지며, 블록을 사용하여 구조물을 만드는 것을 좋아하고 물체를 분해하고 조립할 수 있다. 겉옷 지퍼를 채우고 단추를 잘 잠그고 옷을 빨리 입을 수 있으며, 구두끈을 맬 수 있다.

3) 신체발달에 적합한 교수-학습

유아기의 신체운동 특성은 매우 능동적이고 활동적이며 몸을 빠르게 움직이는 것을 좋아한다. 특히 유아기는 신체조절 능력이나 안전의식이 충분히 발달되지 못한 상태이므로 신체활동 시 교사는 안전에 세심한 주의를 기울여야 하고, 유아 스스로도 자신의 안전을 지킬 수 있도록 지도한다. 신체활동에서 더 나아가 일상생활 속에서 자신의 신체적 특성 및 타인과의 차이를 긍정적으로 인식할 수 있도록 도와준다.

교사는 신체발달을 도모하기 위해서 교육적으로 풍부한 실내·외 환경을 준비하여 일과 중에서 다양한 신체놀이나 게임 등이 이루어지도록 계획하고 실시한다. 신체활동만큼 휴식도 중요하므로 활발한 신체활동 후에는 반드시 휴식을 취하도록 한다.

2 인지발달

유아기는 피아제의 인지발달 단계 중 전조작기에 해당하며, 상징과 정신적 표상의 능력이 급격히 발달하는 시기로 인지발달에 있어서 영아기와는 질적으로 다른 중요한 변화를 경험하는 시기이다. 그러나 아직 유아기의 인지발달은 제한적 특성을 가지므로 자기중심적 사고를 하고, 사물의 외형에 의해 보이는 대로 판단하는 직관적 사고를 하며, 비논리적이며 주관적인 추론을 한다. 또한 주의집중시간이 짧고, 사물을 탐색할 때 비체계적이고 불완전한 방법을 사용하는 경향이 있으며, 보존개념을 이해하지 못한다. 그 외에도 물활론적 사고와 목적론적 사고를 하여 끊임없이 '왜?' 라는 질문을 한다.

1) 발달 특성

(1) 만 3세

만 3세 유아는 자신의 관점에서 인식하는 자기중심적 사고를 하며, 다른 사람의 감정을 이해하는 것이 어렵다. 아직 보존개념이 부족하여 외양에 의해 보이는 대로 판단하는 경향이 있다. 또한 표상적 사고가 가능해지며, 많다/작다/없다/크다 등 크기·양의 개념, 위/아래/옆과 같은 위치개념과 지금/곧/전/후 등의 시간관계를 이해하기 시작한다. 이 시기에는 지연모방 행동과 가작화가 가능하다.

돋보기로 탐색하는 만 3세 유아

(2) 만 4세

만 4세 유아는 부분과 전체의 위계적 관계를 이해하기 시작하므로 단순한 기준이나 한 가지 특성에 의한 단순분류가 가능하다. 그러나 아직 감각적·직관적 사고를 하므로 자기중심성, 비가역성, 중심화 같은 인지적 특성을 보인다.

또한 도덕적으로 타율적인 시기여서 벌을 받지 않으려고 규칙에 복종하고, 의도보다는 결과에 따라 옳고 그름을 판단한다. 규칙에 대한 이해가 시작되며, 상징을 이해하기 시작하는 시기이기도 하다.

자료를 분류하는 만 4세 유아

기억할 수 있는 기술을 발달시켜 이야기 속에서 주된 사건을 회상할 수 있으며, 이를 순서대로 정확히 말할 수 있으나 자세한 목록을 기억하는 것은 어려워한다.

(3) 만 5세

만 5세 유아는 아직도 직관적 사고의 특성을 보이고 자기중심적 사고를 가지고 있으나 점차 다른 사람의 감정, 다른 사람의 견해를 인식하기 시작한다. 사물에 대한 관심도 증가하여 사물이 어떻게, 왜 작동되고 만들어지며, 어디에서 오는지 등에 대해 호기심을 보인다.

자석실험하는 만 5세 유아

이 시기는 자신을 둘러싼 세계에 대한 관심을 반영하여 상상력이 더욱 발달하고 이를 토대로 가작화 놀이가 증가한다. 또한 일반적인 규칙과 예외적인 규칙이 있다는 것을 이해하며, 점차 주의집중력이 향상된다.

2) 인지발달에 적합한 교수-학습

교사는 유아들이 능동적이고 적극적인 태도를 가지고 활동에 참여하도록 지원하며, 혼자뿐만 아니라 친구들과 함께 탐구하는 기회를 갖도록 한다. 또한 다양한 활동을 하는 과정에서 교육적으로 풍부한 자료와 충분한 시간을 제공함으로써 호기심, 탐구심을 갖고 궁금한 점을 해결할 수 있도록 하고, 자신의 생각을 주장함과 동시에 다른 사람의 생각을 받아들이는 태도를 격려한다.

교사가 유아들의 인지발달을 위한 활동을 계획할 때 변화나 움직임에 시간이 많이 걸리는 활동보다는 눈앞에서 직접 그 변화나 움직임을 관찰하고 경험할 수 있는 활동의 선정이 바람직하다. 활동 시에는 교사가 섣불리 유아의 활동에 개입하기보다는 물체와 물질을 탐색하기 위해 충분한 시간을 주면서 유아를 기다리며 행동을 관찰하도록 한다. 유아들은 흔히 '왜 그래요?'라는 질문을 하는데, 이때 인과적인 답보다는 어

'공의 속은 어떻게 생겼을까' 탐색하고 표상하기

떻게 그러한 결과가 나타났는지에 대한 현상적·지각적 수준의 답을 요구하는 경우가 대부분임을 염두에 두고 답변한다.

3 언어발달

유아기는 인지능력이 발달하고 경험이 다양해지기 때문에 폭발적인 어휘력의 증가를 보인다. 이 시기는 부사, 형용사 등의 수식어를 사용할 수 있으며, 어휘나 문장의 길이 또한 늘어나면서 본인의 의사를 정확히 전달할 수 있게 된다. 유아기 언어발달에 있어서 두드러지는 특징은 혼잣말의 출현이다. 피아제(Piaget)는 이 혼잣말이 자기중심적 사고의 특성이라고 하였으나, 비고츠키(Vygotsky)는 유아가 혼잣말로 자신의 행동을 조정하는 것이라고 하였다. 또한 다른 사람과의 상호작용이 증가하면서 다양한 의사소통기술이 가능해지며, 사회적·상황적 요인을 인식하여 그에 따른 적절한 대화를 사용할 수 있게 된다. 문자언어에 대한 관심 역시 증가하여 읽기, 쓰기 활동에 대한 참여도가 높아진다.

언어발달은 유아에게 개념발달이나 사고력 발달뿐만 아니라 또래와의 사회적 관계 형성에도 영향을 미치므로 중요하다.

1) 발달 특성

(1) 만 3세

만 3세 유아는 어휘수가 계속 증가하고 3~4단어로 간단한 문장을 만들 수 있다. 단어구성이나 의미에서는 과잉일반화(예: 내 우산이가 어디 갔지?)의 경향을 보인다. 이 시기는 전보식 언어가 줄어들고 1인칭 단수 대명사(예: 나), 2인칭 단수 대명사(예: 너), 1인칭 복수 대명사(예: 우리)를 이해하며 사용할 수 있게 되고 점차 대화의 의미에 맞게 현재형, 과거형, 미래형, 진행형 순으로 시제를 사용하게 된다.

읽기영역에서 책 읽는 만 3세 유아

그러나 아직 정확한 발음과 언어표현에 어려움이 있고, 주고받는 대화가 길게 유지되지는 못한다. 만 3세 유아는 같은 단어의 반복과 음률이 있는 노래를 배우기 좋아하고 '누가, 무엇을, 어디서, 왜?' 등의 질문을 많이 한다. 이야기를 하는 과정에서 생각을 정리하여 언어로 표현(예: 왜냐하면, 그러니까 등을 사용)하는 경향을 보인다.

(2) 만 4세

만 4세 유아는 어휘수가 더욱 확장되고 5~6개 단어의 문장을 사용하여 더욱 정교한 문장구조를 사용할 수 있으며, 현재 보이지 않는 활동이나 사건, 사람 등에 대해서 말할 수 있다. 이 시기 유아는 다소 수줍어하지만 여러 사람 앞에서 자신의 경험에 대해 이야기하고, 얼굴 표정으로 감정을 표현하며, 몸짓 단서로 다른 사람의 의도를 이해하기도 한다.

간단한 노래를 부르고 시를 좋아하며, 암송도 하고, 새로운 단어를 쉽게 배운다.

유아들은 친구들과 대화하기를 좋아하며, 놀이를 하면서 서로 경험을 나누고 공유할 수 있다.

쓰기활동하는 만 4세 유아

(3) 만 5세

만 5세 유아는 5,000~8,000개의 어휘를 가지고 5~7개의 단어로 문장을 만들어 사용할 수 있다. 문장구조가 복잡해지고 발음도 정확해진다. 또한 자신의 생각과 느낌을 말로 표현하는 것이 많아지고, 말하기를 좋아하여 토론하는 법을 배우기 시작한다. 이야기를 나누면서 타인의 말을 방해하지 않고 자신이 말할 순서를 지키며, 다른 사람의 말을 경청하고 자신의 생각 및 아이디어를 유창하게 표현할 수 있다.

책을 통한 언어활동도 활발히 이루어지는데, 책 속에 나오는 친숙한 그림에 대해서 이야기하고, 언어와 비언어적인 제스처를 사용하여 극화놀이를 하거나 새로운 이야기 만드는 것을 즐기며, 이를 통해 언어사용 기술이 증가한다.

언어 보드게임하는 만 5세 유아

2) 언어발달에 적합한 교수-학습방법

교사는 유아가 일상생활에서 접하는 여러 사물과 상황, 자신의 느낌, 생각, 경험에 대해 직접 언급할 수 있도록 개방적인 분위기를 조성하고, 다양한 질문을 하여 유아에게 말할 기회를 준다.

교사는 유아의 언어발달을 증진시키기 위해 문해환경을 제공한다. 언어영역에 생활주제와 관련된 다양한 종류의 동화, 퍼즐, 읽기 게임 교구, CD-ROM, 카세트테이프, 동시 녹음자료, 다양한 필기도구 및 종이, 글자판 등의 쓰기도구를 제공하여 유아가 말하기, 읽기, 쓰기, 듣기의 다양한 언어활동을 할 수 있도록 격려한다. 또한 다양한 인쇄물(신문, 안내책자 등)을 제공하고, 교실에 있는 사물, 영역 표시판, 친구이름, 옷장 이름표 등을 문자로 적어 게시한다.

교사는 유아의 그림책 읽기활동이 그림으로 책의 내용을 이해하는 수준에서부터 아는 글자 찾아 읽기, 궁금한 것을 책을 통해 해결하는 수준에 이르도록 돕는다. 또한 책 읽기 관련 후속활동을 통해 말하기, 듣기, 읽기, 쓰기발달이 이루어지도록 한다. 유아의 언어발달이 자연스럽게 이루어지도록 하기 위해 일상생활 속에서 유아의 느낌, 생각, 경험을 말하게 해보고 그것을 글로 적어서 보여줌으로써 자신의 생각이 글로 표현됨을 인식시킨다.

교사는 유아에게 다양한 질문을 하여 자신의 생각을 자연스럽게 적을 수 있도록 하고, 놀이활동 시 유아의 쓰기활동이 자주 이루어지도록 격려한다.

4 사회 · 정서발달

유아들은 점점 자신을 개인으로 이해하고 자율적이 되면서 가족이나 또래집단에 적응할 수 있는 사회적 능력을 발달시킨다. 특히 이 시기의 유아들은 성인보다 또래와의 상호작용을 더 좋아하게 된다. 또래와의 놀이는 유아에게 사회적 기술을 학습하는 기회를 제공하고, 또래와 함께 놀이하면서 놀이에 대한 선호도가 생기기 시작한다. 유아들이 놀이를 하고 또래와 잘 지내는 것은 이 시기 유아의 사회성 발달에 중요한 요소로 작용한다.

유아기는 다양한 정서를 표현할 수 있으며, 화가 난다/슬프다/기쁘다 등의 정서를 언어로도 표현할 수 있게 된다. 유아들은 자신의 정서를 통해 타인과 의사소통하며 타인의 행동을 통제하기도 한다. 유아들의 정서적 상태는 상황중심적이어서 빠르게 변하는데, 연령이 높아지면서 유아는 자신의 감정을 내면화하고 자기통제가 발달하게 된다.

1) 발달 특성

(1) 만 3세

만 3세 유아는 또래와 친숙해지기 전까지 방관자적으로 지켜보는 활동이나 병행놀이를 하면서 점점 또래와 함께 노는 것에 관심을 갖기 시작한다. 특히 공간, 장난감, 어른의 감독 등 주변 환경의 모든 것이 순조로우면 또래와 잘 놀고 긍정적으로 반응한다.

이 시기 유아에게는 자기중심적인 면이 있어 또래와 놀잇감을 공유하기, 차례 지키기, 물건을 나누어 갖기에 어려움을 느끼지만 간단한 도움에 대해 성인이 요청할 때는 그에 따르고 협력적으로 행동하는 모습도 보인다.

안아주며 기뻐하는 만 3세 유아

만 3세 유아는 두려움, 애정, 환희 등 강한 정서적 표현을 하며, 갈등이 생기면 문제를 해결하려 하나 언어적 기술이 부족하여 언어로 하기보다는 몸으로 먼저 해결하려 한다.

(2) 만 4세

만 4세 유아는 연합놀이를 주로 하며 서서히 협동놀이를 한다. 또래친구와 함께하는 것에 즐거움을 표하며, 함께 놀이하는 것을 즐기면서 친구를 기쁘게 해주고 이를 위해 칭찬을 사용한다. 또한 이 시기는 함께 놀이하기를 좋아하는 친구와 그렇지 않은 친구를 구별하기 시작한다. 때로는 친구와 놀잇감을 공유하며 놀기가 쉽지 않고, 자기 뜻대로 안 되면 쉽게 화를 내기도 하며, 어떻게 자기 행동을 조절해야 하는지 이해하나 곧 잊어버려서 자주 일러주어야 한다. 스스로 옷을 입거나 간식을 가져다 먹고 치우는 등 성취에 자긍심을 보여주고 성인의 인정을 받으려고 한다.

물고기에게 먹이를 주는 만 4세 유아

공격성이 부정적인 효과를 가져온다는 것을 이해하지만 공격성을 나타내기도 하며, 공격적 행동에 대해 정당화하려고 변명을 하기도 한다. 전반적으로 두려움이나 공격성과 같은 강한 감정을 조절할 수 있으나 아직도 도움이 필요할 때가 있다.

(3) 만 5세

만 5세 유아는 집단활동에 참여하고 다른 유아들과 함께 가상놀이를 즐긴다. 또래와의 교류가 늘고, 효과적인 협동기술이 발달하여 친구와 잘 지내고, 함께 노는 방법을 터득하여 사회적 규칙을 내면화시킨다. 사회성 발달로 인해 장난감 나누기, 차례 지키기, 협동하여 놀이하기 등이 나타난다. 하지만 리더가 여럿일 경우가 많고, 다른 아이를 거부하는 위력을 알고 친구를 위협하며 지배하려 하고, 작은 집단을 형성하여 또래를 따돌리기도 한다. 이 시기 유아는 신체적 공격성을 덜 보이는 대신 언어적 모욕이나 위협을 사용한다.

차례 지켜 놀이하는 만 5세 유아

정서 조절이 이루어지기 시작하고, 친구와의 갈등을 좀 더 사회적 방법으로 해결하며, 자신의 감정이나 느낌을 행동과 구별하기 시작한다. 아울러 다른 사람들이 표현하는 기쁨, 슬픔, 피곤함, 실망 등의 감정을 얼굴 표정으로 읽을 수 있다.

이 시기 유아는 친구와의 갈등을 사회적으로 수용되는 행동으로 조절하기 시작하여 자신이 원하는 것을 상대에게 부탁하고, 부탁을 거절 받았을 때 화나거나 불만스러운 감정을 조절할 수 있다.

2) 사회 · 정서발달에 적합한 교수-학습

교사는 유아가 자기 자신에 대해 알아가고 자아를 형성하는 과정에서 자신은 남과 다른 독특하고 소중한 존재임을 깨달을 수 있도록 지속적인 관심과 애정을 표현한다.

교사는 유아의 감정 변화에 민감하게 반응하여 유아가 자신의 정서나 감정을 정확하게 인식하고 이를 적절한 방법으로 표현하도록 돕는다. 이를 위해 상상놀이, 책 읽기, 다양한 예술적 경험 등 유아가 감정에 대해 배우고 정서를 이해할 수 있는 기회를 자주 제공한다. 또한 유아의 감정을 언어로 표현하여 유아가 다양한 정서 및 감정의 범주를 배우고, 다른 사람의 감정에 대한 이해의 폭을 넓히도록 도와준다. 일상생활에서도 '미안해', '고마워' 등 사회적으로 바람직한 언어를 자주 사용하여 적절하게 감정 표현의 기회를 가질 수 있도록 한다.

가정에서도 부모와 형제가 유아를 존중하고 유아가 독립된 존재로 자신감을 갖게

감자 캐기

도와줄 수 있도록 부모교육을 실시한다. 유아교육기관에서 생활지도가 필요한 경우에는 어떤 행동이 좋고 나쁜지를 토론하여 민주적인 태도를 갖게 하며, 자신이 존중과 신뢰를 받고 있음을 느끼도록 한다.

유아의 사회적 능력을 발달시키기 위해 집단토의, 역할놀이, 게임, 견학 등의 다양한 활동과 공동작업의 기회를 제공하고, 이러한 활동을 통하여 기관과 지역사회 구성원으로서의 자부심을 가지도록 한다.

함께 놀이 계획하기(낙엽 활용하기)

3장 유아 교수-학습유형

교사들은 유아들과의 교수-학습과정에서 많은 갈등을 하게 된다. '유아의 연령과 수준에 따른 요구를 어떻게 파악해야 하나?', '어떤 활동을 계획해야 하나?', '유아에게 활동이 너무 쉽거나 혹은 어려울 때 어떻게 해야 하나?' 등을 결정할 때 어려움에 봉착한다. 이러한 질문에 대한 유일한 정답을 찾기는 쉽지 않을 것이다. 그러나 유아가 어떻게 발달하고 학습하는지에 대한 포괄적인 생각과 지식은 좋은 수업을 제공하는 데 도움을 줄 것이다.

유아의 학습은 유아가 생활하고 경험하는 물리적 세계, 사회적 세계, 개인적 세계와의 만남을 통해 이루어진다(방인옥 외, 2003). 유아가 누군가와 부딪혔을 때 '미안해'라고 하면서 사과하는 법을 배우고, 친구와의 갈등을 통해 다른 사람의 감정을 알게 되고, 게임을 통해 수 개념을 배운다. 이처럼 유아의 학습은 성숙과 함께 다양한 활동을 경험하면서 행동과 사고에 변화가 나타날 때 의미가 있다.

이 장에서는 더욱 효과적인 교수-학습을 위해 적용할 수 있는 지식으로 유아의 일반적인 학습원리와 그에 따른 교수-학습방법을 소개하고자 한다(Kostelnik, Soderman, & Whiren, 1999).

1 유아의 학습원리

교사가 계획하는 물리적 환경, 교수방법, 일과, 활동, 평가는 유아의 학습원리를 고려하여 제공할 때 더욱 효과적이다. 교사가 양질의 프로그램에 대한 이론과 지식을 단순히 아는 것으로는 학습의 효과를 거둘 수 없다. 교사는 자신이 아는 것을 실제 활동으로 연결할 수 있어야 한다. 이론과 실제를 연결하여 유아의 구체적 경험으로 전이할 때 학습의 효과를 기대할 수 있다.

1) 유아는 능동적인 학습자이다

유아가 능동적인 학습자라는 사실은 여러 측면에서 설명될 수 있다.

첫째, 유아는 행동적 존재로 자극을 향해 움직이고, 이때 학습을 위한 기회가 증진된다.

둘째, 유아는 학습을 위한 도구로 자신의 몸 전체를 사용한다. 모든 감각을 활용하여 맛보고, 만지고, 듣고, 보고, 냄새를 맡음으로써 사물이나 공간에 대한 정보를 받아들이고 행동으로 연결한다.

셋째, 유아는 자신의 경험에 적극적인 참여자이다. 유아는 타인에 의해 정보와 경험이 제공되기를 기다리는 수동적 존재가 아니다(Bredekamp, 1991). 오히려 사물을 관찰하고 행동을 취하고 다른 사람과 상호작용하는 등 자신의 구조와 기능을 사용하여 역동적으로 성취하는 방법을 찾으려는 특성을 가지고 있다.

넷째, 유아는 호기심, 내적인 힘, 요구가 수용되지 않거나 활용할 수 없으면 다른 곳에서 자신의 만족을 위한 대체물을 찾는다.

지도원리

- 매일의 학습상황에서 유아가 다양한 감각을 활용하여 직접적으로 학습할 수 있는 기회와 경험(hands-on learning)을 제공한다.
- 유아가 자유롭게 흥미영역에서 학습할 수 있도록 시간을 배려한다.
- 동적인 학습활동시간과 정적인 학습활동시간을 균형적으로 계획한다. 또한 대근육활동 경험을 매일 실내·외에서 제공한다.
- 교사는 유아가 활동에 참여하는지를 관찰한다.

2) 유아의 학습은 성숙에 의해 영향을 받는다

성숙은 유아의 적절한 발달적 과업을 결정하는 데 중요한 역할을 한다. 성숙의 과정은 새로운 능력과 이해가 나타나는 일반적인 발달 순서(timetable)가 있다. 그러나 성숙은 고정된 것이 아니어서 발달 순서는 환경적 자극에 의해 영향을 받으며, 환경적 자극은 각 유아의 생물학적 상황 내에서 발달을 촉진할 수 있다.

지도원리

- 유아가 어떻게 성숙하는지 각 발달적 특징을 이해한다.
- 유아의 발달단계에 적절한 활동을 계획한다.
- 활동은 융통성을 고려한다.

3) 유아의 학습은 환경에 의해 영향을 받는다

환경이란 '생물학적 환경'(예: 영양, 건강, 운동), '물리적 환경'(예: 의식주, 날씨), '사회적 환경'(예: 가족, 또래, 유아교육기관, 지역사회, 매체, 문화)으로 나뉜다(Santrock, 2001). 이러한 환경적 변인은 유아의 학습능력을 증진 혹은 감소시킬 수 있다. 유아는 신체적·정신적으로 안전하게 보호, 양육되고 적절한 학습과 쉼이 제공되는 환경에서 가장 잘 학습한다. 실내·외 공간 구성과 놀잇감, 자료의 선택 여부는 유아의 경험, 행동, 정서를 풍부하게 할 수도 혹은 방해할 수도 있다. 유아가 활동할 수 있는 충분한 공간, 또래와 어울려 함께할 수 있는 소집단활동, 연령에 적합하고 흥미에 맞는 교구 등이 제공되는 환경은 교사와 유아, 유아와 유아 간 긍정적 상호작용을 증진시키고 유아의 학습을 촉진한다. 또한 학습은 풍부한 사회적 환경을 필요로 하며, 유아는 성인과 또래와의 만족스럽고 유기적인 상호작용과 관찰을 통해 새로운 이해를 발달시킨다.

지도원리

- 교사는 환경이 학습에 미치는 중요성을 인식하여 유아가 안전하게 생활할 수 있도록 시설에 대한 규정을 인식한다.
- 유아교육 프로그램은 유아의 생물학적이고 신체적인 요구를 반영해야 한다. 화장실 가기, 휴식, 간식 및 식사가 적절히 제공되어야 한다. 교실과 실외 환경의 안전성과 편안함, 흥미영역의 풍부한 자료, 유아의 신체와 신체 변화에 주의를 기울인다.
- 일과는 유아가 예측할 수 있도록 일정하게 유지하며, 변화가 있을 경우에는 유아가 준비할 수 있도록 설명한다.
- 교육활동이나 전이시간은 유아의 주의집중시간, 발달, 활동에 대한 요구, 사회적 관계 등을 고려하여 계획한다.
- 교사는 유아에게 지속적이고 안정적인 도움, 편안함, 주의, 안내 등을 제공한다. 교사가 자주 바뀌는 것은 유아에게 혼돈과 불안감을 준다.

4) 유아는 신체적 경험, 사회적 상호작용, 반성적 사고의 통합을 통해 학습한다

(1) 신체적 경험

유아는 주변의 사람, 사물, 상황에 대해 의미를 형성하려는 강한 호기심과 요구를 가지고 있다. 이들에 대한 탐색과정은 직접적인 조작과 행동을 포함한다. 단순히 관찰하는 수동적인 행동보다 신체적 경험을 통해 궁금한 것을 해결함으로써 유아는 한층 복잡한 정신적 활동으로 발전한다.

(2) 사회적 상호작용

사물에 대한 경험은 다른 사람과의 상호작용에 의해 더욱 공고해진다(Bodrova &

Leong, 1996). 교사나 또래와의 상호작용은 생각을 공유하고 비교하며, 이를 통해 가설을 일반화하고 답을 찾게 된다(Bredekamp & Copple, 1997). 이러한 타인과의 경험은 유아가 내적으로 지식을 구성하고, 계속해서 수정·확장하면서 정신적 구조를 재조직하도록 돕는다.

사회적 경험은 유아 혼자서는 구성할 수 없는 사실적 정보나 문화적으로 형성된 지식과 기술을 더 잘 습득하게 한다. 사물의 이름, 역사적 사실(이순신, 한글날, 월드컵대회), 전통(추석), 규칙(식사 전 손 씻기), 기술(공을 잘 던지는 방법) 등이 그 예이다. 또한 유아는 관찰, 모방, 기억, 재강화 등을 통해 지식을 습득한다. 초기 성인이나 또래의 도움을 받아서 그리고 점차 유아가 혼자서 할 수 있도록 지원적 학습활동이 제공될 때 유아는 더 복잡한 수준의 이해와 기술을 습득할 수 있다(Bodrova & Leong, 1996).

(3) 반성적 사고

'이것이 저것보다 더 크다는 것을 어떻게 알았니?', '공을 더 높은 곳에서 굴리면 어떻게 될까?' 이러한 질문은 유아가 자신이 행동한 것, 알고 있는 것, 방법 등에 대해 추론하고 반성적으로 생각해 보는 것을 돕는다. 반성적 전략은 유아 자신이 무엇을 알고 모르는지를 깨닫게 하는 자기인식(self-awareness)을 증진시킨다. 무엇을 할지 계획하기, 계획한 것을 실행하기 위해 기억하고 분석하기, 지식과 이해를 확장하기 등은 반성적으로 생각할 수 있는 기회를 제공한다.

지도원리

- 유아 스스로 지식을 발견하고 구성할 수 있는 경험과 환경을 제공한다.
- 질문하기, 유아의 생각을 확장시키는 새로운 요소 소개하기, 상호작용하기의 방법을 적용한다.
- 유아가 매일의 생활에서 또래와 상호작용할 수 있는 기회를 제공한다.
- 유아 혼자서는 알기 힘든 지식과 기술을 습득하도록 교사는 정보를 주고, 질문하고, 보여주고, 안내하고, 설명한다.
- 유아가 이미 알고 있는 사실에 새로운 정보를 연결시키도록 경험을 제공한다.
- 유아가 자신의 경험을 반성적으로 생각할 수 있는 기회와 전략을 제공한다.

5) 유아는 다양한 양식으로 학습할 뿐만 아니라 다양한 방법으로 표상한다

인간은 세상을 다양한 방법으로 이해하고, 학습에 있어서도 자신이 선호하고 잘 인지하는 양식을 가지고 있다(Kovalik & Olsen, 1997). 즉 각 개인은 학습에서 특별한 시각적 능력(visual learner), 청각적 능력(auditory learner), 운동적 능력(Kinesthetic learner), 감각적 능력(tactile learner)을 발휘할 수 있음을 의미한다.

가드너(Gardner)는 이러한 개념을 적용하여 인간의 지능을 8가지(언어적 지능, 음악적 지능, 논리·수학적 지능, 공간적 지능, 신체·운동적 지능, 개인적 지능, 개인 간 지능, 자연주의적 지능)로 설명하였다. 브론펜브레너(Bronfenbrenner)는 유아가 속해 있는 가정, 또래, 학교, 지역사회 등의 사회·문화적 맥락이 유아의 학습양식에 영향을 미친다는 생태학적 모델을 제시하였다. 앤더슨(Anderson)은 학습자의 학습양식을 장독립성과 장의존성으로 나누고, 장의존적 학습자는 사회화하여 협력학습이나 집단학습이 이루어질 때 더 잘 학습할 수 있는 반면, 장독립적 학습자는 개인적 성취를 더 선호한다고 설명하였다. 바우만(Bowman)은 유아의 학습과 관련하여 발달의 양상은 모든 유아에게 유사하지만 사회적 맥락은 유아들이 다른 모습으로 성장하는 데 영향을 미치므로 교사들은 사회·문화적인 맥락에 대한 이해와 이를 교수-학습과정에서 고려할 필요가 있음을 제안하였다.

지도원리

- 유아에게 다양한 학습방법과 유형을 제공한다.
- 매일의 학습상황에서 유아가 선택할 수 있는 기회를 제공하고, 유아에게 적합한 교수전략을 개발한다.

6) 유아는 놀이를 통해 배운다

놀이는 재미있어서, 기쁨을 준다.

놀이는 심각하지 않아서, 긴장하지 않아도 된다.

놀이는 의미가 있어서, 서로서로 경험을 공유할 수 있고 연결해 준다.

놀이는 능동적이어서, 유아가 무엇인가 하게 한다.

놀이는 자발적이어서, 놀도록 강요하지 않아도 된다.

놀이는 내적으로 동기유발이 되어서, 성취하려는 호기심을 가지게 한다.

놀이는 규칙이 있어서, 유아에 의해 명시적·암묵적으로 규칙이 만들어진다.

지도원리

- 놀이가 유아의 발달과 학습에 미치는 영향력을 이해하고, 유아의 놀이를 지원한다.
- 놀이에 참여하지 않거나 방관하는 유아를 살핀다.
- 유아가 혼자 혹은 협동놀이에 참여할 수 있도록 교실의 공간과 놀잇감을 제공한다.
- 교사는 유아와 함께 놀이하는 것을 즐기고, 유아의 놀이를 다양한 방법(모델링, 역할 참여, 정보 제공, 질문하기, 언어적 놀이, 방해하지 않기 등)으로 촉진한다.
- 유아의 놀이는 상황에 따라 시끄러우며 활동적이다.

7) 유아의 학습은 기질, 성격, 지각에 의해 영향을 받는다

유아기는 기질과 지각을 발달시키는 민감기이며 지속력을 가진다. 기질은 직접적인 가르침이나 하나의 사건으로 형성되는 것이 아니다. 매일 접하는 학습상황에서 모방하거나 강화되어 행동화된다. 학습은 기질 외에 유아 자신이나 학급에 대한 인식과 지각에 의해 영향을 받는다. 인식은 주관적인 특징을 가지고 있어 타인과의 관계, 긍정적 혹은 부정적 학급의 분위기에 따라 다르게 지각하고 판단하게 된다. 유아의 기질이나 지각은 점진적으로 그리고 개인적으로 나타나므로 유아의 표면적 행동만으로 파악하기는 힘들다. 이런 점들이 유아교육기관의 인적·물적 환경이 중요하게 고려되는 이유이다. 그러므로 교사는 유아의 바람직한 기질과 지각이 형성되도록 매일의 프로그램에서 세심한 배려를 하는 것이 필요하다.

지도원리

- 프로그램을 통하여 유아가 학습에 대한 몰입, 과업에 대한 호기심, 성취감, 정직, 협동, 자기확신 등이 발달할 수 있도록 유아의 긍정적인 기질과 지각을 강화시킨다.
- 교사는 유아에게 바람직한 기질의 모델을 보인다.
- 학급 분위기는 유아가 자신에 대한 가치, 안정감, 능력을 느낄 수 있는 통로가 됨을 안다.
- 유아의 바람직한 기질과 지각을 위해 실천할 수 있는 구체적인 교수-학습방법, 과정, 결과를 구성한다.

2 유아를 위한 교수-학습

교사는 유아교육의 목적이 바람직한 성장과 변화를 돕는 데 있음을 인식하고 유아의 학습원리에 기초하여 적합한 교수-학습을 적용할 수 있어야 한다. 유아교육기관에서 공통적으로 채택하고 있는 교수-학습을 살펴보면 다음과 같다(교육과학기술부, 보건복지부, 2012; 윤희경 외, 2003; Bredekamp & Copple, 1997).

1) 놀이중심

유아는 놀이를 하면서 다른 사람들과 관계를 맺고 주변에 대한 지적 호기심을 충족시키며 삶에 필요한 지식, 기능, 태도를 발달시킨다(교육과학기술부, 보건복지부, 2012). 놀이중심이란 아무런 계획없이 유아가 마음대로 하도록 내버려두는 것을 말하지 않는다. 놀이중심의 교수-학습이 이루어지기 위해서는 교사의 분명한 교육적인 의도가 중요하다. 놀이에는 의도하는 교육목표와 내용이 있어야 하고, 유아가 자발적·적극적으로 참여하도록 구체적 활동이 제공되어야 한다. 유아들은 놀이가 지루해지고 권태로워지면 더 이상 그 활동을 즐기지 않으며, 교사에 의한 공부로 생각하게 된다. 따라서 주제별 다양한 놀이와 또래·교사·환경과의 활발한 상호작용 경험을 학습으로 연결하는 교사의 준비와 역할이 필요하다.

2) 활동경험과 자료의 구체성

구체성이란 눈에 보이는 사물과 사건을 말한다. 유아의 학습은 실물을 직접 보고, 만지고, 듣고, 조작하는 과정이 포함될 때 더 효과적임을 의미한다. 구체물을 가지고 충분한 탐색과 조작이 이루어진 후에 추상적이고 상징적인 것으로 연결한다. 유아를 위한 교수-학습전략으로 구체적인 조작없이 워크북, 연습지, 색칠공부, 미술활동을 제공하거나 성인이 만든 모델을 그대로 모방하게 하는 것은 만 6세 이전의 유아들에게 바람직하지 않다.

3) 개별화

유아는 동일한 연령에서 나타나는 보편적인 발달 특징 외에 경험, 관심사, 학습양식, 가정의 문화, 성장속도나 그 패턴에서 개인차를 가진다. 누리과정과 표준보육과정에서 교육내용을 수준별로 제시하는 것도 개별적 접근을 강조하려는 이유이다. 교수-학습과정에서 개별 유아의 발달 수준, 흥미 정도, 이해 수준에 적합한 학습경험과 교수전략이 고려되어야 한다. 특히 다문화가족과 장애아동이 증가하고 있는 상황에서 유아 개개인의 독특성을 인정하고 개별 유아에게 적합한 교육 및 보육계획이 필요하다.

4) 자발성 촉진

수업은 학습자 스스로 배우고자 하는 자발적 의욕을 가질 때 그 효과를 기대할 수 있다. 교사가 아무리 세밀하게 활동을 계획하였더라도 유아의 자발적 참여 동기가 유발되지 않으면 교사중심의 획일적 교육으로 운영될 소지가 크다. 유아의 자발성을 촉진하기 위해 유아 주변에서 일어나는 일, 사건, 현상 등 실생활과 연결된 주제로 교육과정을 전개한다. 가정, 유아교육기관, 지역사회 내의 직업과 기관들은 유아에게 친숙할 뿐더러 사전경험이 풍부하여 유아의 적극적 참여를 이끌어낼 수 있다.

5) 다양성 및 융통성

유아들의 개인차에 반응하는 교수-학습이 되기 위해서는 다양한 교수자료를 준비하여 자유롭게 선택할 수 있는 기회를 제공한다. 이를 위해 흥미영역을 설치하고 대·소집단 및 개별활동을 준비한다. 교수방법에 있어서도 발표, 토의, 실험, 관찰, 조사, 견학 등 다양한 방법으로 접근하여 내용에 대한 이해가 충실히 이루어지도록 한다. 그러나 진행되는 주제와 활동내용에 따라 흥미영역의 종류와 크기는 달라질 수 있으며, 계획한 활동은 유아의 참여 정도, 학습 속도, 날씨 등에 따라 융통성을 발휘한다.

6) 탐구학습 장려

유아는 자신에게 흥미 있고 의미 있는 활동이 제공될 때 적극적인 참여자가 되며, 몰입하여 깊게 알아가는 모습을 보인다. 탐구학습이 중요한 것은 스스로 발견하는 과정을 통해 문제를 해결하는 능력, 질문하는 능력, 자료와 정보를 분석하는 능력을 높이고, 성취감과 독립적인 학습태도를 기를 수 있기 때문이다. 이를 위해 교사는 먼저 유아들이 무엇에 관심을 가지고 있는지를 파악하는 것이 중요하다. 그리고 다양한 경험과 기회를 학습으로 연결하여 필요한 지식, 기술, 태도와 가치를 배우도록 하는 것이 바람직하다.

7) 통합적 접근

유아는 신체, 언어, 사회, 정서, 인지적 측면이 통합적으로 조화를 이루면서 발달하는 전인적 인격체이다. 발달적인 측면과 함께 각 교과 간 통합 및 내용영역 간 통합성을 고려한다. 유아는 자신을 둘러싼 세상에 대해 배워 나갈 때 분절된 교과로 배우는 것이 아니라 통합된 전체 경험으로 배우기 때문이다. 유아교육에서 통합적 접근방법-주제를 중심으로 5개 영역(신체운동·건강, 의사소통, 사회관계, 예술경험, 자연탐구)의 내용을 통합하여 학습할 것을 권장하는 이유도 여기에 있다(교육과학기술부, 보건복지부, 2012).

앞에서 제시한 유아를 위한 일반적인 교수-학습방법은 표현의 차이는 있지만 누리과정에서도 강조하고 있는 내용이다. 누리과정 구성방향과 목적에 따라 총론에서 제시하고 있는 교수-학습방법은 다음과 같다(교육과학기술부, 보건복지부, 2013).

지도원리

- 놀이를 중심으로 교수-학습활동이 이루어지도록 한다.
- 유아의 흥미를 중심으로 활동을 선택하고 지속할 수 있도록 한다.
- 유아의 생활 속 경험을 소재로 하여 지식, 기능, 태도 및 가치를 습득하도록 한다.
- 유아와 교사, 유아와 유아, 유아와 환경 간에 능동적인 상호작용이 이루어지도록 한다.
- 주제를 중심으로 여러 활동이 통합적으로 이루어지도록 한다.
- 실내 · 실외활동, 정적 · 동적활동, 대 · 소집단활동 및 개별활동, 휴식 등이 균형 있게 이루어지도록 한다.
- 유아의 관심과 흥미, 발달이나 환경 특성 등을 고려하여 개별 유아에게 적합한 방식으로 학습하도록 한다.

3 유아를 위한 교수-학습유형*

수업의 효과를 높이기 위해서는 무엇을, 어떻게 가르칠 것인가에 대한 체계적인 계획이 필요하다. 교수-학습방법은 교육의 목적을 성취하기 위한 하나의 수단으로 과정적 요소를 중요하게 다룬다. 교수-학습방법에는 여러 가지가 있으며, 각기 그 나름대로의 특징이 있어 어느 한 가지 방법이 가장 좋다고 말할 수 없다. 교사는 유아가 지니고 있는 내적 조건과 학습을 촉진시키기 위한 외적 조건이 최적의 상호작용을 이루도록 교수-학습환경을 조성해야 한다. 다양한 교수-학습방법 중 활동의 종류와 특성에 따라 유아학급에서 적용해 볼 수 있는 직접교수법, 협동학습법, 토의학습법, 발문교수법, 탐구학습법, 문제해결학습법을 소개하면 다음과 같다.

*이 내용은 나은숙 외(2010), 『유아교과교육론』 3장의 일부임.

1) 직접교수법

(1) 개념 및 특징

직접교수법(direct instruction)이란 교사가 유아들에게 주도적으로 정보나 학습내용을 전달하는 방법이다(김신자, 2000; 조규락, 김선연, 2006). 유아중심의 교수-학습을 강조하는 유아교육에서는 직접교수법이 교사중심이라 하여 비효과적이라 생각한다. 그러나 모든 교수방법은 각각의 특성을 가지고 있으므로 교육내용과 활동에 따라 적절하게 직접교수법을 활용한다면 효과를 기대할 수 있다. 직접적 교수활동은 사회적으로 약속된 혹은 다른 사람에 의해 창안된 정보나 행동을 배우는 데 적용하면 효과적이다. '교통기관'이라는 주제로 유아들이 실외에서 자전거 타기를 시도할 경우 교사는 교통규칙과 신호에 대해 직접적으로 설명하거나 정보를 제공할 수 있다.

(2) 교육적 가치

- 교사 한 명이 여러 명의 유아에게 짧은 시간에 효과적으로 정보를 전달하기 때문에 경제적이다.
- 전체 유아에게 같은 정보를 제공하므로 모두 지시를 따르도록 가르칠 수 있고, 한 번에 평가가 가능하다.

(3) 지도방법

- 직접적 교수는 유아에게 새로운 용어, 전략, 정확한 사실적 정보, 일상생활 등을 가르칠 때 사용된다. 학습의 효과를 높이기 위해 교사는 모델링, 칭찬, 정보 제공과 설명하기를 사용한다. 유아의 흥미를 끌어내고 학습의 중요한 내용에 집중하도록 목소리, 표정, 몸짓 등을 변화시킨다(Lay-Dopyera & Dopyera, 1993).
- 교사는 무엇을, 어떻게, 언제 활용할지 활동을 계획한다(예: 전화예절을 위해 소꿉놀이영역에서의 전화받기). 직접적 교수라도 교사의 일방적 전달보다 유아의 참여를

옷 걸기를 지도하는 교사

유도하고 다양한 상호작용을 시도한다.

- 직접적 교수는 학습단계 중 습득의 과정에서 활용하면 효과적이다. 학습은 탐색, 습득, 실행/연습, 일반화의 과정을 거쳐 일어난다(Kostelnik, Soderman, & Whiren, 1999). 교사는 유아에게 먼저 사물이나 현상에 대해 충분히 탐색할 시간을 제공한다. 탐색 후 습득단계에서 교사는 정보와 지식을 제공하고, 이해한 것을 다시 실행(연습)해 보도록 한다. 습득한 지식은 새로운 상황에 적용하고 일반화할 수 있도록 한다.

2) 협동학습법

(1) 개념 및 특징

협동학습(cooperative learning)은 유아들이 대·소집단으로 구성되어 함께 과제를 수행해 가면서 학습하는 방법이다. 유아들의 협동학습은 일상생활에서 다른 사람과의 협력관계를 통하여 문제를 해결하고 사회생활에 필요한 지식과 의사소통 및 대인관계 기술을 배우는 데 목적이 있다. 집단의 유아들이 협력하여 성공할 때 개별 유아도 성공함을 배운다. 이는 협력적 학습이 갖는 긍정적 상호 의존성으로서 궁극적으로 개별 유아를 유능하게 만든다(Johnson & Johnson, 1991). 혼자서는 어려우나 서로 도우며 생각을 나눌 때 공동체의 일원으로 생활하고 기여할 수 있기 때문이다(조규락, 김선연, 2006; Eliason & Jenkins, 2003).

(2) 교육적 가치

- 집단의 구성원과 상호작용 기회를 제공함으로써 긍정적인 사회적 기술과 습관을 형성한다.
- 다른 사람으로부터 배우고 가르치는 기회를 제공한다. 이를 통해 리더십 기술을 쌓고, 자기존중감을 강화하고, 학습을 증진시킨다.
- 융통성, 협력, 문제해결의 경험을 제공한다.
- 의사소통기술을 발달시키는 학습의 구조를 제공한다. 서로의 생각과 정보를 공유하고, 이야기하는 기회를 갖는다.

(3) 지도방법

- 협력학습은 집단활동이나 자유놀이시간의 문제해결, 토의, 브레인스토밍에 친구와 짝을 이루거나 집단으로 나누어 활용할 수 있다. 이때 공동의 목적을 위해 서로 협력하는 것이 중요하므로 유아 간 의견이나 전략이 경쟁적이거나 배타적이지 않도록 한다.
- 유아들은 활동목적과 학습목표를 분명히 인지하고, 이의 달성을 위해 함께 노력하고 책임감을 가지도록 한다. 활동과정에서 피드백이 필요한 경우 개인이나 집단 전체에 제공하여 반성적으로 사고할 수 있는 기회를 제공한다.
- 협력적 학습은 집단에 초점을 두지만 집단 내 개별 유아의 경험에도 의미를 둔다. 활동이나 과제가 성공하기 위해 또래 간 도움주기와 개별적 책임감이 자연스럽게 이루어지도록 한다. 활동에서 또래와 함께 활동하기를 배우고 서로 돕도록 격려한 협력학습의 경우에 유아들의 순서 지키기, 자기조절력, 자아존중감, 다른 역할을

협동하여 동극 배경 그리기

협동하여 우리 동네 구성하기

수용할 수 있는 능력이 함께 발달하였으며, 또래 간 우정도 촉진되었다(Eliason & Jenkins, 2003).

3) 토의학습법

(1) 개념 및 특징

다른 사람과 협력하여 원만히 일을 수행하기 위해서는 함께하는 일에 대한 의사소통과 토의가 필요하다. 토의학습법(discussion learning)은 서로의 의견이나 아이디어를 함께 나누며 문제를 생각하고 해결해 가는 협동학습의 한 형태이다(조규락, 김선연, 2006). 토의학습은 특정 주제에 대한 아이디어를 도출해 내는 데 중요한 목적이 있다. 유아들이 토의에 능동적으로 참여하여 자신의 지식과 경험을 이끌어내고, 타인의 입장이나 견해를 이해하고 수용할 수 있도록 하는 데 토의방식이 활용된다.

유아교육 현장에서의 토의학습은 이야기 나누기 시간에 흔히 이루어진다. 유아교실에는 토의할 일이 많으며 간혹 토의내용은 기록되기도 한다. 유아들이 일상에서 지켜야 할 약속과 규칙에서부터 현재 진행되고 있는 주제와 관련된 내용 등 다양하다. 한 유아에 의해 혹은 공통적으로 궁금해하거나 함께 결정해야 하는 일은 토의를 통해 해결할 수 있다.

(2) 교육적 가치

- 서로 의견을 나누는 가운데 사회적 기능과 태도를 촉진할 수 있다.
- 상호작용을 통해 능동적 참여, 자율성, 다른 사람에 대한 이해를 심화할 수 있다.
- 집단구성원으로서 역할과 소속감, 연대의식을 심어줄 수 있다.

(3) 지도방법

효과적인 토의가 이루어지기 위해서는 사전에 충분한 계획이 필요하다. 철저한 준비가 이루어지지 않은 경우의 토의는 비생산적이거나 흐지부지 끝날 수 있다. 효과적인 토의가 이루어지기 위한 절차를 소개하면 다음과 같다(김신자, 2000; 윤희경 외, 2003).

토의를 위한 준비

- **토의 주제 및 참여대상:** 교사는 토의할 주제가 전체 유아와 공유해야 할 내용인지 혹은 몇 명의 유아들에게만 관심 있는 주제인지를 파악한다.
  - 학급과 관련된 주제 : 작품의 전시 장소 정하기, 학급의 규칙목록 만들기
  - 가정과 관련된 주제 : 민수 동생의 출생, 수희가 곧 이사를 가게 되는 일
  - 우리 동네, 먼 지역과 관련된 주제 : 일본의 지진, 월드컵 개최
  - 개인적으로 궁금해하는 주제 : 금붕어가 좋아하는 먹이

- **집단 크기와 시간 배치:** 학급과 관련된 주제라면 전체를 대상으로 오전 혹은 오후 이야기 나누기 시간에 계획한다. 관심 있는 유아들만 참여한다면 소집단 형태로 자유선택활동시간이 적당하다.
- **장소 및 앉는 대형, 주의집중시간:** 토의 장소는 실내 · 외, 출입문, 햇빛 등을 고려한다(예: 미술영역 정리에 대해 토의한다면 영역을 바라보면서 진행한다). 위치는 유아가 서로 마주볼 수 있도록 반원의 형태를 취한다. 토의시간은 일정하지 않으나 주제와 주의집중을 고려하여 10~30분 정도 계획한다.
- **자료 준비:** 토의 시 주제 관련 자료가 제공되면 기억과 집중하기 좋으므로 실물, 그림이나 사진, 비디오, 인형 등의 시청각 자료를 준비한다.

토의 진행

토의 주제가 결정되면 토의에 관심을 갖도록 동기를 유발시킨다. 토의가 진행되는 동안 교사도 함께 참여한다. 유아들끼리만 주제에 대해 깊이 생각하고 의견을 조율해 가며 합의된 결론을 도출해

내는 일은 쉽지 않기 때문이다. 교사는 토의가 주제를 벗어나지 않도록 아이디어를 제공하고, 유아들의 의견을 확인하고, 질문하고, 조절한다.

교사는 토의가 원만히 진행될 수 있도록 개방적 분위기를 조성한다. 교사나 몇 명의 유아에 의해 주도되지 않도록 유념한다. 아울러 적극적으로 참여하지 않는 유아, 토의를 제대로 따라오지 못하는 유아는 원인을 파악하여 참여를 유도하고 안내한다.

토의 평가

토의 목적 달성 여부를 확인하고 전체 유아들에게 피드백을 제공하는 단계이다. 교사는 토의 진행 과정이 어떠했는지를 평가하고, 토의내용을 요약 · 정리하고 결론을 도출한다.

유아들이 정한 토의 주제

가고 싶은 여행지에 대해 토의하는 유아들

4) 발문교수법

(1) 개념 및 특징

발문교수법(questionary instruction)은 교사와 유아가 서로 질문과 답을 주고받으며 학습을 전개해 가는 방법이다. 발문교수법은 질문을 통해 유아의 사고를 촉진시켜 지적 활동을 일깨워 주려는 데 목적이 있다(이성호, 1999). 발문은 다양한 활동과 상황에서 이루어질 수 있다. 교사는 새로운 활동의 동기 유발을 위해, 유아가 참여하고 있는

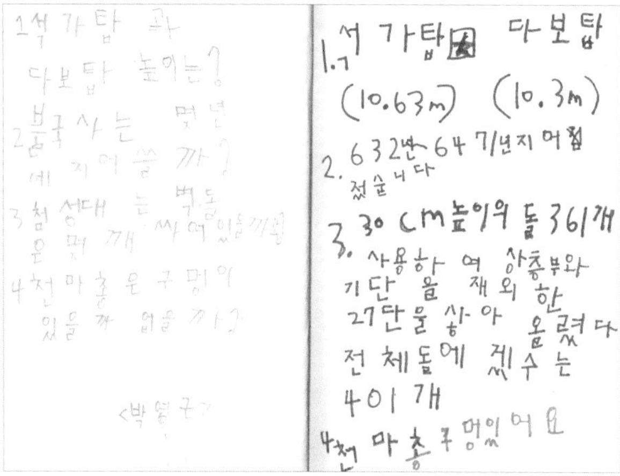

유아들이 만든 질문목록과 조사한 내용

활동의 확장을 위해, 유아의 생각을 활성화하기 위해 질문한다. 교사가 유아에게 어떤 질문을 어떻게 하느냐에 따라 유아 반응의 질이 달라지기 때문에 교사의 발문은 중요한 의미를 갖는다.

(2) 교육적 가치

- 비판적 사고, 반성적 사고, 합리적 사고를 촉진한다.
- 활동에 대한 새로운 방향을 설정해 주어 활동이 확장된다.
- 교사와 유아, 유아 간 의사소통을 증진한다.
- 평가의 수단이 된다. 유아가 활동을 통해 알게 된 것을 파악하고 앞으로의 활동에 적용할 수 있다.

(3) 지도방법

- 발문에 앞서 교사는 유아의 활동에 관심을 가진다. 유아가 무엇을 하고 있는지, 지금 상황에서 유아가 무엇을 필요로 하는지를 파악한다. 가능한 활동과 직

접적으로 관련 있는 질문으로 상호작용한다(Charlesworth & Lind, 1995; Kilmer & Hoffman, 1995).

- 좋은 발문이란 교사의 질문에 목적이 있고(가르치고자 하는 목적과 직접적으로 연관), 사고와 생각을 유발하고(더욱 깊이있는 사고로의 발전), 명료하고(이해할 수 있는 내용), 간단하다(요점이 분명)(Kostelnik, Soderman, & Whiren, 1999). 단답식 질문, 애매모호한 질문, 강제적인 질문은 유아의 주의를 오래 끌지 못하며, 의미없는 답을 유발한다.

표 3-1 유아의 생각을 확장시키는 발문 유형

유형	예
확인하기	어떤 소리(냄새, 맛, 느낌)가 날까?
기억하기	지난번 햇볕에 돌을 놓았을 때 어떻게 되었지?
원인과 결과 연결하기	왜 조금 전보다 이 구멍에서 물이 더 많이 나오는 걸까?
예측하기	다음에는 무엇이 올까?
평가하기	우리가 함께 동시를 읽으니 어떤 느낌이 나니?
일반화하기	꽃에 물을 주니 잎이 싱싱해졌다. 나무는 어떻게 될까?
비교하기	여기 있는 물건 중 무엇이 같고 다를까? 가장 무거운 것은?
이유 말하기	친구들이 왜 함께 가기로 결정했을까?
구별하기	여기 있는 모양 중 네모가 아닌 것은?
문제 해결하기	우리가 자전거를 순서대로 타려면 어떻게 해야 할까?
수량화하기	바구니에는 몇 개의 공이 있을까? 끈의 길이를 어느 정도로 잘라야 할까? 지하철을 타고 몇 정거장을 가야 할까?
상상하기	사람들의 귀가 토끼처럼 커진다면 어떻게 될까?
대안 제시하기	이것들을 묶을 수 있는 또 다른 방법은?
사실적 지식 활용하기	박쥐가 거꾸로 매달려 잔다는 것을 어디서 알았니?
추론하기	친구의 물건을 아무렇게나 다루면 그 친구의 마음이 어떨까?
사고과정을 인식하기	어떻게 알게 되었니? 왜 그렇게 결정했니?
적용하기	우리가 배운 것을 어떻게 사용하면 좋을까?
결정하기	우리가 만든 이 작품을 어디에 전시하면 좋을까?

- 대답할 시간을 준다. 유아가 질문에 반응할 충분한 시간을 제공한다. 대답을 할 때까지 기다려 주되, 지루함을 표시하거나 교사가 먼저 답을 말하여 유아의 생각을 침해하지 않는다. 유아의 답이 틀렸거나 주제에서 벗어났다면 "왜 그렇게 생각했니?", "○○에 대해 더 얘기해 볼래?" 와 같이 질문을 수정한다.
- 단서를 제공하여 발문한다. 유아가 질문의 요지를 이해하도록 관련된 단어나 단서를 질문에 포함시킨다.
- 대집단 모임일 경우 모두에게 질문한다. 먼저 전체에게 "○○에 대해 모두 생각해 보자." 라고 한 다음 "누가 이야기해 볼까?" 혹은 "수민아, 네가 먼저 말해 볼래?" 로 연결한다.
- 유아가 완성된 문장으로 말하도록 도와준다. 어린 유아일수록 자신만의 단어나 부정확한 말로 대답을 한다. 교사는 이를 완성된 문장으로 보완하여 표현해 준다.
- 경청과 개방적 분위기를 조성한다. 발문은 서로 간의 분명한 의사소통이 전제되어야 효과를 거둘 수 있다. 유아의 답변을 귀 기울여 듣고, 행동과 표정으로 응답한다.

5) 탐구학습법

(1) 개념 및 특징

탐구란 현재 당면한 문제나 질문을 깊이 파고들어 알아가는 과정을 의미한다. 탐구학습(inquiry learning)이란 유아가 관심을 가지는 활동이나 자료를 선택하고, 의사결정하고, 실험하고, 질문하고, 스스로 답을 발견해 가는 과정이다. 탐구학습의 원리는 브루너(Bruner), 타바(Taba), 타일러(Taylor) 등이 그 중요성을 강조하고 발전시켰다. 이 학자들은 성인에 의해 미리 계획되고 결정된 내용과 방법을 따라가는 교육은 점차 학습자를 성인의 사고체계로 끌어들이는 수동적 존재로 만들게 됨을 경고하였다. 따라서 탐구학습은 유아의 반성적 사고과정을 통한 능동적 지식의 구성에 목적이 있다.

유아교육기관에서는 자유선택활동시간의 제공, 프로젝트 활동을 통해 이러한 탐구학습이 이루어지도록 운영하고 있다. 그러나 유아들이 아무 계획도 없이 교실을 배회하거나 마음대로 하는 것이 탐구학습이 아님을 인식해야 한다. 유아가 주변 세계와의 상호 교류 속에서 스스로 알아가고 발견해 간다는 점에서 탐구학습은 발견학습과 크게 다르지 않다. 탐구학습이나 발견학습 모두 학습자의 능동적 참여를 중시하나 탐구는 과정에 좀 더 초점을 둔다는 데 차이가 있다.

(2) 교육적 가치

- 유아가 흥미(관심) 있는 주제와 내용에 따라 방향이 결정되고, 그 속에서 스스로 무엇인가를 구성하고 조직하는 지적 능력을 증대시킨다.
- 탐구활동은 미리 결정된 답이 없기 때문에 유아가 자신의 속도에 따라 조사와 탐구를 수행하는 것을 가능하게 한다. 유아가 무엇을 언제 어떻게 수행할 것인지를 결정한다.
- 탐구를 통한 발견 그 자체가 하나의 보상이 되어 유아에게 자신감과 유능함을 느끼게 하는 내적 보상을 제공한다.
- 스스로 구성한 지식과 정보는 오래 기억되고 보존된다.

'콩으로 두부 만들기' 프로젝트

(3) 지도방법

- 탐구학습은 교사의 개입과 중재 시점이 중요하다. 교사는 유아의 자유로운 선택과 탐색을 허용하면서도 더욱 큰 틀에서 유아의 활동이 효율적으로 전개되도록 관찰과 지원, 적절한 중재를 수행한다(Kostelnik, Soderman, & Whiren, 1999).
- 탐구과정에서 관찰과 기록을 한다. 유아의 사고 변화를 알기 위해 세심한 관찰 준비와 노력이 필요하다. 단순한 외형적 관찰을 피하기 위해 교사는 탐구학습이 전

집에서 조사해 온 여행지

첨성대에 대해 조사하는 유아

유아들이 그린 첨성대

개됨에 따라 대안적인 활동과 이를 확장할 수 있는 질문을 한다.

- 탐구활동에서 유아들은 학습의 결정권을 가지나 교사는 학습이 일어나는 매개요인을 고려하고 지원한다. 교사는 기본적으로 유아들이 활용할 교구와 자료를 준비하는 자원 제공자의 역할을 한다. 나아가 유아들의 활동을 확장시킬 수 있는 경

험이 무엇인지 숙고한다.

- 탐구학습의 과정은 유아에게 모든 것을 맡겨두는 것이 아니라 교사도 함께 참여하고 알아가는 공동학습의 장이다. 유아들이 활동의 방향에 일차적 책임과 권한을 갖도록 장려하나, 필요한 경우에 교사는 모델링, 긍정적 보상, 설명하기, 단서 제공하기, 질문 등의 교수전략을 보완한다.
- 개인별 차이를 고려한다. 유아가 어릴수록 활동 전개 시 교사의 생각과 행동에 의존하는 정도가 크다. 활동 초기 유아에게 충분한 도움을 주어 조사와 탐색의 기회를 제공한 후 점진적으로 혼자서 생각하고 활동할 수 있도록 안내한다.

다음은 모래놀이를 통한 탐구학습의 예로 교사에 따라 탐구활동이 다르게 접근되고 있음을 보여준다. A 교사는 유아들이 주도적으로 모래놀이를 탐색하도록 충분한 시간과 기회를 제공하고 있다. B 교사는 모래놀이가 더 의미 있는 발견학습으로 확장되도록 활동을 유도하고 있다. 어떤 방법으로 접근하든 교사는 활동과정에서 유아가 자신의 경험에 기초하여 나름의 결론에 도달하는 것을 중시한다.

예 1

A 교사는 탐구활동을 촉진하기 위해 모래 테이블을 제공한다. 교사는 감각적 활동전략에 중점을 두고 환경을 구비한다. 유아의 생각을 특별한 방향으로 이끄는 질문이나 행동지표와 같은 전략보다 유아가 충분히 모래놀이를 탐색하는 과정에 중점을 두고 있다.

- 모래놀이에 필요한 여러 가지 활동도구(삽, 용기, 계량컵, 숟가락, 체 등)를 제공한다.
- 모래놀이를 통해 자연스럽게 탐구활동이 이루어지도록 충분한 시간을 제공한다.
- 교사는 모래 테이블에 종종 들러 유아들의 활동과 말에 관심을 갖는다. 활동에 대해 반응하고 유아들의 참여를 지원한다.

예 2

B 교사는 탐구활동이 좀 더 의미 있는 발견학습으로 발전되도록 유아의 행동을 유도하고 안내(guided discovery)한다. A 교사에 비해 더욱 복합적인 전략을 사용하여 유아의 생각을 촉진한다.

- 모래 테이블에 서로 다른 색깔과 모양의 계량컵을 제공하여 용기에 따른 부피, 모양, 색에 관한 아이디어를 가지도록 한다.
- 교사는 놀이하는 컵의 크기와 모양, 유아가 만든 모래구조에 대해 반응하고 관찰한다.
- 놀이확장과 새로운 전략을 위한 질문을 한다. "어떤 컵이 가장 많이 담을 수 있을까?", "어떻게 알게 되었니?", "이 컵과 같은 것/다른 것은 무엇이니?", "이 노란색 컵보다 모래를 더 많이/적게 담을 수 있는 컵은 어떤 것일까?"

6) 문제해결학습법

(1) 개념 및 특징

문제해결학습(problem solving learning)은 유아가 실제생활에서 발생한 문제나 상황을 주도적으로 해결해 가는 과정을 통해 학습이 자연스럽게 이루어지도록 하는 방법이다. 문제해결을 위하여 자신의 선행지식을 적용하여 해결방안을 강구하며, 해결에 필요한 정보와 자료를 수집하면서 학습이 진행된다(조규락, 김선연, 2006; Hendrick, 1997). 이 과정에서 유아는 실수를 경험하고, 실수를 통해 새로운 전략을 강구하게 된다. 문제해결활동은 발견탐구활동의 변화된 교수-학습방법이다. 비판적으로 사고하는 기술, 자기주도학습 기술, 문제와의 관계에서 내용지식을 개발하도록 지원하는 데 중점을 둔다.

(2) 교육적 가치

- 유아 주변의 문제를 중심으로 학습이 이루어지므로 이해와 기억이 증가한다.
- 단순한 암기에 의한 문제해결보다 유아의 추론을 유발하여 논리적 사고와 전략을 촉진한다.
- 유아가 독립적으로 생각하고 배울 수 있어 책임감이 생긴다.

(3) 지도방법

- 문제해결학습의 목적은 문제를 찾아 해결해 가는 '과정'에 있다. 교사는 유아의 활동을 세심하게 관찰하고 이야기를 들으면서 가치 있는 정보를 수집하고 계획에 반영한다. 유아가 틀린 가설을 일반화(예: 색깔에 따라 뜨고 가라앉는다)하였더라도, 여러 번의 실험을 통해 궁극적으로 답을 찾도록 하는 것이 중요하다.
- 좋은 문제는 유아들이 사건·정보·아이디어에 대해 분석하고, 종합하고, 평가하는 것을 촉진한다. 그 결과, 새로운 정신적 구조를 형성하도록 이끈다(Freiberg & Driscoll, 1996). 교실에서의 문제는 일상에서 자연스럽게 나타나기도 하고 혹은 교사에 의해 의도적으로 계획되기도 한다. 유아가 생활에서 직접 경험할 수 있고 관찰가능하고 구체적인 문제일 때 유아들은 자신들의 행동을 평가하고 결론을 찾기

과학적 문제해결방법의 예

활동명: 물에 뜨는 것과 가라앉는 것

활동방법

- 물놀이 테이블에 여러 개의 활동자료를 제공한다. 실험을 하면서 과학적 문제해결방법을 적용한다.
- 유아들이 물놀이 테이블에서 자료를 가지고 놀며 충분히 탐색하도록 격려한다.
- 물체의 어떤 성질이 가라앉고 뜨게 하는지를 발견하도록 안내한다. 유아들이 주도적으로 과학적 단계를 따라 진행하도록 유아들을 돕고 이야기를 나누며, 제공한 자료가 적절한지 세심하게 고려한다.

물놀이하는 유아

교사: 어떤 것이 물에 뜨고 가라앉니?
유아: 병뚜껑이 뜬다~ 플라스틱 배가 뜬다~ 돌은 바닥에 있어~.
교사: 왜 그럴까? (중략)
유아: 노란색은 물 위에 떠있고, 빨간색 물건은 가라앉았어요.
교사: 그럼 이 빨간 막대는 어떻게 될까?
유아: 빨간 막대는 가라앉을 것 같아요. (실험 후) 빨간 막대가 뜬다~
교사: (새로운 가설 세우기) 그렇다면 무엇이 물건을 뜨게 하는 걸까?

가 더 쉽다.

- 문제해결과정에서 교사의 역할은 유아들이 목적을 가지고 여러 자료를 사용하며 자신의 생각을 적용하도록 촉진하는 데 있다. 필요한 경우 도움과 질문을 하여 유아가 자신의 경험을 성찰하도록 지도한다.
- 문제해결과정은 모든 교육과정 영역에 적용이 가능하다. 놀이규칙 만들기, 또래 간 충돌 해결하기, 동물이름 짓기와 같은 사회적 문제해결방법은 문제 인식하기, 정보 모으기, 계획이나 해결방안 만들기, 계획이나 해결방안 실행하기, 결론 도출하기, 결과에 대해 의사소통하기를 거쳐 문제를 해결한다.

  과학적 문제해결방법은 문제 인식하기, 가설 세우기 혹은 설명을 제안하기, 실험하기, 결론 도출하기, 결과에 대해 의사소통하기의 단계를 적용할 수 있다 (Kostelnik, Soderman, & Whiren, 1999).

앞서 기술한 여러 유형의 교수-학습방법을 간략히 정리하면 〈표 3-2〉와 같다.

표 3-2 유아를 위한 교수-학습유형

유형	개념	특징	지도 시 유의점
직접교수법	교사가 주도적으로 정보나 학습내용을 전달하는 방법	• 사회적 약속, 새로운 용어, 정확한 사실적 정보나 행동, 기본생활 등을 가르칠 때 적합하다.	유아마다 학습단계에 차이가 있음을 고려한다.
협동학습법	유아들이 대·소집단의 형태로 구성되어 서로 협동력 관계에서 과제를 수행하며 학습하는 방법	• 공동의 목적을 위하여 함께 협력하고, 의사소통하고, 정보를 공유함으로써 집단뿐만 아니라 개별 유아도 성공감과 유능함을 갖는다. • 또래로부터 배우고 가르치는 경험으로 반성적 사고와 사회적 기술을 증진시킨다.	각 구성원이 활동목적을 인지하고 책임감을 가지도록 한다. 한 유아의 의견이나 주장에 치우치지 않도록 한다.
토의학습법	서로의 의견이나 아이디어를 함께 나누며 문제를 생각하고 해결해 가는 협동학습의 한 형태	• 유아들이 공통적으로 궁금해하거나 함께 결정해야 할 문제를 해결할 때 적절하다. • 토의 주제와 목적의 인식, 능동적 참여, 타인의 입장과 견해 존중, 타협, 합의된 결과의 수용을 강조한다.	교사도 일원으로 참여하여 토의가 딴 방향으로 흐르지 않도록 조절한다.
발문교수법	교사와 유아가 서로 질문과 답을 함으로써 반성적 사고, 비판적 사고, 합리적 사고를 촉진하여 학습을 전개해 가는 방법	• 발문은 새로운 활동의 동기유발이나 진행되고 있는 활동을 심화·확장하여 유아의 사고를 활성화시킨다. • 상황에 적절한 발문을 위해 유아의 활동에 관심을 갖고 무엇을 필요로 하는지 파악하는 것이 중요하다.	발문에 앞서 좋은 질문의 특징을 이해한 후 활용한다.
탐구학습법	유아가 흥미(관심)를 가지는 주제나 문제에 능동적 참여하여 스스로 해결책을 찾는 탐구과정 중심의 학습방법	• 스스로 활동이나 자료를 선택하고, 탐색하고, 의사결정하고, 실험하는 가운데 반성적 사고가 촉진된다. • 유아 스스로 발견하고 구성한 지식은 지적 성취와 함께 내적 보상을 제공한다.	학습의 결정권이 유아에게 있으나 교사는 더 넓은 차원에서 지원하고 중재하는 공동의 학습자임을 인식한다.
문제해결학습법	유아가 실생활의 문제나 어려움을 해결해 가는 과정에서 학습이 이루어지는 방법	• 문제 인식, 정보 모으기, 해결방안 계획과 실행 등의 문제해결과정을 통해 논리적 사고와 추론을 가능하게 한다. • 실생활의 구체적 경험, 적용가능한 문제일 때 효과적이다. • 문제해결에 유아의 선행경험과 지식을 연계한다.	정답을 찾기보다 유아 자신의 속도와 수준에 맞추어 스스로 발견하고 탐색하는 과정을 중시한다.

4장 교수-학습평가

교육의 질적 수준을 향상시키기 위해서는 평가가 반드시 수행되어야 한다. 평가에는 형성평가와 총합평가가 있으며, 형성평가는 과정평가를 의미한다. 교사의 교수활동에 대해 형성평가를 한다는 의미는 교수활동 수행 중에 정보를 제공하여 교사 스스로 적절한 조절을 할 수 있게 해준다. 총합평가는 평가의 결과물로 정의되며, 수행능력에 따라 승진, 봉급, 재임용 등의 의사결정과정에 활용될 수 있다. 평가의 대상은 유아와 교사에 대한 평가, 교육과정 전반 또는 교수-학습에 대한 평가, 개별 학급 및 기관평가 등 다양하다. 평가 대상이 무엇이든지 평가를 하기 전에 평가를 하는 목적과 내용, 방법 등을 먼저 고려해야 한다. 교수과정에서의 평가는 주로 형성평가의 성격을 띤다. 즉 평가결과가 교사의 인사에 반영될 수도 있으나 일반적으로 교사발달이나 전문성 신장에 중점을 두는 평가체제인 형성평가를 통해 교사의 교수수행 능력을 개선하고자 하는 목적이 크다.

이 장에서는 교사의 교수능력 향상을 목적으로 한 평가에 초점을 두어 평가의 목적, 주체, 방법, 내용을 살펴보고, 유아교육기관에서 보편적으로 교수-학습평가 유형으로 활용하고 있는 예를 제시하고자 한다.

1 평가의 개념

평가를 하기 전에 '왜' 평가하는지(목적), '누가' 평가할 것인지(평가 주체), '어떻게' 평가할 것인지(평가방법), '무엇을' 평가할 것인지(평가내용) 등을 고려해야 한다.

- 목적 : 교사의 교수능력 향상을 통한 유아의 학습 및 발달 도모 등
- 평가주체 : 교사 자신, 동료교사, 학부모 등
- 평가방법 : 행동목록법(체크리스트), 평정척도법, 저널 쓰기, 교사회의, 학부모 설문지, 비디오 녹화, 관찰 등
- 평가내용 : 자유선택활동 및 단위 수업, 일과 운영 등의 계획과 실행과정 및 자료 등

1) 평가의 목적

평가는 계획한 교육목표의 달성 여부와 보다 효과적인 교수-학습과정의 개선을 위한 필수 과정이다. 교사는 교육의 질적 향상을 위해 유아에 대한 평가와 아울러 자신의 수업에 대한 평가를 실시해야 한다. 교수-학습에 대한 평가가 바르게 활용되기 위해서는 먼저 평가의 목적을 정확히 이해해야 한다.

평가의 궁극적인 목적은 교사의 교수 능력을 향상시킴으로써 유아의 발달과 요구에 맞는 바람직한 교육 프로그램을 제공하기 위함이며, 더 나아가 교수자로서 교사 자신이 전문가로서 성장하기 위함이기도 하다. 또한 교사의 교수방법에 대한 평가는 교사에 대한 재교육적인 측면의 기능을 수행하기도 한다.

2) 평가 주체

교수-학습에 대한 평가를 누가 하느냐에 따라 교사의 자기평가와 동료 및 학부모를 통한 평가로 이루어질 수 있다. 자기평가란 교사로서 자신이 실시하는 교육활동의 방

법을 개선하려는 목적으로 교사 자신이 교수활동을 스스로 판단·평가하는 방법이다. 이는 교육의 질적 수준 향상뿐만 아니라 교사 자신의 자율성과 전문성을 확보하기 위해 반드시 필요하다. 또한 동료교사, 원장이나 원감에 의한 동료평가, 학부모에 의한 평가가 이루어질 수 있다. 동료평가는 주로 원장 및 원감, 선임교사에 의한 장학의 형태로, 학부모평가는 공개수업 후 만족도 조사의 평가로 진행될 수 있다.

3) 평가방법

평가방법은 반성적 사고를 토대로 한 저널 쓰기, 보다 객관적인 자료로 관찰도구에 체크하는 행동목록법 등이 있다. 또한 매일의 수업 후 교사가 작성하는 교육일지를 통한 평가, 교사회의를 통한 평가, 비디오 녹화 및 분석을 통한 방법, 설문지 조사 등 다양하다. 이러한 평가방법 중 어떤 평가방법을 선택할 것인가는 평가주체와 내용에 따라 다르며, 가장 적합한 평가방법을 선택하여 평가하도록 한다.

평가방법은 평가 주체에 따라 구분되는 것이 아니다. 예를 들어, 교사가 자기평가로 사용한 행동목록법이 있다면 이는 동료교사에 의한 평가 시에도 활용할 수 있으며, 학부모를 대상으로 설문지 평가를 했다면 이에 대한 결과는 다시 교사의 자기평가 또는 교사회의 시 기초자료로도 활용될 수 있다.

다양한 평가도구를 활용하여 수업을 평가하는 것은 교사 자신의 현재 교수능력을 파악하는 데 도움이 되며, 이러한 평가자료를 토대로 부족한 부분을 보완하여 유아에게 더욱 적합한 교육 서비스를 제공하기 위한 기초자료가 된다. 뿐만 아니라 수업에 대한 부모와 교사 간, 교사와 교사 간의 피드백을 제공할 수 있기 때문에 효과적인 지도방법의 대안을 모색할 수 있다는 장점이 있다.

4) 평가내용

평가는 일과활동별로 이루어지는 수업 장면과 일화를 중심으로 이루어진다. 단위 활동에 대한 평가내용은 구체적으로 계획, 자료와 매체, 수업 진행과정으로 구분할 수 있다. 교사는 각 활동의 지도과정 중 유아를 계속적으로 관찰하며, 다음과 같은 질문을 통해 자신의 수업을 평가해 볼 수 있다.

첫째, 계획한 내용이 잘 실행되었는지에 대한 여부이다. 교사는 교육활동을 실시하기 전에 자신이 계획한 범위 내에서 교육활동이 잘 이루어졌는지 혹은 실행하는 과정 중에 계획 시 예측하지 못한 사항이 있었다면 무엇이었는지를 분석한다.

- 목표에 따라 적합한 활동을 선정했는가?
- 현재 진행 중인 주제와 관련성이 있고 가치 있는 활동인가?
- 유아의 발달 수준, 학습능력에 적절하며 이후의 성장에 도움이 되는가?
- 수업으로 적합한 활동인가?
- 유아 스스로 조작, 탐구할 수 있는 구체적인 경험을 제공하는 활동인가?
- 유아의 관심 정도나 요구, 신체적 능력, 이해 수준에 적합한 활동인가?
- 유아의 수준에 따라 선택 및 조절하는 것이 가능한 활동인가?
- 교사의 설명 없이도 자연스러운 활동을 통해 의도하는 내용을 경험할 수 있는가?

둘째, 교구와 자료, 시설 면에서 보완하거나 수정할 필요가 있는지에 대해 평가한다. 수업에 활용했던 자료는 적절한 크기·모양·형태였는지, 보완하거나 수정한다면 어떻게 하는 것이 바람직할 것인지에 대해 평가한다.

- 매체 내용 : 계획 시 의도한 교육내용이 자료에 반영되었는가?
- 발달 수준 : 제시된 그림, 글자 등은 유아의 이해 수준에서 활동하기 적합한가?
- 조작 수준 : 유아의 대·소근육발달 수준에 너무 쉽거나 어렵지 않는가?
- 안전 : 유아에게 안전한 모양, 재질, 채색, 구조인가?

- 실용성 : 여러 번 사용해도 견고하고 세척, 수리, 보관이 용이한가?
- 심미성 : 모양, 색채가 심미적이고 안정감이 있는가?
- 크기 : 제시하려는 유아의 수, 거리, 세부내용에 비추어 볼 때 자료의 크기가 적당한가?
- 경제성 : 자료 제작 비용은 얼마인가, 비용을 절감하는 방법이 있다면 무엇인가?
- 창의성 : 디자인, 조작방법 등은 창의적인가?

셋째, 교사는 수업을 진행하는 과정에서 유아들의 반응을 토대로 유아와 상호작용이 적절했는지, 부족한 점은 무엇인지 등 수업의 전반적인 사항을 평가한다.

- 유아의 발달적 특성과 요구를 고려하여 교사와 유아 간의 상호작용이 활발하게 이루어졌는가?
- 활동의 전개가 유아의 발달 및 흥미에 기초하여 적절하게 이루어졌는가?
- 교육내용과 활동에 적합한 교수-학습방법(발표, 토의, 관찰, 실험, 조사, 견학 등)을 효과적으로 사용하였는가?
- 교사는 긍정적이고 지지적인 태도와 언어로 유아와 상호작용했는가?
- 유아들이 활동에 참여하는 것을 즐기며 쉽게 이해하였는가?

5) 평가 시 유의점

① 평가는 1회로 끝나는 것이 아니라 주기적으로 실시해야 한다. 예를 들어, 매일 평가할 것인지, 분기별·학기별로 평가할 것인지 등 언제 평가할 것인지에 대한 계획을 세워 평가하도록 한다. 일반적으로 교육일지에 의한 평가는 매일 실시하며, 교사회의에 의한 평가는 매주, 동료교사 및 학부모에 의한 평가는 분기 또는 학기별로 실시한다.

② 적합한 평가방법을 택한다. 처음부터 많은 평가도구를 활용한다든가 평가방법이 복잡하여 평가에 너무 많은 시간이 소요되는 것은 바람직하지 않다.

③ 평가결과는 다음의 교육과정 운영 및 교수-학습 개선에 반영한다. 보여주기 위한 평가, 평가를 위한 평가와 같이 형식적인 평가가 되지 않아야 한다. 평가를 통해 교사로서의 전문성 신장과 더 나은 교육활동으로 교육의 질적 향상을 꾀할 수 있어야 한다.

2 평가유형

교수-학습 평가방법은 다양하나 본 절에서는 교사들이 활용이 용이하고 객관적인 행동목록법에 의한 평가와 평정척도법에 의한 평가를 살펴보고자 한다. 그리고 일반적으로 교육 현장에서 기본적으로 작성하고 있는 교육일지를 통한 평가, 교사회의를 통한 평가를 간략히 살펴볼 것이다. 이외에 교사의 교수-학습 개선을 위한 평가방법으로 저널 쓰기를 소개하고자 한다.

1) 행동목록법에 의한 평가

행동목록법(checklist)은 어느 정도 구조화된 평가방법으로 사전에 관심 있는 행동목록을 준비하고, 각 행동목록에 '예/아니오' 또는 '그렇다/그렇지 않다'로 표기하는 방법이다. 이 방법의 장점은 어떤 행동이 나타났는지 아닌지를 판단할 수 있을 뿐만 아니라 특정 행동의 변화 여부를 파악하는 데 도움이 된다. 행동목록법 사용 시 기존의 개발·검증된 행동목록표를 사용하며, 하나의 표를 이용하여 주기적인 간격으로 기록하면 교사의 교수-학습 능력 향상 정도를 파악할 수 있어 향후 부족한 부분은 좀 더 개선하기 위한 자료로도 활용할 수 있다.

다음은 교사의 이야기 나누기 수업에 대한 평가를 위해 개발된 행동목록표의 예이다(육아정책연구소, 2013).

표 4-1 교수-학습평가를 위한 행동목록의 예

<table>
<tr><th colspan="3" rowspan="2">범</th><th rowspan="2">내용</th><th colspan="2">1학기</th><th colspan="2">2학기</th></tr>
<tr><th>그렇다</th><th>그렇지 않다</th><th>그렇다</th><th>그렇지 않다</th></tr>
<tr><td colspan="3" rowspan="5">수업설계</td><td>주제와 연계되는가?</td><td></td><td></td><td></td><td></td></tr>
<tr><td>유아들의 경험과 연계되는가?</td><td></td><td></td><td></td><td></td></tr>
<tr><td>유아들의 발달에 적합한가?</td><td></td><td></td><td></td><td></td></tr>
<tr><td>목표 진술은 적절하며, 평가의 요소를 고려하는가?</td><td></td><td></td><td></td><td></td></tr>
<tr><td>도입, 전개, 마무리 구성이 적절한가?</td><td></td><td></td><td></td><td></td></tr>
<tr><td rowspan="14">교수-학습활동</td><td rowspan="8">지도과정</td><td rowspan="2">도입</td><td>본 수업과 관련된 이전의 학습 내용들을 회상하면서 관련짓는가?</td><td></td><td></td><td></td><td></td></tr>
<tr><td>유아가 주제에 대해 호기심과 흥미를 가질 수 있도록 동기유발하는가?</td><td></td><td></td><td></td><td></td></tr>
<tr><td rowspan="4">전개</td><td>목표에 부합하는 내용으로 진행하는가?</td><td></td><td></td><td></td><td></td></tr>
<tr><td>본 시에 학습목표 달성을 위하여 관찰, 대화와 질문, 유아들이 서로 상호작용하도록 격려하는가?</td><td></td><td></td><td></td><td></td></tr>
<tr><td>새로운 정보를 제공하여 유아의 지식과 경험을 확장시키는가?</td><td></td><td></td><td></td><td></td></tr>
<tr><td>주제에 따라 발문의 유형(인지적, 확산적, 수렴적, 평가적)을 적절하게 구사하는가?</td><td></td><td></td><td></td><td></td></tr>
<tr><td rowspan="2">마무리</td><td>목표를 고려하여 종합 정리하는가?</td><td></td><td></td><td></td><td></td></tr>
<tr><td>이야기 나누기 시간을 마무리하고 다음 활동을 알려주는가?</td><td></td><td></td><td></td><td></td></tr>
<tr><td colspan="2" rowspan="3">수업 분위기 조성</td><td>이야기 나누기를 하기에 적합한 환경인가?</td><td></td><td></td><td></td><td></td></tr>
<tr><td>이야기 나누기를 시작하기 전에 생리적인 욕구를 해결했는가?</td><td></td><td></td><td></td><td></td></tr>
<tr><td>이야기 나누기에 적절한 대형인가?</td><td></td><td></td><td></td><td></td></tr>
<tr><td colspan="2" rowspan="3">교사 역할</td><td>유아의 질문에 적절하게 대답하는가?(종합, 확장, 정보 제공, 수정 등)</td><td></td><td></td><td></td><td></td></tr>
<tr><td>유아들의 부적절한 반응이나 행동을 긍정적인 방법으로 조정하는가?</td><td></td><td></td><td></td><td></td></tr>
<tr><td>유아의 적절한 반응에 대하여 격려 혹은 칭찬을 하는가?</td><td></td><td></td><td></td><td></td></tr>
</table>

(계속)

<table>
<tr><th rowspan="2" colspan="2">범</th><th rowspan="2">내용</th><th colspan="2">1학기</th><th colspan="2">2학기</th></tr>
<tr><th>그렇다</th><th>그렇지 않다</th><th>그렇다</th><th>그렇지 않다</th></tr>
<tr><td rowspan="5">교수-학습활동</td><td rowspan="5">교사 역할</td><td>이야기 나누기에 흥미와 호기심을 가지고 적극 참여하는가?</td><td></td><td></td><td></td><td></td></tr>
<tr><td>자유롭고 수용적인 분위기를 유지하는가?</td><td></td><td></td><td></td><td></td></tr>
<tr><td>교사의 언어, 태도, 위치가 적절한가?</td><td></td><td></td><td></td><td></td></tr>
<tr><td>질문에 대해 생각할 시간을 주는가?</td><td></td><td></td><td></td><td></td></tr>
<tr><td>유아의 수준에 맞고 정확한 문장으로 질문하며, 유아의 반응에 따라 적절하게 재질문하는가?</td><td></td><td></td><td></td><td></td></tr>
<tr><td rowspan="2" colspan="2">학습자료 활용</td><td>유아의 발달과 흥미에 적절하고 효과적인 매체를 사용하는가?</td><td></td><td></td><td></td><td></td></tr>
<tr><td>매체를 적절하게 활용하는가?</td><td></td><td></td><td></td><td></td></tr>
</table>

출처: 육아정책연구소(2013).

〈표 4-1〉에서 제시한 예와 같이, 행동목록법에 의한 평가는 교사가 자기평가를 하는 과정에서 자칫 주관에 치우칠 가능성을 보완하여 한층 객관적인 평가를 할 수 있기에 많이 활용된다. 표에 체크할 때 교사는 각 항목의 내용을 하나하나 읽으면서 솔직하고 객관적인 태도로 답변하고, 체크 후 각 평가항목을 보면서 자신의 강점과 약점을 더욱 분명하게 점검해 본다.

다음은 대·소집단활동 시 행동목록법에 의해 체크해 볼 수 있는 내용들이다(교육인적자원부, 2001; 육아정책연구소, 2013).

(1) 동화 들려주기

- 동기 유발을 하는가?
- 동화의 제목을 소개하는가?
- 동화의 제목을 들려주고 내용을 추측하게 하는가?
- 등장인물의 성격에 따른 성대모사가 적절한가?
- 동화의 내용을 회상하게 하는가?
- 동화내용을 효과적으로 전달하는 매체를 활용하는가?

(2) 동극

- 학급 유아 수, 유아 흥미 수준에 맞게 각색하였는가?
- 대사가 짧고 반복되는가?
- 간접화법을 직접화법(대화체)으로 바꾸었는가?
- 동극 전에 동화 회상 시간을 갖는가?
- 동극할 공간을 확보하는가?
- 동극 배경 무대를 유아와 함께 꾸미는가?
- 소품 사용이 창의적이고 적절한가?
- 배역을 적절히 선정하는가?
- 배역을 소개하는가?
- (유아)관객들도 동극활동에 참여하는가?
- 등장인물이 기다리는 자리를 유아들과 함께 정하는가?
- 재공연을 할 수 있는 기회를 제공하는가?
- 무대 정리를 유아들과 함께 하는가?
- 유아들의 적극적인 참여가 이루어지고 있는가?
- 평가시간을 갖는가?

(3) 동시 들려주기

- 동시의 제목과 지은이를 소개하는가?
- 낭송해 주는가?
- 유아들이 느낌을 말해 보게 하는가?
- 지은이/제목을 이야기해 주는가?
- 교사와 유아가 번갈아가며 낭송해 보는가? 유아끼리 또는 혼자 낭송하게 하는가? 교사와 유아가 함께 낭송해 보는가?

(4) 게임

- 게임을 할 수 있는 공간이 충분한가?
- 게임하기에 적절한 대형인가?
- 인원 수를 확인하는가?
- 게임방법을 소개하는가?
- 유아들이 팀 이름과 게임방법을 정하는가?
- 게임규칙을 정하는가?
- 시범을 보여주는가?
- 태도, 규칙 등 게임과정을 고려하여 객관적인 중재가 이루어지는가?
- 유아들의 흥미를 고려하여 게임 진행 여부를 고려하는가?
- 교사의 언어, 태도, 위치가 적절한가?
- 게임도구까지 정리하고 마무리하는가?

(5) 동작

- 동작을 할 수 있는 충분한 공간이 확보되어 있는가?
- 노랫말대로 움직이는 패턴 율동일 경우 노래 배우기를 하는가?
- 활동 속에 신체인식, 공간인식, 노력, 관계 등의 동작요소가 다양하게 구성되었는가?
- 활동 속에 기본 동작(이동, 비이동 등) 활동이 다양하게 구성되었는가?
- 활동 속에 정적인 활동과 동적인 활동이 조화롭게 구성되었는가?
- 활동 유형에 따른 집단 크기가 적절한가?
- 느낌을 다양한 방법으로 표현해 보게 하는가?
- 교사의 언어적 자극이 유아의 표현을 확장할 수 있는가?
- 타인이 보여주는 표현의 차이를 느낄 기회를 주는가?
- 유아들이 흥미 있게 즐기며 참여할 수 있는 활동인가?
- 활동에 참여하고 싶지 않는 유아를 배려하는가?

(6) 음악

- 유아가 노래 부르기를 즐기는가?
- 유아에게 편안한 음역의 노래인가?
- 노래가 짧고 단순하며 유아가 이해할 수 있는가?
- 노래의 음역이 유아에게 적절한가?
- 노래의 길이가 유아에게 적절한가?
- 노래의 노랫말과 리듬이 반복적인가?
- 노랫말을 소개하는 도입이 적절한가?
- 교사가 정확한 음으로 노래를 불러주는가?
- 반주 없이 멜로디만 불러주는가?
- '라라라' 등으로 멜로디만 다 함께 부르는가?
- 교사와 유아가 노래의 일부분씩 나누어 부르는가?
- 노래 전체를 다 함께 부르는가?

(7) 미술

- 활동에 필요한 자료를 소개하는가?
- 활동의 방법에 대해서 유아들과 토의하는가?
- 창의적인 표현을 격려하는가?
- 정리시간을 갖는가?
- 개별 또는 집단으로 작품을 평가하는가?
- 유아의 요구에 따라 작품을 전시 또는 보관하는가?

(8) 요리활동

- 유아의 영양과 건강을 고려하는가?
- 공간이 충분한가?

- 안전을 고려하는가?
- 청결을 고려하는가?
- 도구가 유아의 수준에 적절한가?
- 요리순서도가 있는가?
- 필요한 양이 정확하게 기재되어 있는가?
- 요리과정이 구체적으로 명시되어 있는가?
- 개별 또는 소집단으로 실시하는가?
- 사전 활동(이야기, 동화 등)을 제공하는가?
- 준비된 재료를 탐색해 보는 시간을 주는가?
- 요리의 순서를 익히는 시간을 주는가?
- 유아가 주도적으로 요리를 하도록 허용하는가?
- 요리한 것을 그릇에 담도록 지도하는가?
- 정리할 시간을 주는가?
- 손을 씻도록 지도하는가?
- 요리한 음식을 먹어볼 기회를 제공하는가?

2) 평정척도법

평정척도법(rating scale)은 어떤 행동의 출현 여부뿐만 아니라 행동의 질적 특성 정도를 평가하고자 할 때 사용하는 방법이다. 여기에는 숫자평정척도법, 기술평정척도법, 어의평정척도법 등이 있다. 숫자평정척도법은 평정하려는 행동의 특성을 나타내는 숫자를 할당하여 평정하는 방법이다. 기록방법은 먼저 각 문항의 내용을 읽고 가장 부합되는 행동 단계에 ✓ 표시를 한다. 만일 단계 중 판단이 불가능하거나 모호한 경우 일단 빈칸으로 남겨 놓았다가 추후 다시 평정해 본다. 이 방법은 시간과 노력이 적게 들며, 일정한 간격을 두고 주기적으로 사용하는 경우 행동 변화에 대한 정보를 얻는 데 용이하다.

표 4-2 교수-학습평가를 위한 평정척도의 예

평가항목	1. 전혀 그렇지 않다	2. 대체로 그렇지 않다	3. 보통 정도 이다	4. 대체로 그렇다	5. 아주 그렇다
유아의 개인적 특성을 알아내어 그에 따라 가장 적절한 교육적인 배려를 할 수 있는 능력이 있는가?					
유아에게 지적 흥미와 호기심을 길러주고 있는가?					
유아의 생각과 느낌을 존중하며(주의 깊게 듣고, 공평하게 대함), 유아의 요구에 항상 민감하게 반응하는가?					
유아와 개별적으로 대화하는 기회를 갖는가?					
벌이나 창피를 주는 등의 부정적인 방법보다 격려와 긍정적인 강화방법을 사용하는가?					
교사와 유아는 상호 존중하며 신뢰하는가?					
유아가 스스로 탐색하고 조작해 볼 수 있도록 하는가?					

3) 교육일지를 활용한 평가방법

매일 기록하는 교육일지는 시간대별로 교육활동의 계획 및 실행내용을 비형식적으로 평가하는 방법이다. 즉 교육일지에 기록하는 평가의 내용은 일과 진행을 되돌아보면서 각 시간대별로 주요 교육활동의 진행방법이나 필요한 자료 등을 기록한 후 실행한 내용을 고려하면서 실행 여부와 개선할 점을 평가한다. 일지의 마지막 부분에는 〈표 4-3〉과 같이 하루 일과에 대한 전체적인 평가를 한다.

유의할 점은 주관적이거나 감상적으로 치우쳐서 기술하지 않도록 한다. 예를 들어, 각 단위활동이 일일 목표에 맞게 준비되고 제공되었는지, 유아의 발달 수준 및 특성에 적합한 활동이 실시되었는지, 유아가 이해할 수 있는 언어로 적절한 질문을 사용하여 지속적인 관심을 유지할 수 있었는지, 전개과정에서 유아가 능동적으로 참여할 수 있도록 하였는지 평가하고, 일일 교육활동의 전반적인 과정이 효율적으로 진행되었는지에 대해 총괄적으로 평가한다.

이와 같이 교육일지를 통한 평가는 실시했던 활동에 대한 유아의 반응, 표현, 흥미

표 4-3 교수-학습평가를 위한 교육일지 활용의 예

주제	꽃이 피었어요		○월 ○일 ○요일
목표	봄에 피는 다양한 종류의 꽃에 관심을 갖고 탐색해 본다.		
시간	계획	실행	평가
7:30~10:20 등원 및 자유선택 활동, 오전 간식	• 미술-주말 보낸 이야기 그리기, 점선 따라 꽃 그리기 • 언어-'라' 자 찾아보기 • 조작-아트블록으로 꽃 구성하기 • 방울토마토, 우유 • 자료: 종이, 그리기도구, '라' 자가 들어간 8절지('라' 자 분임 종이), 아트블록	• 주말을 어떻게 보냈는지 물어보았으나 대답을 제대로 못하여 주말 보낸 이야기 그리기를 시도하지 않음 • 미리 준비한 워크시트지를 제공함. 숫자 연결하기를 어려워하는 소수의 유아도 있었음	가정에서 특별한 이벤트가 없이 지낸 유아의 경우 주말 경험에 대한 회상 및 언어적 표현이 어려운 듯함. 좀 더 구체적으로 질문을 하거나 사전에 부모에게 정보를 얻어 회상을 돕는 방안을 모색해야겠음
10:20~10:50 인사 나누기 및 활동 소개	• 음악 소리에 맞춰 놀잇감 정리하기 • 노래로 인사 나누기 • 출석체크 • 오늘의 도우미는? • 오늘의 활동 소개 • 자료: 피아노, 컴퓨터, 도우미 목걸이	• 오늘의 도우미: 이채림, 이건희 • 활동소개: '라' 자 찾기 • 같은 꽃 글자찾기 교구 소개 • 과학도서: 민들레 소개	4주 연속 이어지는 활동에 참여하는 유아만 늘 참여하여 오늘은 그동안 참여하지 않았던 은지와 석환이를 참여하도록 유도함. 다음에도 의도적으로 이런 기회를 마련할 필요가 있음
	중략		
종합평가 및 유의사항	• 몇몇 적응하지 못한 신입 원아의 '친구 사귀기'만 잘 이루어진다면 더욱 안정적인 분위기가 될 것 같다. 신입 원아를 더 자세히 관찰하며 친구 사귀는 데 교사가 적극적으로 개입할 계획이다. • 일상생활에서 해볼 수 있는 간단한 실험을 주제에 맞추어 좀 더 자주 실험할 계획이다.		

등을 고려하여 교육목표 접근 정도를 점검하고, 이 결과에 따라 다음의 교수-학습방법을 수정·보완하고 이를 개선하기 위한 교사의 자기점검 과정이다.

4) 교사회의를 통한 평가

교사회의란 프로그램 내용이나 유아 지도 등 주요 내용을 원장과 교사들이 협의하는 과정이다. 정기적인 교사회의는 주 1회가 일반적이며, 각종 행사 등 협의해야 할 사항이 발생할 경우 비정기적으로도 개최한다. 교사회의는 전체 교사 또는 각 연령별 학급교사가 모여 교수-학습방법에 대해 평가를 실시한다. 교사회의를 통해 다음과 같은 사항을 논의할 수 있다.

- 선정된 교육활동(또는 교육행사)이 유아의 발달 정도에 적절했는가? 만일 수정한다면 어떻게 하는 것이 좋겠는가?
- 교육활동(또는 교육행사)이 잘 진행되었는가? 아니면 매끄럽게 진행되지 못했는가? 그 이유는 무엇인가? 이 활동을 더욱 발전시키기 위해 어떻게 하는 것이 좋겠는가?
- 교육활동(또는 교육행사)은 유아의 발달과정 또는 이전 활동과 어떻게 연결되는가? 다음의 활동으로는 어떠한 활동이 적절하다고 보는가?

교사회의를 통한 평가는 개인의 주관적인 관점에서 벗어나 경력이 많은 교사나 원장이 함께 참여하여 논의함으로써 다양한 관점에서 객관적으로 평가해 볼 수 있는 장점이 있다. 더 나아가 장학의 형태로도 발전할 수 있다. 이때 표준화된 평가기준이나 각종 평가척도를 병행하여 평가를 실시할 수도 있다. 유의할 점은 교사회의 시 소수 몇몇의 의견이 아닌 전체 교사가 민주적인 의사소통 방식에 의해 자유롭게 의논하고

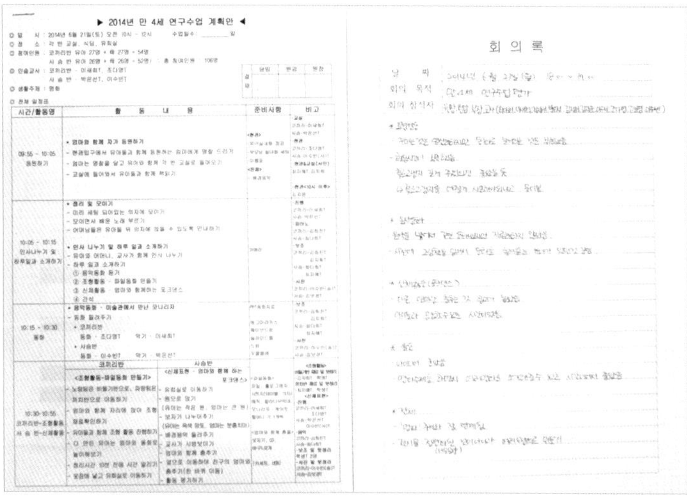

▶ 2014년 만 4세 연구수업 계획안 ◀

회 의 록

표 4-4 행사평가 회의록의 예

<table>
<tr><th>행사명</th><td colspan="5">동물원 견학</td></tr>
<tr><th>목표</th><td colspan="5">• 동물원 동물들의 다양한 특징을 안다.
• 동물원에서 지켜야 할 규칙을 이해한다.</td></tr>
<tr><th>실시일시</th><td colspan="2">2014. 5. 20.(화)</td><th>장소</th><td colspan="2">○○랜드</td></tr>
<tr><th>준비물</th><td colspan="5">식수, 비상약품, 마이크, 호루라기, 돗자리, 휴지, 수건, 비상금 등</td></tr>
<tr><th colspan="2">사전 준비</th><th colspan="2">행사진행 과정</th><th colspan="2">장소 및 역할분담</th></tr>
<tr><td colspan="2">사전 답사 시, 식수 사용 여부를 알아본 결과로 식수를 제공받을 장소가 없다는 것을 확인함. 따라서 개별적으로 식수를 준비해 오도록 하였던 점이 좋았음. 단, 식수 준비 시 청량음료를 가져오는 유아가 있어 추후에는 이에 대한 안내를 할 필요가 있음</td><td colspan="2">• 갑자기 약간의 비가 내려 당황하였으나 비를 피할 장소가 마련되어 있어 견학을 무사히 마칠 수 있었음
• 뒤에 처져 늦게 따라오는 아이들이 많아 이에 대한 사전 지도를 할 필요가 있음</td><td colspan="2">원에서 멀리 떨어져 있지 않아 미처 원으로 등원하지 못한 유아들이 직접 찾아올 수 있도록 사전에 안내하였던 점이 좋았음. 다음 견학 시에도 늦게 등원하는 유아를 위해 부모들에게 개별적으로 찾아오는 방법에 대한 안내를 하면 좋을 듯함</td></tr>
<tr><th>종합평가</th><td colspan="5">견학 후 기억나는 장면을 그리도록 하였는데, 친구들과 줄지어 가는 장면, 동물 우리 밖에서 관찰했던 장면 등 다양한 표현을 함. 진행되고 있는 '동물'이란 생활주제 속에서 다루어 할 개념을 인식하는 데 유익한 견학이었음. 또한 견학시간도 적절하였음. 단, 견학 시 걸어다니는 경우가 많아 연령이 어린 반에서 견학할 땐 사전에 관찰할 동물 우리의 위치를 정하여 유아들이 지치지 않도록 할 필요가 있음</td></tr>
</table>

평가할 수 있는 분위기를 형성하는 것이 중요하다. 교사회의에서 논의한 평가내용이나 결정된 중요사항은 회의록에 일관되게 기록하여 평가의 결과를 다음의 계획 및 운영에 적극 반영하도록 한다. 만일 유아지도 등의 이유로 교사회의에 참여하지 못한 교사가 있다면 회의록을 회람하도록 한다.

유아교육기관에서의 행사는 이벤트적인 성격이 아닌 교육적인 목적을 담고 운영해야 한다. 교사회의를 통해 행사가 계획되었다면 교육적·체계적으로 계획되었는지 평가한다. 행사를 마친 후에도 교사회의를 통해 행사 진행과정상의 교수-학습내용을 평가한다.

5) 저널 쓰기

더 나은 교사가 되기 위해 무엇을 고려하고 어떻게 접근할지, 그리고 어떤 도움을 제공할 것인가에 대해 반성적으로 사고하게 하는 저널 쓰기는 활동에 대한 분석적 접근을 가능하게 한다. 나아가 실제 교수-학습과정에 적용할 때 보다 실제적인 도움을 제공한다. 교사는 교수-학습에 대해 각자의 신념체계를 가지고 있다. 교사는 이러한 신념체계에 기초해서 교수활동을 하고 있으나 겉으로 드러내놓고 이에 대해 토론할 기회가 많지 않다. 교사 자신도 어떠한 신념을 가지고 교수활동을 하는지 의식하는 것이 쉽지 않다.

반성적 사고는 이렇게 교사 내면에 감추어진 신념들을 드러내어 검토하고 분석할 수 있는 기회를 제공해 준다. 교사는 자신의 교수행동에 대해 끊임없이 반성적인 사고를 함으로써 사고와 실천 사이의 간격을 좁힐 수 있다. 반성적 사고의 기회를 제공해 주는 효과적인 방법이 바로 저널 쓰기이다. 저널 쓰기는 자신이 무엇을 알고 있는지, 무엇을 느끼는지, 무엇을 하고 있는지, 왜 해야 하는지를 고려함으로써 교사 자신의 반성적 사고를 기르는 데에도 도움이 된다(조부경 외, 2001). 즉 교사는 저널 쓰기를 통해 자신이 하고 있는 일의 의미를 파악하며, 교수활동에 대한 관점을 확고히 한다. 또한 저널 쓰기는 미래지향적 능력의 활용과 '가르치는 일'에 대해 생각해 볼 수 있고, 교수활동을 개선하는 데에도 도움이 된다(박은혜 외, 2002).

다음은 교사의 저널 쓰기 사례이다.

> 과학 영역에 굵기와 길이가 다른 호스 여러 개를 준비해 놓고 '소리 전달하기'에 대한 수업을 하였다. 유나와 미희가 번갈아 가며 호스에 입과 귀를 대며 놀이하는 것을 바라보다가 놀이를 다양하게 해보도록 할 목적으로 "우리 여기 있는 호스를 가지고 또 어떤 놀이를 할 수 있을까?" 하고 물었다. 그랬더니 유나는 '망원경 놀이'를, 미희는 '불 끄는 놀이'를 하고 싶다고 하였다. 과학영역에 비치된 자료를 가지고 갑자기 역할놀이를 생각해 내는 유아들이 엉뚱하다는 생각이 들었고 어떻게 해야 할지 몰라 당황스러웠다.

> 지금 생각해 보니 나의 질문이 잘못되었다는 생각이 든다. 처음의 나의 의도는 유아들이 활동을 통해 호스의 굵기와 길이에 따라 소리의 크기가 다르다는 것을 알도록 하고자 자료를 준비했는데 질문이 적절하지 못하였던 것 같다. "같은 길이인데 굵기에 따라 소리가 어떠니?", "같은 굵기인데 길이에 따라서는 어떠니?" 등의 질문으로 충분히 탐색하게 한 다음 유아들이 익숙해지면 "만일 호스에 구멍을 뚫으면 어떨까?", "호스 말고 소리를 전달할 수 있는 것에는 어떤 것이 있을까?" 등으로 확장시켜 보았다면 유아들이 생각하고 예측하고 더 적극적인 참여를 하게 될 것이다. 이렇게 적절한 질문을 해서 유아들이 한층 과학적인 사고를 할 수 있도록 하는 것이 나의 역할일 것이다.

앞의 사례와 같이, 반성적 저널 쓰기는 일기 쓰기와 비슷하지만 글의 내용이 개인적인 차원에서 그치는 것이 아니라 전문가로서의 차원, 즉 공인으로서의 교사의 생각을 담는다는 점에서 차이가 있다(박은혜, 1996).

교육의 질은 교사의 질을 능가할 수 없듯이 교사는 유아에게 가장 직접적으로 영향을 미치는 요인이다. 아무리 좋은 교육활동 자료를 가지고 교육을 하더라도 교사의 자질과 역할이 적절치 못하면 그 효과를 기대할 수 없다. 따라서 교수-학습능력을 향상시키기 위해서는 무엇보다 다양한 평가방법을 활용하여 개선하려는 교사의 자발적이고 적극적인 노력이 중요하다.

PART 2

일과활동별 유아 교수-학습방법의 실제

등원

자유선택활동

전이 및 주의집중

이야기 나누기

동화

동극

동시

게임

동작

음악

미술

요리

현장학습

간식 및 점심

낮잠 및 휴식

귀가

5장 등원

등원시간은 유아와 교사가 하루의 첫 만남을 시작하면서 건강과 기분 상태 등을 관찰하고, 학부모로부터 여러 가지 정보를 전달 받는 중요한 시간이다. 유아의 입장에서는 개인적이고 친밀한 관계에서 사회적 관계로 전이되는 시간이며, 때로는 즐거움과 기대도 있지만 긴장도 하게 된다.

등원 전, 등원 시, 등원 후에 교사가 해야 할 일에 대해 시간대별로 구분하여 정리하면 다음과 같다.

1 등원 전

교사는 유아들이 등원하기 전에 유아가 편안히 하루 일과를 시작할 수 있도록 다음과 같이 여러 가지 준비를 한다.

- 매일 아침마다 교실을 환기시킨다.
- 온도 및 습도 조절을 위해 냉난방 시설과 가습기 시설을 점검하고 가동 여부를 결정한다.

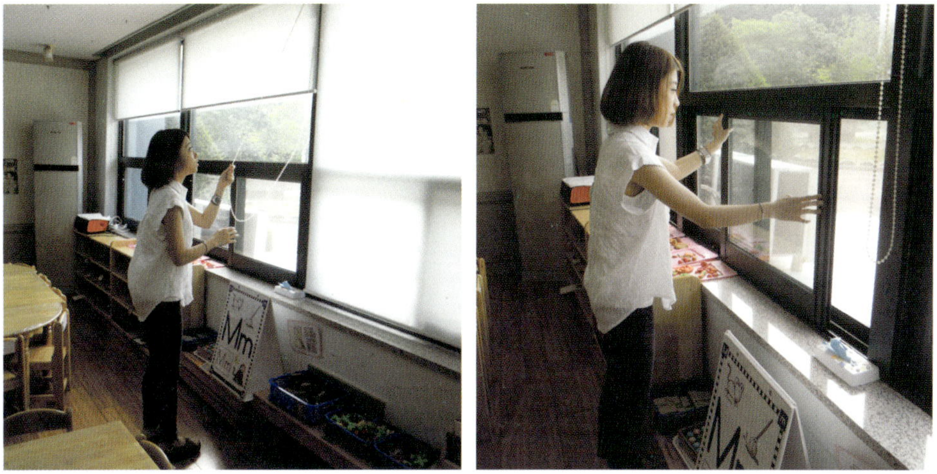

교실을 환기시키는 교사

• 등원 시 사용할 물품(예: 출석카드, 놀이이름표, 놀이계획표 등)을 점검한다.

• 등원 공간(예: 현관, 신발장, 옷걸이, 유아 개인사물함 등) 상태를 점검한다.

• 전날 세탁한 놀잇감과 유아 작품을 건조대에서 수거하여 각 영역과 사물함에 정리한다.

• 부모에게 전달할 내용을 게시판에 부착한다.

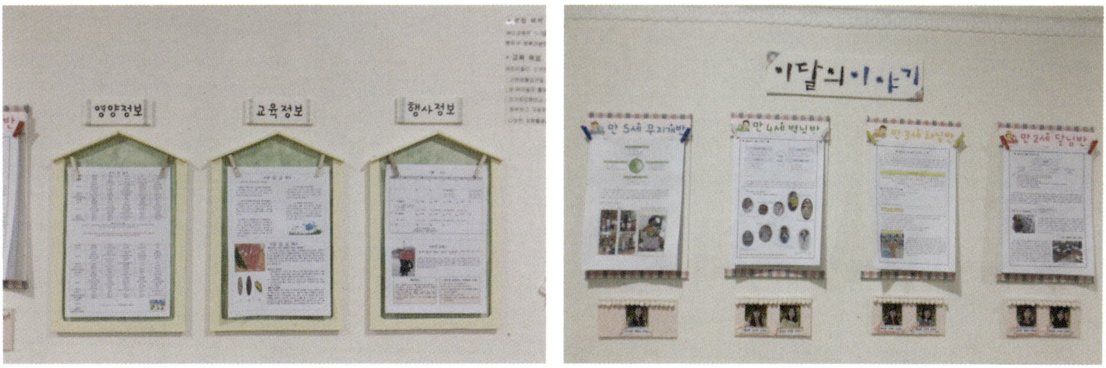

부모용 게시판

- 전날 특별한 요구를 가졌던 유아를 어떻게 맞이할 것인지 고려한다.
- 흥미영역에 새로운 활동을 제공한다(예: 요리활동을 위한 세팅 등).
- 생활주제에 적합한 흥미영역 자료를 보충 및 보완해 준다(예: 도서영역 그림책 교체 등).

2 등원 시

- 등원은 유아가 부모에게서 교사로 전이하는 시간이므로 등원하는 유아와 밝은 표정과 목소리로 반갑게 인사를 나눈다("○○가 왔구나! ○○야 안녕", "오늘도 만나서 반갑구나!").
- 기분 좋게 하루를 시작할 수 있도록 작은 일에도 긍정적인 반응을 해준다("신발을 아주 가지런히 놓았구나.").
- 손을 잡거나 악수를 한다거나 들어오는 유아의 등을 토닥거리는 등 간단한 신체 접촉을 한다.

등원 지도

- 유아의 표정, 옷차림새, 신발 등에 변화가 있으면 반응을 보여 '선생님이 나에게 관심이 있고 사랑하시는구나' 라는 느낌을 준다. 단, 지나치게 옷과 장신구에 반응하는 것은 바람직하지 않은 결과를 초래할 수 있다.
- 유아를 데리고 온 보호자께도 예의 바르게 인사하며 전날 건강상태, 투약 여부 등에 대해 간단한 정보를 교환한다. 이때 보호자는 투약의뢰서 등을 작성한다.

부모 작성 일일보고서 기록용지

- 차량을 이용한 등원 시 안전한 승·하차를 돕고, 학부모의 전달사항을 확인한다.
- 투약 요청이 있을 경우 투약사항을 담당자(교사 혹은 보건교사)에게 정확히 전달한다.
- 유아가 소지품을 개인사물함에 정리하도록 지도한다.
- 등원 시 유아를 등원시킨 사람과 등원한 시간을 기록용지에 적는다.

3 등원 후

- 출석 인원을 확인하며, 누가 등원하고 결석했는지 확인한다.
- 유아가 가정에서 가져온 약이나 준비물을 가방에서 꺼내지 않는 경우가 많으므로 가방을 열어 점검한다.
- 소지품이나 준비물에 이름이 없으면 반듯한 글씨로 적어 준다.
- 겉옷과 신발을 다시 정리해 준다.

tip 등원 지도 시 유의사항

- 학부모의 전달사항은 바로 기록하지 않으면 잊어버려 커다란 실수가 생길 수 있다. 유아별 투약 의뢰나 귀가시간의 변동 등 전달사항은 반드시 사소한 내용도 기록한다.
- 유아 중에는 교사와 친근감을 형성하기 위해 아프다고 하거나 떨어지지 않으려는 경우가 있다. 다정하게 대해 주되 유아가 활동이나 또래와의 놀이를 선택하고 집중할 수 있도록 안내하고 격려한다.

6장

자유선택활동

자유선택활동이란 용어는 자유놀이(free play)에서 비롯된 것으로 유아교육기관에 따라 자유선택활동, 자유놀이, 작업 등으로 다양하게 부르고 있다. 자유선택활동은 일반적으로 유아가 개별적인 흥미, 요구 및 발달 수준에 따라 유아 개인의 학습내용과 속도를 조절하여 스스로 놀이를 선택하여 활동하는 것을 의미한다(양옥승, 2004; 이숙재, 2002). 즉 자유선택은 유아들이 교실 주변을 움직이면서 유아 자신의 흥미와 요구에 따라 놀이를 선택하는 자유를 의미한다. 따라서 유아들에게 진정한 자유선택활동이 되기 위해서는 교육적 가치가 있는 교재·교구들이 준비되어야 한다. 자유선택활동의 교육적 의의를 구체적으로 살펴보면 다음과 같다.

첫째, 자유선택활동은 유아의 능동적인 학습이 이루어진다. 교사가 주도하는 대집단과는 달리 유아의 개별적인 흥미와 요구에 따라 놀이할 영역을 스스로 계획하고 결정하여 선택하고 활동함으로써 유아의 자율성과 의사결정 능력 및 책임감을 촉진한다. 이러한 놀이경험은 학습을 스스로 계획하고 실천하는 데 영향을 준다.

둘째, 자유선택활동은 개별학습이 이루어진다. 유아가 개별적으로 놀이에 참여하기 때문에 교사는 어린이와 긴밀한 상호작용을 하면서 개인차에 따라 지도할 수 있다.

셋째, 자유선택활동은 통합교육이 이루어진다. 하나의 개념을 각 영역에서 놀이경험을 통해 반복, 통합하여 습득하므로 효과적이다.

넷째, 자유선택활동은 인간관계를 학습한다. 허용하고 자연스러운 분위기에서 친구나 성인과의 바람직한 인간관계를 체험하고 배울 수 있다.

다섯째, 자유선택활동은 유아에게 기쁨을 준다. 질서의 테두리 안에서 친구들과 더불어 자유를 누리는 시간이다.

1 자유선택활동의 계획 및 평가하기

1) 자유선택활동 계획하기

자유선택활동을 계획하는 것은 놀이를 시작하기 전에 유아 자신이 어떤 놀이를 할 것인지 생각해 보고 계획함으로써 하루의 활동을 능동적이며 짜임새 있게 구성해 나가는 것을 말한다. 교사는 각 흥미영역에 어떤 활동이 있는지 유아에게 정보를 제공하기 위하여 그림이나 사진과 영역의 이름, 놀이할 수 있는 인원 수에 대한 표시를 붙인 계획판을 준비한다. 계획판은 그날 그날 바뀌는 내용을 손쉽게 붙이고 뗄 수 있도록 코르크 판이나 융을 씌운 스티로폼 판 또는 아이소핑크 판을 사용하는 것이 좋다. 유아들의 모임장소에 따라 손쉽게 이동할 수 있는 이동식 게시판의 한쪽 면을 게시판으로 이용할 수도 있다. 특별히 새로운 활동은 각 영역의 책상이나 카펫에 놓아 활동을 쉽게 발견하고 호기심을 갖도록 할 수도 있다.

자유선택활동의 계획은 개별적으로 계획하는 방법과 소집단이나 대집단으로 계획하는 방법이 있으며, 등원 시간이 유아마다 다른 경우는 개별 또는 소집단으로 계획하는 것이 적합하다.

학기 초에는 유아가 교실의 환경이나 놀잇감 활용방법이 익숙하지 않으므로 유아와 교사가 함께 교실을 직접 둘러본 후 계획판에서 그 활동을 찾아 손으로 짚어 보거나 이야기해 보도록 한다. 놀이계획표 1은 매일 한 장씩 그날의 계획을 표시할 수 있도록 되어 있으며, 어린 연령의 유아에게 적합하다.

표 6-1 놀이계획표 1

놀이계획표 1

_________ 월 _________ 일 _________ 요일

언어영역	조작영역
소꿉영역	과학영역
쌓기영역	미술영역
음률영역	수영역

표 6-2 놀이계획표 2

놀이계획표 2

_____ 월 이름 __________

요일 / 영역	월 일	화 일	수 일	목 일	금 일
언어					
수 · 과학					
미술					
조작					
쌓기					
작은 나무블록					
소꿉					
음률					
목공					
요리					
기타					

놀이계획표 2는 일주일 동안 같은 계획 종이에 그날의 계획을 표시할 수 있도록 한다. 놀이계획표 2는 요일의 개념이 형성되기 시작한 유아들에게 준비해 줄 수 있으며, 대체로 5세반 2학기 정도에 사용하는 것이 적합하다.

교사는 놀이계획 시 다음과 같은 점을 고려해야 한다.

첫째, 교실에 준비된 활동을 충분히 이해할 수 있도록 환경을 구성한다.

둘째, 놀이계획을 언어로 표현할 수 있도록 도와준다. 이때 유아가 활동영역뿐만 아니라 선택한 영역에서 놀이를 어떻게 할지에 대해서도 구체적으로 계획하도록 한다.

셋째, 동일한 활동을 계속 선택하는 유아는 그 활동에 대한 흥미가 높기 때문인 경우도 있으나 다른 활동이 익숙하지 않아 자신감이 없어서인 경우도 있으므로 다양한 활동을 계획해 보도록 격려한다.

넷째, 놀이계획이 활동으로 연결될 수 있도록 지도한다. 유아들은 놀이의 종류나 개수, 시간의 관계에 대한 개념이 불확실하기 때문에 한 번에 많은 놀이를 계획할 수도 있다. 유아가 수행가능한 만큼의 놀이를 계획하여 성취감을 맛볼 수 있도록 한다.

2) 평가하기

평가는 활동이 끝난 후에 놀이를 계획했던 대로 실행했는지를 떠올리며 놀이계획 용지에 표시를 한다. 예를 들면 계획한 대로 만족하게 놀이를 하였으면 웃는 얼굴에, 보통이면 표정이 없는 얼굴에, 계획한 대로 실행에 옮기지 못했으면 찡그린 얼굴에 표시를 한다. 활동에 대해 구체적으로 평가할 수 있는 연령이 되면 평가내용을 글로 쓰거나 그림으로 표현하도록 격려한다.

표 6-3 자유선택활동 계획 및 평가서

자유선택활동 계획표

이름 : ○○○

요일 / 놀이영역	월		화		수		목		금	
	계획	평가	계획	평가	계획	평가	계획	평가	계획	평가
쌓기	✓	☺ 😐 ☹	✓	☺ 😐 ☹		☺ 😐 ☹	✓	☺ ✓😐 ☹		☺ 😐 ☹
소꿉		☺ 😐 ☹		☺ 😐 ☹	✓	☺ ✓😐 ☹		☺ 😐 ☹	✓	☺ ✓😐 ☹
작업 · 색종이접기	✓	☺ ✓😐 ☹		☺ ✓😐 ☹		☺ 😐 ☹		☺ 😐 ☹		☺ 😐 ☹
물감		☺ 😐 ☹		☺ 😐 ☹		☺ 😐 ☹		☺ 😐 ☹		☺ 😐 ☹
음률		☺ 😐 ☹		☺ 😐 ☹	✓	✓☺ 😐 ☹		☺ 😐 ☹		☺ 😐 ☹
책 보기		☺ 😐 ☹		☺ 😐 ☹		☺ 😐 ☹	✓	✓☺ 😐 ☹	✓	✓☺ 😐 ☹
과학	✓	✓☺ 😐 ☹		☺ 😐 ☹		☺ 😐 ☹		☺ 😐 ☹		☺ 😐 ☹
컴퓨터		☺ 😐 ☹		☺ 😐 ☹		☺ 😐 ☹		☺ 😐 ☹		☺ 😐 ☹
수 · 조작	✓	✓☺ 😐 ☹	✓	☺ 😐 ✓☹		☺ 😐 ☹		☺ 😐 ☹		☺ 😐 ☹
언어		☺ 😐 ☹	✓	✓☺ 😐 ☹	✓	☺ 😐 ☹		☺ 😐 ☹		☺ 😐 ☹
블록		☺ 😐 ☹		☺ 😐 ☹		☺ 😐 ☹	✓	☺ ✓😐 ☹	✓	✓☺ 😐 ☹

출처: 윤희경 외(2003).

2 실내 자유선택활동

1) 언어영역

언어영역은 듣기, 말하기, 읽기, 쓰기의 네 가지 언어적 기술 내용으로 구성된다. 듣기, 말하기, 읽기, 쓰기의 언어적 기술은 각각 독특한 점이 있지만, 유아들의 언어발달 과정에서는 상호 관련을 맺으며 통합적으로 발달해 나간다. 이에 언어영역 내의 물리적 환경 역시 듣기, 말하기, 읽기, 쓰기의 하위영역으로 구분하여 구성한다.

언어영역 환경

(1) 언어영역 자료

듣기, 말하기, 읽기, 쓰기의 자료를 하위영역으로 구분하여 제시하면 〈표 6-4〉와 같다. 듣기영역의 자료들은 초기에는 소리가 뚜렷하고 차이가 나는 것을 제공하고, 차츰 같은 자료이면서 소리가 차이 나는 것들을 첨가하여 예민한 청각 변별 능력을 증진시킬 수 있다.

표 6-4 듣기, 말하기, 읽기, 쓰기 활동을 위한 구체적인 자료

활동	자료
듣기	다양한 종류의 책, CD 플레이어, 헤드폰, 카세트 레코드와 테이프, CD 플레이어 작동방법 순서 그림자료 등
말하기	이야기 꾸미기 자료와 융판, 그림카드, 막대인형이나 퍼펫, 인형극 틀, 녹음기, 마이크 등
읽기	장르별 그림책, 잡지류, 글씨가 적혀 있는 다양한 종류의 카드(예: 글자카드, 모래글자카드) 등
쓰기	각종 필기도구, 다양한 모양과 크기의 종이류, 한글 고무 글자판과 스탬프, 소형 화이트보드와 마커펜

(2) 지도방법

① 듣기

듣기의 가장 기본적인 태도는 말하는 사람에게 시선을 고정하여 그 사람의 말소리를 끝까지 듣는 것이다. 유아기에 듣기 태도와 듣기 습관이 바르게 형성되면 성인이 되어서도 바르게 듣는 태도가 형성되므로 교사 자신이 언어영역뿐만 아니라 일상생활에서도 이야기를 바르게 듣는 태도의 모델이 되도록 한다. 듣기 능력에는 개인차가 있으므로 교사는 유아들의 발달 정도를 파악하여 활동을 선정한다. 특히 3~4세의 경우는 대집단에서 다른 사람의 이야기를 집중해서 듣기가 어렵다. 따라서 개별이나 소집단으로 다른 사람의 이야기를 듣는 기회를 제공하도록 한다. 5세인 경우 운율이 있는 낱말을 활용한 언어놀이, 낱말의 첫소리나 끝소리가 같은 낱말 연결하기 등과 같은 놀이를 즐기도록 한다.

② 말하기

말하기는 견해 나누기, 감정 표현하기, 유아 자신의 의도 설명하기 등 다른 사람과 의사소통을 하기 위한 매개체 역할을 한다. 따라서 말하기 영역의 자료로 제공되는 손인형, 손가락 인형, 융판과 그림 조각 등을 동시에 제공하기보다는 유아들이 이들 자료를 갖고 말하기 활동으로 전환시키는 발달과정을 파악해 가며 자료의 수를 차츰 확

대시키는 것이 바람직하다.

3세인 경우는 유아의 이름이나 주변의 사물 명칭과 같이 쉽고 친숙한 낱말을 발음해 보게 하고 점차 낱말을 정확하게 발음할 수 있도록 한다. 말하기 과정에서 유아의 발음이 틀린 경우는 그 자리에서 지적하기보다는 그 상황에 맞게 교사가 발음을 올바르게 상호작용해 줌으로써 정확한 발음을 들려주어야 한다. 5세인 경우는 역할놀이나 친구와의 갈등 상황 등에서 상대방의 느낌과 생각을 고려하고 때와 장소, 대상에 알맞게 말해 보는 기회를 제공한다.

③ **읽기**

읽기 활동은 유아가 읽기에 흥미를 가지도록 환경 인쇄물이나 일상생활 속 인쇄물에서 친숙한 글자를 찾고 읽어보거나 읽어주는 글의 내용에 관심을 가지는 데 초점이 있다. 또한 책의 그림을 단서로 내용을 이해하고 필요한 정보를 책에서 찾아보면서 책에 흥미를 가지고 책 보는 것을 즐기는 태도를 길러야 한다. 읽기의 기초 활동인 '같은 모양 찾기', '그림자 찾기'와 같은 시각 변별력 증진에 도움이 되는 활동은 주제에 따라 활동내용을 변형시켜서 제공한다. 읽기 영역에 제공되는 책은 생활주제가 바뀌거나 유아가 특정한 책을 읽기 원할 때를 계기로 하여 교체하거나 첨가한다. 이때 한꺼번에 너무 많은 양을 바꾸기보다 한 번에 7~8권씩 서서히 교체하는 것이 바람직하며, 교사가 일방적으로 책을 교체하기보다는 유아들에게 계속 읽고 싶은 책이 있는지 의견을 물어보아 유아의 의견을 반영하도록 한다.

④ **쓰기**

쓰기는 유아가 글자의 기능을 인식하고 자신의 생각을 그림, 글자와 비슷한 형태나 글자로 나타내는 것에 흥미를 갖도록 하는 데 중점을 둔다. 쓰기가 자신의 느낌과 생각을 주도적으로 표현하는 중요한 방법임을 알고 쓰기의 즐거움을 경험할 수 있도록 하는 데 주안점이 있다(교육과학기술부, 보건복지부, 2013). 유아가 쓰기의 의미를 이해하고 쓰는 즐거움을 느끼는 과정에서 쓰기 발달이 이루어지도록 한다(예: 목공놀이 순

개구리왕자에게 편지 쓰기

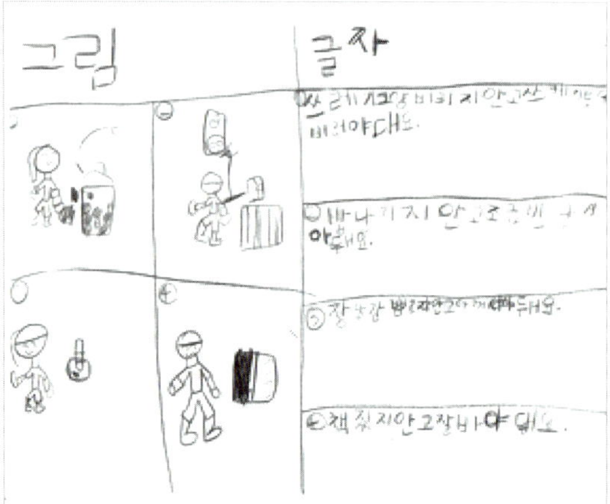

지구를 살리기 위해 내가 할 수 있는 일 쓰기

서 정하기, 동화를 읽고 주인공에게 편지 쓰기, 생일카드 쓰기 등). 유아들이 상황에 적절한 언어적 표현을 하도록 지도하고 그 내용을 유아가 직접 쓰도록 도와주거나 교사가 대신 적어줌으로써 활동과정에서 쓰기가 자연스럽게 발달하도록 지도할 수 있다. 쓰기를 위한 영역의 구성에서 3세반 초기인 경우 직접 연필을 갖고 쓰기를 하는 활동자료보다는 쓰기에 필요한 활동, 즉 구슬 끼우기, 밀가루 반죽하기, 가위질하기 등을 준비하여 눈-손의 협응 능력, 소근육발달 등과 관련된 자료들을 제공한다. 이들 활동들이 조작활동영역이나 미술활동영역에서 이루어질 수 있도록 할 수 있다.

(3) 활동의 예

나도 보살필 수 있어요

활동목표

- 강아지를 보살핀 경험에 대해 말로 표현한다.
- 반려동물 중 강아지를 보살피는 방법을 안다.
- 우리가 키우는 반려동물에 대한 보살피는 마음을 갖는다.

활동자료

'나도 보살필 수 있어요' 병풍 동화, 소품(강아지, 사람, 밥그릇-먹이, 이름표, 휴지, 봉지, 똥, 샴푸, 주사, 개집, 개 장난감, 블록, 개 껌)

활동방법

1. 병풍동화의 장면과 글을 읽어본다.
2. 병풍동화에 반려동물(강아지)과 사람을 모형을 이용하여 이야기를 구성한다.
3. 병풍동화를 읽어 보면서 필요한 소품을 찾아 붙여준다.
4. 병풍동화와 소품을 정리한다.

동화 뒷이야기 만들기

활동목표

• 늑대 이야기에 관심을 갖는다.

• 늑대 이야기를 즐겁게 듣는다.

• 늑대이야기를 듣고 돼지 입장에서의 뒷이야기를 짓는다.

활동자료

'늑대가 들려주는 아기돼지 삼형제 이야기'(존 셰스카 지음, 황의방 옮김, 보림, 2008) 동화책, 종이, 다양한 그림도구 등

활동방법

1. 교사는 준비한 동화책을 보여주며 동화를 들려준다.
2. 늑대의 이야기를 들려준 후 유아들에게 질문한다.
   - 만약 너희가 돼지라면 어떻게 이야기했을까?
   - 너희들이 상상하여 뒷이야기를 더 만들어보자.
3. 뒷이야기를 글씨로 쓰거나 그림으로 표현하여 이야기책을 만들어본다.
4. 이야기를 완성한 후 친구들에게 소개하며 발표한다.

2) 수 · 조작영역

수영역은 수학적 개념을 주변 환경과의 상호작용을 통하여 자연스럽게 발달시킬 수 있는 활동과 자료들로 구성되어야 한다. 유아의 일상생활의 모든 경험이 수 활동과 관련되므로 교사는 교실 안에 있는 실제 사물과 도구들의 모양, 수의 크기 및 일상생활과 관련된 공간과 시간관계 등 교실의 모든 활동이 유아의 수학적 지식과 추론활동을 돕는 환경이라는 것을 인식해야 한다. 환경은 유아가 조작할 수 있는 게임판이나 수 놀이 자료 등을 이용해서 유아가 수 활동에 집중할 수 있게 환경을 구성한다. 수영역에 제공된 숫자, 숫자카드 및 다양한 측정도구는 일상생활에서 항상 사용할 수 있어야 한다.

수·조작영역 환경

조작활동영역은 조각 그림 맞추기, 바느질하기, 구슬 꿰기 등의 소근육발달을 위한 활동, 끼워서 구성하는 블록을 가지고 하는 활동들로서 다른 놀이에 비해 정적이며 탐색적인 요소를 지니고 있다.

(1) 수 · 조작영역 자료

수영역은 유아가 수에 관한 기본 개념을 형성할 수 있도록 논리-수학적 활동자료를 비치하며, 교실이 작을 경우 과학영역과 통합하여 배치해도 무관하다. 유아 혼자 사물간의 관계를 파악할 수 있는 개별 공간과 3~4명의 유아들이 함께 게임할 수 있는 소집단활동 공간을 동시에 제공할 수 있도록 책상과 의자를 배치한다. 유아반 교사의 수영역에 제공할 수 있는 자료와 교구의 예를 소개하면 다음과 같다.

- 분류 : 분류통과 크기·색·모양이 다양한 구슬 또는 단추, 구멍 뚫린 구슬과 끈, 플라스틱 패턴 블록, 돌, 동전 등
- 서열화 : 크기가 다양한 물체(병뚜껑 등), 넓이 또는 길이가 다른 컵, 나뭇잎

- 수의 이해 : 주사위를 사용한 보드게임과 주사위, 숫자 그림퍼즐, 숫자 도미노 카드, 수 막대와 구슬, 가위바위보 게임, 수 카드
- 공간관계 : 도형 퍼즐, 색 입방체 블록과 패턴 카드
- 시간관계 및 측정하기 : 시계, 달력, 온도계, 다양한 크기의 되 또는 비커
- 평형도구 : 저울, 막대, 줄, 끈, 자, 줄자, 체중계, 계량컵과 계량스푼

조작활동영역에서의 자료들은 주제나 계절 변화에 따른 영향이 비교적 적은 편이다. 그러므로 교사가 자료들을 첨가하고 교체할 때는 유아들의 발달 수준이 큰 기준과 유아들이 구성한 내용을 기준으로 한다.

- 조작활동 자료 : 퍼즐, 자물쇠 맞추기, 볼트와 너트 맞추기 등
- 일상생활 활동자료 : 옮겨 담기, 바느질, 끈 끼우기, 구슬 꿰기, 단추 끼우기, 지퍼 올리기, 끈 묶기 등
- 게임활동 : 기억하기와 색깔 맞추기와 같은 간단한 게임

(2) 지도방법

조작활동을 지도할 때 교사는 정돈되고 편안한 분위기 속에서 유아가 충분한 탐색을 할 수 있도록 조작적 놀이환경을 준비하고 적절한 자료를 제공해야 한다. 조작활동은 교사와 유아 간의 상호작용이 비교적 적은 활동이므로, 교사는 유아들의 활동을 잘 관찰하고 유아들이 어려움을 느낄 때나 놀이형태가 단순하게 반복될 때 적절한 질문이나 격려로 놀이를 도와주고 발전된 형태로 유도한다. 특히 끼우기 블록을 사용하는 놀이 등은 한 자료를 가지고도 단순한 놀이에서 복잡한 놀이로 단계적인 지도를 할 수 있으므로 교사의 예민한 관찰력이 요구된다.

교사는 다음과 같이 유아를 도울 수 있다.

① 유아들의 탐색과 활동을 수학적 용어로 연결하여 사용하는 것이 필요하다(예: 더,

덜/가장 큰, 가장 작은/크다, 작다/~보다 작은, ~보다 크다, ~보다 더 크다/~와 다르다, 같다, 다르다/전체, 부분/각도, 직선, 원, 삼각형, 사각형, 직사각형과 같은 수학적 용어).

② 유아들이 사용하는 수학적 용어와 생각들에 대해 관찰할 시간이 필요하다. 관찰한 것을 기록하고 다음 수학활동 계획에 반영해야 한다.

③ 유아들이 경험한 재료와 수학적 사고를 위한 재료, 유아들의 경험에 중점을 두는 것이 좋다.

④ 수학적 개념에 중점을 두어야 한다.

⑤ 특정 교과와 수학교육을 통합적으로 적용하는 것이 바람직하다.

(3) 활동의 예

전통 문양 만들기

활동목표

- 우리나라 전통 문양에 관심을 갖는다.
- 문양을 감상하고 표현한다.
- 문양을 변별하여 분류하는 능력을 기른다.

활동자료

개인 활동판 2개, 주사위, 문양 적목카드 32개, 문양 적목카드 모음판

활동방법

1. 사전활동으로 전통 문양의 의미에 대해 이야기 나눈다.

   -창살 문양은 많은 복을 얻고 오래도록 산다는 의미가 있어.

   -태극 문양은 태극기 모양을 바탕으로 평화를 사랑하는 우리나라 사람들의 민족성을 나타낸단다.

-도깨비 문양은 무서운 형상을 통해 잡귀나 나쁜 기운을 물리친다는 의미가 있어.

-연꽃 문양은 사찰(절)의 장식으로 많이 쓰이는데 그 이유는 연꽃이 불교의 의미를 담고 있어서 그래.

2. 유아가 개인 활동판을 하나씩 가진다.
3. 주사위에 표시된 문양을 기준으로 하여 문양 적목카드를 골라 개인 활동판에 꽂는다.
4. 완성된 개인 활동판을 친구들에게 보여주며 어떤 분류기준에 따라 분류하였는지 설명한다.
5. 이 활동이 익숙해지면 주사위를 첨가하여 주사위를 던져서 나온 문양에 따라 패턴을 만들어본다.

3) 과학영역

과학영역은 유아의 과학교육을 위하여 교실 내에 다양한 자료와 교구, 책 등을 함께 배치한 곳으로 과학교육 과정의 중요한 부분이다. 교실에서 과학영역은 햇빛이 잘 들고 물을 사용하기 편리한 곳에 위치하도록 하는 것이 좋다. 또한 유아들의 출입이 빈번하지 않아서 활동에 방해를 받지 않고 여러 가지 물건을 탐색하고 관찰하는 데 안전한 장소에 자리 잡는 것이 바람직하다.

과학영역에는 교구장을 배치하여 활동을 위한 도구나 자료는 투명한 상자에 담아 유아가 쉽게 발견해서 사용할 수 있도록 낮은 선반에 전시하고, 유아가 스스로 정리할 수 있도록 상자의 앞부분에 교구나 자료의 그림과 이름을 표시한다. 교실에서 동·식물을 기르는 경우 햇빛과 동시에 그늘이 필요하므로 커튼이나 블라인드를 설치하고, 관찰에 필요한 확대경과 같은 도구와 관찰일지 등을 함께 비치해 준다.

과학영역 환경

(1) 과학영역 자료

과학영역에 필요한 자료와 교구는 상업적으로 개발되어 나온 교구, 재활용품, 자연물 등이 있는데, 유아가 유용하게 활용할 수 있는 자료를 제시하면 다음과 같다 (Charlesworth & Lind, 1999).

- 작은 어항이나 곤충의 집 등으로 활용할 수 있는 페트병 종류
- 작은 물건을 담는 데 유용한 필름통
- 새의 깃털, 솔방울, 씨앗, 조개 껍데기, 돌멩이, 나뭇잎, 나뭇가지 등과 같은 다양한 자연물
- 기계와 도구에 대한 활동에 사용할 수 있는 시계, 전화기, 태엽이나 건전지로 움직일 수 있는 장난감 등

- 분류하기와 같은 과학의 과정에 활용할 수 있는 병뚜껑, 여러 가지 크기와 모양의 단추 등
- 측정하기와 같은 과학의 과정에 활용할 수 있는 끈, 리본, 작은 플라스틱 음료수 병, 우유곽 등

(2) 지도방법

과학의 탐구과정을 격려하기 위한 유아의 과학활동을 계획할 때 고려할 점은 다음과 같다.

- 유아가 새로운 생각을 하면서 다양한 행동을 시도하는 것을 격려한다.
- 새로운 생각을 탐구할 자료들을 유아 스스로 준비하도록 도와준다.
- 준비한 자료를 탐색할 수 있는 충분한 시간을 제공한다.
- 유아 스스로 문제해결에 이르는 타당한 탐구과정을 경험할 수 있게 격려한다.
- 탐구자료 및 활용의 결과를 그림, 글, 그래프 등을 이용해서 기록하도록 한다.
- 유아에 의하여 진행되는 활동의 과학적 과정을 관찰하면서 유아의 사고가 확장될 수 있도록 돕는다.

(3) 활동의 예

나뭇잎 관찰하기

활동목표

- 다양한 감각기관을 활용하여 나뭇잎을 관찰한다.
- 다양한 관찰도구를 이용하여 나뭇잎을 관찰하고 비교할 수 있다.

활동자료

나뭇잎, 라이트 테이블, 돋보기, 루페, 현미경, 관찰용지, 필기류 등

활동방법

1. 나뭇잎을 탐색할 수 있는 감각에 대해 소개하며 감각기관을 활용하여 나뭇잎을 탐색한다.
   - 나뭇잎은 어떤 모습이니?
   - 냄새를 맡아볼까? 어떤 냄새가 나니?
   - 손으로 만져볼까? 어떤 느낌이 드니?
   - 귀를 가까이 대볼까? 나뭇잎에서는 어떤 소리가 날까?
2. 나뭇잎을 더욱 세밀하게 관찰할 수 있는 도구를 소개한다.
   - 라이트 테이블 위에 올려놓고 관찰하면 어떤 모습일까?
   - 나뭇잎을 조각 내어 현미경으로 확대해 보면 어떨까?
   - 돋보기로 살펴보면 어떤 모습일까?
3. 다양한 도구를 이용하여 관찰해 본 나뭇잎을 다른 말로서 소개한다.
   - 내가 관찰한 나뭇잎은 …/ 나뭇잎을 현미경으로 보았더니…
4. 활동을 통해 관찰한 나뭇잎의 특성을 그림으로 표상해 본다.

4) 쌓기영역

쌓기영역은 유아의 연령, 발달단계 등을 고려하여 블록의 종류와 수량을 조절하여 제공한다. 블록의 종류와 수량이 정해지면 쌓기놀이에 관련된 자료들을 일정한 공간에 정리하고 놀이에 적합한 요건을 갖춘 블록영역을 마련한다. 블록들은 장에 넣어 정리하는데, 공간블록이나 우레탄블록과 같은 큰 블록들은 벽에 기대어 가지런히 정리해 놓는다. 정리장이나 벽에는 반드시 그림이나 글씨로 블록의 종류를 표시하여 누가 정리하든 제자리에 정리가 가능하게 한다.

쌓기영역은 유아들이 쉽게 접근하는 활동인 반면 활동을 지속시키기 어려운 놀이기

쌓기영역 환경

도 하다. 그러나 역할놀이와 병행되거나 적절하게 소품이 제공된다면 활발한 놀이가 된다. 간혹 유아들이 쌓기영역에 참여를 하지 않는 경우는 블록영역이 좁고 지저분하거나 어떻게 놀이를 해야 할지 모르는 경우일 수 있다. 또한 다툼이 자주 일어나고 소란스러울 때는 영역의 놀이 인원 수에 비해 블록의 수량이 적은 경우일 수 있다.

(1) 쌓기영역 자료

- 다양한 블록 : 종이벽돌블록, 단위블록, 공간블록, 우레탄블록 등
- 크고 작은 모형 : 동물, 사람, 공룡 등의 인형이나 탈것 모형(예: 기차, 트럭, 레미콘, 구급차, 경찰차) 등
- 사회극놀이 소품 : 운전대, 여러 종류의 가면, 교통신호나 표지판 등
- 기타 자료 : 블록 구성에 도움을 주는 책, 그림자료 등

(2) 지도방법

쌓기놀이에서 교사는 환경의 조성자이며 관찰자, 놀이 참여자, 안내자이다. 교사가 쌓기영역에 있다는 자체가 유아들의 놀이 참여를 유도하게 되며, 놀이에 어려움을 겪

는 유아에게는 적절한 질문과 제안으로 문제해결방법을 찾아준다. 블록놀이는 블록 자체가 대부분 딱딱한 나무이며 작고, 블록으로 함께 구조물을 만들어 놀이를 하게 되므로 무너지거나 부딪히기 쉽고, 던짐으로써 사고가 많이 발생할 수 있는 놀이이다. 교사는 유아들의 안전에 주의해야 하며, 놀이규칙을 유아들과 함께 의논하여 명기하고 철저히 지키도록 지도해야 한다. 놀이 후에는 정리정돈을 강조하여 교실을 정돈하는 습관을 갖고 분류개념도 포함한 책임감을 기르도록 한다.

(3) 활동의 예

소방서 꾸미기

활동목표

- 블록과 소품을 이용하여 소방서를 꾸밀 수 있다.
- 협동심을 기른다.

활동자료

벽돌블록, 공간블록, 소방차, 사람 모형, 소방서 관련 그림자료

활동방법

1. 소방서에 가본 경험에 대해 이야기 나눈다. 보았던 소방차, 건물, 사람 등에 대해 말해 본다.
2. 소방서 사진을 보며 소방서를 꾸미는 데 필요한 요소를 생각해 본다.
3. 소방서를 어떻게 꾸미면 좋을지 계획한다. 이때 그림을 그려볼 수 있도록 필기도구를 지원한다.
4. 소방서 꾸미기에 필요한 자료를 수집한다.

5. 블록과 여러 가지 자료를 활용하여 소방서를 꾸민다.
6. 소방서를 꾸민 후 극화놀이를 해본다.

5) 미술영역

유아 미술교육의 목적은 미적인 요소에 관심을 갖고 심미적인 태도와 창의성을 길러주는 데 있다. 미술영역에서의 활동은 미술기술이나 기법을 능숙하게 하는 훈련보다는 유아들이 친근한 주변 환경과 일상생활 속에서 예술적 요소를 탐색하고, 자신의 생각과 느낌을 미술활동으로 표현하는 과정을 즐기며, 자연, 사물, 예술작품 등을 감상하는 활동을 한다.

미술영역은 유아들이 방해받지 않고 편안하게 활동할 수 있도록 충분한 공간이 확보되어야 하며, 동적인 영역과는 거리를 두고 물과 인접한 곳에 배치하는 것이 바람직하다. 또한 물감이나 핑거페인트 등의 활동 시 유아의 옷에 재료가 묻을 수 있으므로 작업복(덧옷)을 준비해 주고, 청소가 용이하도록 미술 영역의 바닥과 작업 책상 위에는 비닐을 깔아 놓는다. 색연필, 크레파스, 종이류, 가위, 풀 등 다양한 미술자료를 정리할 수 있는 자료 정리장이나 폐품을 모아 활용할 수 있도록 한 폐품 정리장, 작품을 말릴 수 있는 작품 건조대, 작품 보관장 및 전시대 등이 필요하다. 자료 정리장이나 폐품 정리장은 이동식을 활용하면 공간을 실용적으로 활용할 수 있으며, 문이 없어 자유롭게 자료를 꺼내 쓸 수 있는 것이 좋다. 유아들이 스스로 정리할 수 있도록 간편한 청소도구를 비치하여야 한다.

미술영역 환경

(1) 미술영역 자료

- 기본자료 : 작업용 책상, 이젤, 자료 정리장, 게시판 및 전시대, 작품 건조대, 작업복 및 옷걸이, 작품 보관장, 청소도구장 등
- 그리기를 위한 도구 : 색연필, 연필, 볼펜, 사인펜, 크레파스, 색분필과 파스텔, 수성·유성 매직 등
- 물감 활동을 위한 도구 : 붓, 물감, 물통, 팔레트, 핑거 페인트 등
- 주무를 수 있는 자료 : 유점토, 지점토, 밀가루 반죽 등
- 구성하거나 붙일 때 사용하는 도구 : 풀, 본드, 스테플러, 테이프 등
- 자르거나 뚫을 때 사용하는 도구 : 가위, 펀치 등
- 직조자료 : 직조틀, 나무판 직조틀, 스티로폼 접시 직조틀, 깡통 직조틀, 나뭇가지 직조틀 등
- 바느질 자료 : 바느질 천, 바늘과 실, 단추, 구슬, 빨대 자른 것 등
- 평면활동 혹은 입체활동의 재료가 될 다양하고 풍부한 자료 : 천 조각, 자연물(나뭇잎, 나뭇가지, 꽃잎, 도토리, 솔방울, 조개 껍데기, 돌멩이, 마른 콩 등), 폐품자료(요구르트병, 요플레통, 우유곽, 달걀판, 두루마리 화장지 속심, 병뚜껑, 아이스크림 막대, 다양한 종류의 용기 등), 건축자료(금속조각, 타일, 벽지, 철사 등), 잡지 등
- 감상자료 : 동서양의 그림 작품, 조각품, 건축물, 공예품, 판화, 서예 작품, 세계 여러 나라의 그림책, 책 표지, 타이포그래피, 그래픽 디자인, 포스터, 애니메이션, 사진 작품, 의상, 각종 미술관 팸플릿이나 화보, 엽서, 카탈로그, 사진, 관련 서적 등
- 시청각기기: 카메라, OHP, 슬라이드, 컴퓨터 등

(2) 지도방법

교사는 유아와 언어적 또는 비언어적인 방법으로 자연스럽게 상호작용한다. 언어적·비언어적인 상호작용의 구체적 방법은 다음과 같다.

① 표정 및 신체를 이용한다. 교사는 얼굴의 표정 및 몸짓을 통하여 유아의 미술활동에 대한 자신의 생각을 전달할 수 있다. 미술활동 중인 유아를 보면서 웃는 얼굴, 눈 맞춤, 유아를 쳐다보며 고개를 끄덕이는 것 등과 같은 비언어적 반응은 유아를 인정하고 수용해 준다는 긍정적인 의미를 전달한다.

② 칭찬을 구체적으로 한다. 막연하게 '잘했다, 멋있다, 최고야' 등의 칭찬을 남용하는 것은 유아에게 성공감을 느끼게 하지 못하고 미술활동도 격려하지도 못한다. 유아가 활동과정에서 보인 노력, 사용한 방법이나 기술, 문제해결과정을 구체적으로 말해 주는 것이 필요하다.

③ 유아의 미술표현 발달 수준을 고려하여 대화한다. 긁적거리기 단계에 속한 유아들은 각 운동적인 움직임 자체의 탐색과 즐거움이 미술표현이 주된 목적이 될 수 있기에 "이게 무엇이니?"와 같은 반응은 적절하지 못하다. 그보다는 유아의 움직임을 중심으로 반응하는 것이 더욱 적절하다(예: 손을 아래, 위로 움직이고 있구나. 크레파스를 꾹 눌러서 그으니까 굵은 선이 생겼네).

④ 작품 속에 나타난 미적 요소와 느낌에 대해 이야기한다. 작품 속에서 사용된 미적 요소를 중심으로 대화하는 것은 유아들의 미적 인식과 미적 잠재력의 발달에 도움을 줄 수 있다. 유아들이 다루기 적절한 미적 요소들은 선, 색, 형, 양감, 패턴, 공간, 질감으로(Hardiman & Zernich, 1981), 교사는 유아가 작품 속에서 미적 요소를 어떻게 사용하고 있는지를 말해 줄 수 있다(예: 노란색과 파란색 물감을 섞으니 초록색이 나타나네, 굵은 선과 가는 선을 함께 그렸구나, 노란색 동그라미를 사용해서 꽃을 그렸네).

(3) 활동의 예

찰흙으로 동물 만들기

활동목표

- 동물의 생김새에 관심을 갖는다.
- 찰흙을 이용하여 다양한 형태를 구성한다.

활동자료

찰흙, 조각칼, 받침대, 앞치마, 동물 사진, 물수건

활동방법

1. 동물원 견학을 통해 동물의 생김새, 소리, 움직임을 감상한다.
2. 동물의 사진이나 그림을 보며 이야기를 나눈다.
   - 독수리를 본 적이 있니?
   - 독수리를 보니 어떠니?
   - 마음에 드는 동물은 무엇이니?
3. 지점토나 찰흙을 이용하여 동물 만들기를 한다.
   - 무슨 동물을 만들어볼까?
   - 너희들이 만들고 싶은 것은 무엇이니?
4. 다양한 형태의 동물을 만들어보도록 한다.
5. 자신이 만든 작품을 소개한다.

6) 역할영역

유아는 사물과 상황을 가작화하여 상상과 가상의 세계를 놀이로 재현하며 인지, 정서, 사회 및 창의성을 발달시킨다. 교사는 역할영역을 상황에 맞게 변화시켜서 유아의 역할놀이를 다양하게 확장시킬 수 있다. 역할놀이영역의 지도는 유아 스스로 사회적 환경과 물리적 환경을 구성하여 역할놀이활동에 자발적으로 참여하도록 하는 것이 바람직하다.

역할놀이영역은 교실의 동적인 영역으로 쌓기영역과 이웃하여 배치하는 것이 좋다. 교사는 역할놀이영역의 놀이활동을 증진시키고 확대시키기 위하여 역할놀이영역에 다양한 변화를 주고, 다른 영역의 놀이활동과 연결하는 통합활동을 격려한다.

(1) 역할영역 자료

- 기본 가구 : 거울, 소파, 유아용 탁자, 의자, 옷장 등
- 소품 : 가족놀이 소품(예: 인형류, 주방용품류, 일상생활용품류, 의류, 신발류, 가방, 빗, 넥타이, 머플러 등), 생활주제에 따른 소품(예: 병원놀이 소품, 은행놀이 소품 등)

역할영역 환경

(2) 지도방법

역할놀이를 격려하기 위하여 교사는 환경의 구성자, 정보의 제공자 및 참여자의 역할을 담당한다. 유아가 극화 활동에 만족할 만한 경험을 하도록 30분 이상의 시간을 제공한다. 교사는 활동을 끝내야 할 시간 5분 전에 이야기하여 유아가 활동을 정리할 시간을 준다. 환경 구성자로서의 교사는 유아의 자발적인 놀이를 촉진할 수 있는 의상 소품, 자료 등을 제공하고, 필요하면 영역을 확대해 주어 필요한 자료를 추가한다. 활동의 자료들은 청결하게 유지하고, 파손된 자료들은 수선하거나 대치한다.

교사는 유아의 활동 수준을 높이기 위하여 활동의 주제와 관련된 책을 읽도록 격려하고, 지역사회의 견학장소를 견학하는 기회를 제공한다. 덧붙여 유아의 소꿉놀이영역과 블록영역의 활동이 연결되도록 지도하고, 교사는 유아가 소꿉놀이활동에 필요한 자료를 미술활동영역에서 만들도록 하여 통합활동이 이루어지도록 격려한다.

(3) 활동의 예

미장원 놀이

활동목표

- 미장원의 기능과 역할에 대해 알 수 있다.
- 다양한 역할을 해봄으로써 역할을 이해하고 다른 사람의 입장을 이해할 수 있다.

활동자료

미장원 놀이 자료(드라이기, 빗, 가위, 가운 등), 계산대 등

활동방법

1. 미장원에 가본 경험에 대해 이야기 나눈다.

2. 미장원 놀이에 필요한 물건 및 항목을 정해 본다.
3. 필요한 것은 만들거나 집에서 가져오도록 한 후 역할을 나누어 놀이한다.
4. 역할을 바꾸어본다.

7) 음률영역

음률영역은 유아가 느끼는 음악적 심미감을 악기로 연주하고 노래를 부르면서 몸으로 표현할 수 있는 영역이다. 따라서 교사는 소리 탐색하기, 노래 부르기, 악기 다루기, 음악 감상하기, 신체 표현하기 등의 세부적인 영역을 준비하여 유아들이 다양한 음악적 활동이 일어날 수 있도록 한다.

(1) 음률영역 자료

유아를 위한 음률영역에는 소리 탐색과 소리 만들기, 악기 탐색과 연주하기, 음악 감상과 음악게임, 노래 부르기 등과 같은 음악교육 내용을 동등하게 포함하여 관련된 여러 가지 교구나 자료를 비치해 준다. 좋은 자료와 교구의 예를 들면 다음과 같다(안경숙, 김소향, 나은숙, 2012).

음률영역 환경

• 악기 : 리듬악기류-탬버린, 캐스터네츠, 트라이앵글, 리듬막대, 방울, 톤블록, 우드블록, 핸드벨, 마라카스, 기로, 손가락 심벌즈, 롤리팝 드럼 등
멜로디악기류 -실로폰, 스텝벨, 피아노 등
현악기류 -기타, 만돌린, 오토하프 등
우리나라 전통악기류 -소고, 장구, 북, 징, 꽹과리 등
• 음악 관련 그림 및 사진 자료 : 악기들의 사진과 악기를 연주하는 모습, 오케스트라 사진, 음악회 포스터, 옛날 악기들의 그림이나 사진 등
• CD 플레이어, 시청각 설비 및 음악 테이프, CD류, 비디오 자료 등
• 음악과 관련된 책, 노래 모음집
예) 자장 자장(정근 글, 이형원 그림, 보림)
노래 노래 부르며(이원수 작사, 홍난파 외 작곡, 장홍일 그림, 길벗어린이)
그대로 멈춰라(오윤경 구성, 김효순 그림, 예림당)
음악을 만든 사람들(김정희 글, 이상권 외 그림, KBS 영상사업단) 등

(2) 지도방법

① 교사는 자연의 소리, 기계 소리, 일상생활 속에서의 소리 탐색 등을 할 수 있도록 기회를 제공해야 한다. 특히 유아의 음악 듣기를 위하여 다양한 장르, 질 좋은 음악 감상의 기회를 제공하고 그 느낌을 그림, 율동으로 표현해 보도록 지도할 수 있다.

② 노래 부르기는 즐거워야 하고 아름다움을 느끼며 부를 수 있어야 한다. 따라서 교사는 의도적으로 활동을 계획하여 전개하기도 하지만 시간을 일정하게 정해서 하는 것보다 유아들이 소그룹으로 모였을 때 때와 장소에 적합하면서 자연스럽게 부를 수 있도록 지도하는 것이 바람직하다.

③ 악기는 악기의 이름과 사용방법을 정확히 설명해 준 후 음률영역에 제시해 주면 유아는 악기를 선택할 수 있으며 자연스럽게 악기를 탐색하고 연주할 수 있게 된다. 이때 교사는 악기의 다양한 음색과 리듬을 유아들이 발견할 수 있도록 하며, 아울러 악기 연주를 통해 음악의 아름다움을 경험하도록 지도한다.

④ 음악 감상곡은 음악적 요소를 고려하여 선정하며 감상곡의 길이가 너무 길지 않도록 한다. 음악 감상은 시간의 여유를 충분히 갖고 편안히 진행해야 하며, 감상 후에는 유아들의 느낌을 표현해 볼 수 있도록 지도한다.

(3) 활동의 예

'빨래' 신체 표현하기

활동목표

- 빨래과정에 대해 알 수 있다.
- 신체를 활용하여 '빨래' 하는 모습을 표현한다.

활동자료

빨래하는 과정 그림 자료 ppt, 음악 〈Karl Zero-Rico Vacilon〉, 역할 목걸이

활동방법

1. 깨끗한 옷과 더러운 옷 그림 자료를 보면서 이야기를 나눈다.
2. ppt 자료를 보여주면서 빨래과정을 알아본다.
3. 세탁기 안 빨래가 되어 신체 표현한다.

> 세탁기 안에 더러워진 옷이 들어갑니다. 빨간 옷이 먼저 폴짝 뛰어 들어갑니다. 뒤따라 분홍 옷도 폴짝 들어갑니다. 세제와 물도 세탁기에 들어갑니다. 세탁기 뚜껑이 닫힙니다. 세탁기가 천천히 돌아갑니다. 빙글빙글 돌아갑니다. 세탁기에 옷과 세제가 만납니다. 물도 섞입니다. 세탁기가 빙글빙글 오른쪽으로 돌아갑니다. 세탁기가 빨리 돌아갑니다. 세탁기는 점점 천천히 돌아갑니다. 옷과 물과 세제가 다함께 만납니다. 세탁기가 멈춥니다. 세탁기 속 물과 세제가 빠집니다. 옷도 세탁기에서 나옵니다. 세탁기에서 꺼낸 옷을 빨랫대에 말립니다.

4. 세탁기 안에 있는 빨래가 되어본 느낌에 대해 이야기를 나누며 마무리한다.

3 실외 자유선택활동

실외 자유선택활동은 실내에서 경험할 수 없는 자유로운 느낌과 함께 다양한 경험을 할 수 있어 유아들이 가장 좋아하는 활동이다. 실외에는 여러 가지 자연환경과 놀이기구가 있는데, 유아들은 이곳에서의 경험을 통해 신체적인 발달과 더불어 자연의 아름다움과 탐색의 장이 된다. 실외 자유선택활동 환경은 정적인 영역과 동적인 영역을 분리하여 복합놀이시설, 달리기, 자전거 타기, 물·모래 등 신체활동이 활발한 활동은 동적인 영역에 배치하고, 휴식하기, 책읽기, 식물 기르기, 동물 기르기 등은 정적인 영역에 배치한다. 이외에 실외 놀잇감을 보관할 수 있는 보관창고가 있는데, 창고는 물이 고이지 않도록 약간 경사진 곳에 위치하는 것이 좋으며, 여러 가지 놀이기구들의 위생관리를 위해 통풍 및 환기를 시킬 수 있도록 한다. 실외 놀이터는 외부의 차량이나 사람들로부터 유아를 보호할 수 있도록 울타리나 담장으로 둘러싸고, 교사가 유아의 안전을 위하여 잘 감독할 수 있도록 영역을 구성한다.

1) 운동놀이 영역

운동놀이는 유아의 바른 자세 형성과 운동기능 발달에 기초가 되며, 자신의 몸을 조정하여 움직일 수 있는 과정을 경험하면서 신체에 대한 자아존중감을 기를 수 있는 활동이다. 운동놀이 영역은 다른 영역보다 공간을 많이 차지하므로 다른 영역과의 조화를 고려하여 정적인 영역과 떨어진 곳에 배치한다. 운동놀이기구 주변 바닥은 모래, 잔디를 깔거나 충격을 흡수할 수 있도록 표면 처리를 하며, 복합놀이시설은 유아의 신체치수에 적합해야 한다.

2) 모래 · 물놀이영역

물과 모래를 놀잇감으로 마음대로 가지고 놀이를 하는 영역으로서 유아에게 정서적 안정감과 성취감을 느끼게 한다. 모래 · 물놀이영역은 통행이 빈번하지 않는 곳에 배치하며, 햇빛이 잘 들고 배수가 잘되는 곳이 적합하다. 모래가 유실되는 것을 막기 위하여 모래밭 가장자리에 고무판을 대거나 테두리를 만들어주고, 유실되는 모래는 1년에 1~2회 보충한다. 모래를 사용하지 않을 경우에는 뚜껑을 덮어 모래를 깨끗하게 관리하고 이물질이 들어가지 않도록 하며 주기적으로 소독을 한다.

3) 자연탐구 및 관찰영역

동식물 기르기와 관찰이 이루어지는 영역이다. 계절에 따른 자연의 변화와 식물의 성장을 관찰하며, 또 직접 재배하는 경험을 통해 자연을 사랑하고 보호하는 태도를 기른다. 동물 역시 성장을 관찰하고 돌보는 경험을 통해 동물의 성장과정을 이해하고 동물을 존중하는 마음을 기르는 데 도움을 준다.

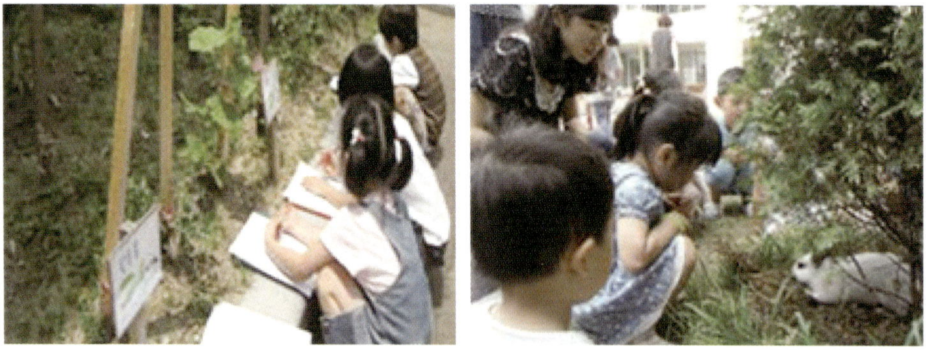

동식물 기르기와 관찰하기

출처: 교육과학기술부, 보건복지부(2013).

4) 목공놀이영역

목공놀이는 만 4세 이상의 유아가 되었을 때 목공놀이를 할 수 있는 신체적 준비를 갖추었다고 할 수 있다. 유아는 목공놀이를 하면서 대근육·소근육발달, 눈과 손의 협응력이 발달될 뿐만 아니라 유아가 원하는 물건을 완성하기 위해 목공놀이 과정에서 문제를 해결해 가는 방법을 알게 되며, 조각을 자르고 나누고 붙이는 과정에서 측정 능력이 발달된다. 교사는 목공놀이에서 사용하는 연장을 유아가 안전하게 사용할 수 있도록 세심하게 지도·감독을 하여야 하며, 목공놀이는 유아들이 유치원에서 적응하고, 다른 영역의 교구와 자료들을 충분히 활용할 수 있는 다음에 새로운 영역으로 첨가하는 것이 바람직하다.

5) 휴식영역

유아가 휴식을 취하거나 조용히 놀이(예: 책을 읽거나 퍼즐 등)를 하고 싶을 때 활용할 수 있는 영역이다. 나무 그늘이나 정자, 벤치 등으로 구성할 수 있다.

정자와 벤치에서 휴식하기

출처: 교육과학기술부, 보건복지부(2013).

7장

전이와 주의집중

1 전이

유아교육기관의 일과 운영에서 전이란 한 활동이 끝난 후 다음 활동으로 이동하는 순간을 말한다. 전이는 전이시간과 전이활동으로 구분할 수 있다. 전이시간은 한 활동이 끝난 후 다음 활동으로 이어지는 시간을 의미하며, 때때로 한 장소에서 다른 장소로 이동하는 것도 전이시간에 포함된다. 전이활동은 전이시간에 이루어지는 대체로 간단하고 짧은 활동을 의미한다(김현주, 2010).

전이는 짧은 시간이기 때문에 중요하게 생각하지 않을 수 있다. 그러나 교사의 학급 운영은 전이시간에 영향을 많이 받는다. 전이시간을 잘못 운영할 경우 혼란이 생길 수 있으므로 세심하게 계획하여야 한다. 전이시간에 교사는 통제나 질서유지 측면을 강조하기보다 유아가 무엇을 해야 하는지 알도록 함으로써 유아의 자율성을 신장시킬 수 있는 학급 분위기를 조성한다. 매일의 일과를 일관성 있게 진행하면 유아 스스로 예견할 수 있어 훨씬 안정적인 전이시간을 운영할 수 있다.

각 시간대별로 교사의 지도방법에 대해 간략히 살펴보면 다음과 같다.

교구를 정리하는 유아

첫째, 등원하여 자유선택활동으로의 전이 시 교사는 유아가 스스로 일과를 계획하도록 하고, 교재·교구 및 환경을 계획하고 준비함으로써 유아가 등원에서 자유선택활동으로의 전이가 자연스럽게 이루어지도록 돕는다.

둘째, 자유선택활동 도중이나 한 영역에서 다른 영역으로 이동하는 중간에는 개별적인 정리정돈이 이루어지기도 하나, 자유선택활동이 끝난 후에는 전체적인 정리정돈시간을 가지면서 다음 활동에 대한 전이가 이루어진다. 자유선택활동시간에서 정리정돈으로의 전이 시 순조로운 전이가 이루어지기 위한 구체적인 운영방법은 다음과 같다.

- 교사는 유아들의 놀이 상황을 보고 정리정돈시간이 되기 약 5분 전에 새로운 놀잇감을 꺼내거나 확장하려는 유아에게 정리시간이 다가온다는 것을 알려주어 놀이도 못하고 정리만 하는 상황이 발생하는 것을 예방한다.
- 피아노, 탬버린, 트라이앵글, 종소리 등으로 정리정돈시간임을 알려서 유아 스스로 하던 놀이를 마무리하도록 한다.
- 놀이하던 교구를 제자리에 정리한다. 이때 능력에 따라 일감을 배분하여 책임있게 정리하는 습관을 기른다. 즐거운 마음으로 정리할 수 있도록 하고, 단순하고 구체적인 지시로 정리하기를 격려하기도 한다.
- 교사는 유아들이 정리하는 것이 일상화되고 습관화되도록 지도하기 위하여 함께 정리에 참여한다든지 다른 유아를 정리에 참여하게 하는 역할을 적절하게 한다 (예: “얘들아, 여기 블록들을 같이 정리하자!”, “소꿉놀이는 ○○가 정리하고 있구나! 누가 좀 도와주면 좋겠네.” 등).
- 수납장이나 바구니에 놀잇감의 그림을 붙여 주어 유아가 그림을 보고 놀잇감을 쉽게 분류하여 정리정돈을 할 수 있도록 도와준다.
- 혼자 힘으로 정리정돈을 못하는 유아에게는 “자, 선생님은 자동차를 정리할 테니

○○는 블록을 정리하렴." 이라고 말하여 유아가 너무 부담감을 갖지 않도록 하며, 쉽고 간단한 것부터 시작하여 잘 행한 경우에는 칭찬이나 격려를 해준다.

- 정리에 필요한 시간을 충분하게 계획하는 것도 필요하다. 놀잇감을 많이 사용한 날이나 시간이 많이 소요되는 미술활동 후의 정리정돈, 식사 후의 뒷정리 등은 유아 모두 참여시켜 전이활동이 순조롭게 진행되도록 할 뿐만 아니라 책임감을 기르도록 한다.
- 누가 가지고 놀았는지 책임을 추궁하지 말고 모두 함께 정리하는 것임을 유의해서 지도한다.
- 정리정돈이 다 끝난 유아는 순서대로 화장실에 다녀오거나 다음에 진행될 대·소집단활동을 위해 의자를 옮기는 등 다음 활동장소로 이동한다.

셋째, 점심을 먹기 위해 식당으로 이동하거나 강당, 화장실로 이동할 때 유아들이 한꺼번에 이동하면 혼란이 생길 수 있으며 안전사고도 발생할 수 있다. 따라서 옷의 색깔, 앉아 있는 위치 등을 고려하여 소집단으로 분산시켜 이동하도록 하여 혼란을 사전에 예방하도록 한다.

넷째, 실외로 이동 시나 귀가 전에는 외투를 입히고 때로는 장갑과 모자, 가방 등을 챙겨야 한다. 그렇기 때문에 실내에서 모든 유아를 준비시킨 후 데리고 나간다. 만약 보조교사가 있는 경우 일부 유아가 준비가 되면 먼저 데리고 나가고, 다른 유아들은 준비가 되는 대로 천천히 따라 나가 출입구의 혼잡스러움을 방지하도록 한다.

다섯째, 휴식 및 낮잠을 자고 일어난 다음 다른 활동으로 전이할 때 서둘러서 모든 유아를 한꺼번에 깨우는 것은 바람직하지 않다. 유아들이 각자 신체 리듬을 회복할 수 있도록 교사가 안아주거나 개별적으로 이야기하면서 세심하게 살펴준다. 먼저 일어난 유아들은 아직 잠에서 깨지 못한 친구들을 위해 책 보기 또는 퍼즐 맞추기 등 조용한 놀이를 하도록 한다.

2 주의집중

대·소집단활동이란 영유아가 함께 모여서 여러 가지 교육활동을 하는 것이다. 대·소집단활동에는 이야기 나누기, 동화 들려주기, 새 노래 배우기, 음률, 게임 등이 있다. 유아들은 발달 특성상 주의집중을 하기 어려운데, 대·소집단활동을 진행할 경우 집중이 되지 않는 상태에서 시작하면 집단활동이 제대로 되지 않으므로 사전에 반드시 주의집중을 도모할 수 있는 전이활동을 계획하도록 한다. 놀이형태의 주의집중활동은 대집단활동에 유아들이 흥미를 느끼고 열심히 참여하게 한다.

주의집중활동에는 여러 가지가 있는데, 크게 특별한 자료를 준비하지 않고 할 수 있는 방법과 자료가 있는 주의집중 방법이 있다. 교사는 상황에 따라 변형하면서 다양하게 활용하도록 한다.

1) 자료 없이 주의집중하는 방법

- 친구의 달라진 모습 찾기 : 유아들 중 한 친구를 지정하여 앞으로 나오게 한다. 다른 유아들은 눈을 감게 한 뒤 앞에 나온 친구의 핀, 머리띠 등을 감춘 뒤 다시 눈을 뜨고 친구에게서 없어진 물건이 무엇인지 알아맞히도록 한다. 유아가 아닌 교사의 달라진 모습을 찾아보는 활동으로 진행할 수도 있다.
- 수수께끼 내기 : 유아가 수수께끼를 내어 교사가 알아맞히거나, 그 반대로 교사가 수수께끼를 내고 유아가 알아맞히도록 한다.
- 신체 부분으로 모양을 만들거나 소리 만들기 : 손으로 동그라미·네모·세모 만들기, 혀를 차며 소리 만들기, 입 다물고 소리 내기 등
- 침묵 게임하기 : 잠시 동안 바른 자세로 앉아 있거나

신체로 모양 만들기

일정한 숫자, 예를 들면 20을 셀 때까지 움직이지 않고 앉아 있도록 한다.

- 노래 부르기 : 배운 노래의 노랫말을 바꾸어 부르거나 노래는 하지 않고 지휘하기를 한다.
- 물건을 의인화하여 이야기하기 : 꽃, 과일, 시계, 장난감 등을 의인화하여 이야기한다.
- 소리 내지 않고 입 모양으로만 말하기 : 교사나 유아가 물 속의 금붕어처럼 소리를 내지 않고 입만 벌려 이야기하면 다른 유아들이 어떤 말인지 알아맞히도록 한다.
- 동화, 동시 제목을 말해 주지 않고 추측하게 하기 : 교사가 들려주는 동화(또는 동시)를 잘 듣고 제목이 무엇인지 알아맞혀 보도록 한다.
- 무언극 하기 : 교사나 지정된 유아가 어떤 사물의 특징에 대해 무언극으로 보여주면 다른 친구들이 그동안 의도하는 뜻을 추측해 본다.
- 수 세기 놀이하기 : 실내에 있는 것(예: 의자, 책상, 친구들, 같은 모양 찾아보기, 교사가 준비한 여러 가지 사물들 등)을 세어본다.
- 반대로 말하거나 행동하기 : 교사나 유아가 제시하는 말이나 행동을 듣고 반대로 말하거나 표현해 본다(예: 큰 것/작은 것, 높다/낮다, 밝다/어둡다, 짧다/길다, 뚱뚱하다/홀쭉하다, 느리다/빠르다, 여러 가지 행동들).
- 손뼉치기 : 손뼉을 크게 또는 작게 쳐보거나 빨리 또는 느리게 친다. 예를 들어, '박수 세 번/ 박수 두 번/ 박수 한 번/ 박수 영 번' 처럼 말소리도 점점 작게 이야기하면서 박수를 치게 한다.
- 거울놀이 : 교사나 지정된 유아가 동작을 하면 거울처럼 따라하게 한다. 활동과 연관 있는 동작을 하면 더욱 효과적이다.

이 외에도 다양한 손유희 등으로 주의집중을 할 수 있는데, 앞과 같이 특별한 자료를 준비하지 않고도 할 수 있는 방법들은 편리하다는 장점이 있지만 유아들을 집중시키는 시간이 짧다는 단점이 있다.

2) 실물 자료를 활용한 주의집중방법

- 소리 세기 : 유아들에게 눈을 감게 하고 교사는 빈 통에 구슬을 떨어뜨린다. 유아들은 교사가 몇 개의 구슬을 떨어뜨렸는지 맞히게 한다.
- 명화를 보여주고 다른 점 찾기 : 두 개의 유사한 명화를 보여주면서 다른 점을 찾아보게 한다.
- 비밀 주머니에서 똑같은 물건 찾기 : 미리 복주머니 두 개에 똑같은 물건 1쌍씩 넣어 둔다. 두 명의 유아를 앞으로 나오게 하여 한 명의 유아가 복주머니 속에서 꺼낸 물건과 똑같은 물건을 찾아내도록 한다.

명화 비교하기

- 유아들의 놀이 장면 보여주기 : 자유선택활동 시 교사는 캠코더로 녹화를 한 후 TV와 연결하여 유아들의 놀이 장면을 보여준다.
- 추측해 보기 : 실물 또는 그림자료와 같은 크기의 부직포나 펠트를 3~5등분으로 자른 후 가린 다음, 그중 일부분을 보여주고 무엇인지 추측해 본다.

비밀 주머니에서 물건 찾기

부분 그림 수수께끼

- 목소리 알아맞히기 : 유아의 목소리나 친구의 목소리를 녹음한 후 녹음된 목소리를 들려주고 알아맞혀 본다.
- 손인형, 손가락인형으로 말하기 : 손인형을 손에 끼고 마치 인형이 말하는 것처럼 인형 캐릭터에 알맞게 목소리를 변형하여 이야기한다.
- 비밀 그림 알아맞히기 : 교사가 먼저 흰 종이에 흰색 크레파스로 그림을 그린다. 유아들에게 어떤 그림을 그렸을지 추측해 보게 한다. 추측 후 물감으로 색을 칠하여 어떤 그림이 나왔는지 알아맞히도록 한다. 때로는 마술을 보여줄 것이라고 이야기한 후 물감을 칠하여 그림이 나타나게 하는 방법으로도 소개할 수 있다.

구체적인 실물 자료, 유아 자신에게 의미 있는 자료, 주제와 관련된 자료들을 사전에 준비하여 제시하면 한층 주의집중이 잘될 수 있으나 교사가 별도로 자료를 준비해야 하는 번거로움이 있을 수 있으며, 자칫 주의집중 시간이 길어 본활동이 지루해질 수 있음에 유의한다.

8장 이야기 나누기

이야기 나누기는 교사와 유아들이 함께 모여 일과 계획과 평가, 주제 관련 개념과 정보 나누기, 경험 나누기, 새 소식이나 새로운 물건 소개하기, 출결 및 날짜와 날씨 알아보기, 교실에서의 약속 정하기, 주변 사물이나 사회현상에 대하여 자유롭게 의견을 교환하고 토론하는 시간이다. 유아는 이와 같은 활동을 통하여 일상생활에서 일어나는 다양한 일에 흥미와 지식의 범위를 넓혀간다. 또한 자신과 다른 사람의 느낌, 생각, 경험을 상황과 상대방에 알맞게 표현하고 주의 깊게 듣는 의사소통능력을 발달해 간다(교육과학기술부, 보건복지부, 2012). 유아들은 다양한 이야기 주제에 따라 대화를 나누는 과정에서 다른 사람과 나의 생각이 같거나 다를 수도 있다는 것을 경험한다. 자신의 의견을 무조건 주장하기보다 다른 사람의 이야기를 듣고 생각하며 합의점을 모색하는 방법을 알아간다.

유아들의 일과를 살펴보면 혼자 지내는 시간보다 교사나 다른 유아들과 많은 언어적 상호작용을 하며 보낸다. 이야기 나누기 시간은 이러한 사회적 관계를 통해 유아의 자율적 판단과 사고력을 발달시키고 타인을 이해하고 자신을 조절해 보는 의도적 시간으로 볼 수 있다. 나아가 정보를 상호 교환하면서 주제에 따른 개념을 좀 더 명확하게 인지하여 실제 생활에서 부딪치는 여러 가지 문제상황을 해결하는 데 도움을 줄 수 있는 활동이다(이영자, 유희정, 1995).

그러나 실제 학급을 운영해 보면 교사와 유아들이 대화로 서로 의견을 조율하는 것은 결코 쉬운 일이 아니다. 실습교사나 초임교사들이 일과 중 가장 어려운 수업을 이야기 나누기 시간으로 인식하고 있는 이유도 여기에 있다. 교사들은 이야기 나누기 시간이 중요하다고 인식은 하고 있으나 주로 특정 내용을 학습하는 시간으로 운영하고 있었다(이미선, 2006; 황보라, 2004). 이야기 나누기 시간을 대집단으로 앉아 교사의 설명식 수업으로 이끌어간다면 유아들은 금새 지루해하고, 교사는 준비한 내용을 전달하려는 데 급급해진다. 결국 의도와 달리 이야기 나누기가 자칫 경직된 시간으로 운영될 소지가 크다.

이야기 나누기 활동은 교사가 알고 있는 이론만으로는 부족하다. 교사의 노력과 경험이 요구되는 시간이다. 유아들에게 매일 일정한 내용을 가르쳐야 한다는 고정관념에서 탈피하고 꼭 필요한 시간에 주제에 알맞은 이야기 나누기 활동을 선정하여 즐거운 시간이 되도록 계획해야 한다.

1 교육적 의의

이야기 나누기 활동은 다른 사람의 이야기를 주의 깊게 듣고, 자신의 의견을 바르게 표현하며, 필요한 개념과 내용을 학습할 수 있는 능력을 기르는 데 목적을 둔다. 이러한 목적을 달성하기 위해 먼저 이야기 나누기의 의미를 살펴보면 다음과 같다(Berk & Winsler, 1995; Bruner & Haste, 1987).

① 의미에 대한 협의(negotiation of meaning) : 학급 구성원들이 서로의 생각, 경험, 지식을 나누는 것으로, 교사와 유아들은 어떤 주제에 대해 서로 다른 견해를 이야기하고 각기 다른 경험들을 연결하려고 시도하면서 공동으로 의미를 탐구하는 과정을 포함한다.

② 문화적 표상 전달(transfer of cultural representation) : 이야기를 나누는 가운데 사회적인 관습이나 가치, 바른 예절방법 등을 소개하고 전달한다.

③ 비계설정(scaffolding) : 의미에 대한 협의와 문화적 표상 전달을 위한 효과적인 교수-학습방법으로 더욱 능력있는 협력자, 즉 교사나 또래와의 협력적 지원관계가 있을 때 문제해결을 더 잘할 수 있다.

구체적으로 이야기 나누기 활동의 교육적 의의를 살펴보면 다음과 같다.

첫째, 자신의 경험이나 느낌, 생각을 친구들 앞에서 발표하는 경험을 통해 자신감과 언어적 표현력을 향상시킬 수 있으며, 다른 사람의 이야기를 주의 깊게 듣는 태도와 의사소통 능력이 증진된다.

둘째, 이야기 주제에 따른 여러 가지 개념과 의미를 학습할 수 있으며, 학습내용을 종합·정리하여 바르게 파악할 수 있는 능력을 길러준다.

셋째, 다른 사람과 나의 의견이 다를 수도 있다는 것을 이해하면서 타인과의 의견 조정 과정에 의해 민주적인 방법에 익숙해지고 문제해결력을 기른다.

넷째, 다른 사람의 이야기를 듣고 말하는 기회를 통해 자신의 사고를 더욱 명백하게 해주며, 이야기를 하는 동안 유아는 자신의 의도나 계획에 대해 다른 사람의 반응을 관찰하게 되고, 이를 근거로 계획을 수정하는 융통성을 가진다.

다섯째, 한 집단의 일원으로서 소속감과 안정감을 가지고 집단 공동의 지식과 경험을 공유한다.

2 활동내용

유아교육에서 이야기 나누기 시간은 출결 및 날씨와 날짜 등의 가장 일상적인 이야기부터 일과 계획, 경험 나누기, 유아들의 사고와 개념을 확장시킬 수 있는 주제 관련

이야기까지 다양한 활동을 포함한다. 이러한 활동들은 모두 언어적 의사소통을 중심으로 이루어진다는 특징을 가진다. 이를 활동내용별로 소개하면 다음과 같다.

1) 인사하기 및 출·결석 확인하기

교사는 유아가 등원하면 개별 혹은 집단으로 인사를 하면서 유아의 기분, 건강상태, 변화된 모습 등에 대하여 이야기한다. 이름을 부르면서 유아에게 관심을 보여주고, 유아들끼리도 서로에게 관심을 갖도록 하는 시간이다. 오랫동안 결석을 한 유아가 있다면 반갑게 맞이하며 친구의 이야기를 들어본다.

출석을 부르는 방법으로 교사가 유아의 이름을 한 명씩 부르는 방법, 출석판을 이용하여 친구를 찾아보는 방법, 이름표를 가지고 친구를 찾아보는 방법 등 다양하게 할 수 있다. 매일 동일한 방법으로 출결을 확인하는 것은 지루하게 느껴지므로 다양한 방법을 활용한다.

2) 날짜, 요일, 날씨 알아보기

날짜판, 날씨판, 달력을 이용하여 오늘의 날짜, 요일, 날씨를 알아본다. 유아들에게 날짜와 요일은 어려운 개념이므로 매일 동일한 방법을 반복하여 기억하게 하는 것은 지양한다. 도리어 생일이나 행사와 같이 특별한 날과 연관하여 접근하는 것이 바람직하다. 매달 일정한 날에 생일 축하를 하는 기관이라면 당일 날짜를 알아보고 축하하기, 행사나 견학이 있는 날에 날짜와 날씨를 확인하고 그 의미를 확인하는 시간으로 운영한다.

3) 일과 계획 및 활동 평가

계획과 평가의 시간은 유아교육기관의 일과에서 계열성을 가진다. 일과 계획은 교사와 유아가 개별적 혹은 집단으로 모여 수행할 활동들에 대해 이야기를 나누는 시간으로 자율성과 공동의식을 가지게 한다. 아울러 자신의 결정에 대한 책임감과 독립심을 배울 수 있는 시간이기도 하다. 유아교육기관에서 이루어지는 활동은 교사가 계획하여 진행과정을 알려주기도 하고, 어떤 부분은 유아들과 협의하여 결정한다. 예를 들면, 교사는 간식을 먹은 후 동시를 들려주려고 계획했지만 유아들이 어제 했던 동극에 대한 요구가 클 경우에는 계획을 수정하여 진행한다.

평가는 활동에 따라 일과 중 개별적으로 이루어지기도 하나 일과에 대한 전체평가는 학급에서 이루어진 모든 활동이 유아들에게 어떤 의미를 주었는지 정리해 보는 시간이다. 함께 모여 활동을 회상하면서 반성·정리하고 느낌을 이야기하며, 다음의 계획에 반영한다.

- 자유선택활동의 계획과 평가 : 실내·외 자유선택활동시간은 유아교육기관에서의 일과 중 그 중요성에 비추어 계획과 평가가 특별한 의미를 갖는다. 개별 유아의

유아들이 만든 일과 시간표

관심과 흥미에 중점을 두고 운영되는 자유선택활동시간의 계획하기는 그날 변화된 영역과 활동자료(교구)를 유아가 찾아보거나 교사가 새로운 흥미영역을 소개한 후, 유아가 선택하여(자유선택활동 계획표 활용) 활동을 한다. 자유선택활동이 끝난 후 혹은 귀가 전에 유아와 교사는 그날의 활동에 대해 '누구와 무슨 놀이를 했는지', '재미있었던 활동은 무엇이었는지'에 대해 이야기를 나누며 평가한다. 그 외 활동영역에서 일어났던 문제 상황을 평가시간에 토론하며 각자의 의견과 해결방법을 찾아보는 시간으로 활용한다.

4) 주제와 관련된 이야기 나누기

유아교육은 생활주제를 중심으로 통합적 교육과정을 운영한다. 이야기 나누기의 주제는 교사에 의해 또는 유아들이 주변 환경이나 새로운 현상에 관심을 가지면서 제안할 수 있고, 예상하지 못한 상황이 발생하여 그와 관련된 주제가 선정되기도 한다. 특정 주제에 대해 이야기 나누기를 하는 것은 유아들이 주제와 관련된 새로운 개념을 이해하고 사고의 폭을 넓히는 기회가 된다. 주제 관련 이야기 나누기는 교사가 유아의 발달과 학습에 대한 목표 또는 구체적 결과를 염두에 두고 실행하는 의도적 시간이다 (Epstein, 2009).

토의를 통해 정한 편지함 이름

5) 새 소식이나 새로운 물건 소개하기

유아들은 동생의 탄생, 강아지 키우기와 같이 일상생활에서 일어난 일이나 변화에 대해 이야기하기를 좋아한다. 간혹 주제와 관련하여 가정에서 가져온 물건이나 새 소식을 친구들에게 소개하는 시간은 인기 있는 활동이다. 이 활동으로 유아는 자신의 이야기를 친구 앞에서 적절한 낱말과 문장으로 말해 보는 자연스러운 기회를 가지게 된다. 새 소식은 자신과 가정뿐만 아니라 친구와 유아교육기관의 변화에도 관심을 가지고 다룰 수 있다. 나아가 매스컴을 통해 보도되는 국가와 세계의 소식인 전쟁, 지진, 스포츠 이야기도 좋은 소재가 될 수 있다.

집에서 가져온 새 물건 소개하기

6) 경험 나누기

유아교육기관에서는 흔히 경험 나누기 활동으로 주말이나 방학에 가족과 함께 경험한 이야기를 나누는 것이 일반적이다. 그러나 자신의 경험을 공유하고 발표를 유도한다는 면에서는 의미가 있겠으나 동일한 방법으로 진행하다 보면 지루한 시간이 될 수 있다. 최근에는 경험 나누기를 주제와 연관하여 진행하는 경우가 많다. 유아들이 관련 주제에 대해 어느 정도의 사전 경험을 가지고 있는지를 파악하기 위해 또는 활동의 도입에서 관련 경험을 이야기함으로써 유아들의 관심과 동기유발을 한다. 그 외 동극, 게임, 동작, 견학 등의 활동과정에서 재미있었던 점, 느낌, 기분 등을 이야기하기, 조형활동이나 쌓기놀이에서 만든 결과물을 친구들에게 보여주며 발표하는 경험을 가진다.

가족에 대해 이야기 나누는 유아들

7) 토의 및 규칙 정하기

다른 사람의 말을 주의 깊게 듣고 이해하며 자신의 의견과 궁금한 것을 질문하는 집단토의활동은 유아의 의사소통능력을 발달시키는 중요한 시간이다. 토의 주제는 교사가 제안할 수도 있고 예상하지 못했던 문제 상황이 발생하여 이를 해결하기 위한 방법으로 이루어질 수 있다. 유아교육기관에서의 행사나 견학을 계획할 때 준비과정에서 교사와 유아들은 전체 토의를 통해 결정하는 경우가 많다. 장소와 일시, 준비물, 순서, 초청 대상, 안내문 만들기, 세부내용 등에 유아들이 직접 참여하여 의견을 조정하고 의논한다. 한편 유아들은 놀이를 하면서 다양한 이유로 친구들과 갈등을 겪고 어려움을 경험하게 된다. 블록으로 만든 구조물을 무너뜨린 경우, 놀잇감을 뺏는 경우, 놀잇감을 정리하지 않는 경우, 그네 탈 때 줄을 서지 않은 경우, 친구에게 모래를 던진 경우 등 학급에서 일어난 문제도 토의 주제의 좋은 예이다. 필요에 따라 교사는 이를 학급 전체가 토의에 참여하여 민주적 절차를 거쳐 약속이나 규칙을 스스로 만들어보는 시간으로 활용할 수 있다. 이때 교사는 판단자보다 중재자로서의 역할을 한다.

3 지도방법

이야기 나누기 활동은 교사와 유아들 간 상호작용의 질과 자유롭게 이야기를 나눌 수 있는 분위기 조성이 중요하다. 이야기 나누기 방법은 전달이 빠르며 직접적이고 쉽게 효과를 거두지만, 유아의 반응에 관계없이 일방적 설명이나 전달에 그치지 않도록 유념해야 한다. 이야기 나누기 활동의 효율적인 운영을 위해 다음과 같은 점을 고려한다.

① 집단 크기를 고려한다. 이야기 나누기는 활동 내용과 특성에 따라 집단의 크기를 달리하여 운영한다. 반 전체 유아들에게 공지해야 할 내용이나 함께 결정해야 할 사항(예: 산책장소 정하기, 견학장소에서의 예절)은 대집단 형태가 효율적이나 정보

나 지식을 나누는 활동, 의견이나 토의가 필요한 이야기 나누기는 소집단으로 운영하는 것이 효율적이다. 학기 초나 연령이 낮을수록 집단 크기를 작게 하는 것이 유아들의 참여와 집중을 높일 수 있다. 대집단으로 진행되는 경우에는 제시되는 자료가 충분히 커서 모두 잘 볼 수 있어야 한다.

② 주의집중시간을 고려한다. 유아의 연령과 흥미, 주제, 계절과 날씨를 고려하여 이야기 나누기 시간을 조절한다. 보통 유아들의 주의집중시간이 10~30분 정도인 점을 고려하여 융통성 있게 운영한다. 학기 초나 어린 연령반의 경우에는 시간을 짧게 운영하다 점차 늘려간다. 유아들에게는 이야기 나누기 시간이 길지 않더라도 처음부터 끝까지 집중하는 태도를 기대하기 어렵다. 중간 중간 동적인 활동, 목소리 조절, 시선 마주치기, 소리 없이 입 모양만 내기, 아는 노래 부르기 등 주의를 집중할 수 있는 기술을 적용한다.

③ 장소 및 앉는 대형을 고려한다. 햇빛이 강하거나 어두운 장소는 피하고 조용한 곳을 선택한다. 유아와 교사, 유아와 유아가 서로 마주 볼 수 있는 원이나 반원 형태로 앉아 진행하고, 유아의 시선이 교실 출입구나 창문의 반대로 가도록 하여 이야기 나누기에 집중하도록 한다. 이야기 나누기는 쌓기영역의 카펫 위에서 많이 이루어지지만 토의내용에 따라 장소를 옮겨서 진행한다. 예를 들면, 조형영역의 정리가 필요하거나 올바른 자료 사용법을 알아보기 위해서는 조형영역을 바라보면서, 역할놀이영역에서 문제가 발생했을 때는 이곳에서 진행할 수 있다.

④ 시간 배치를 융통성 있게 한다. 일정한 시간에 이야기 나누기 시간을 갖는 것이 안정적이나 항상 정해진 시간에 운영하는 것은 비효율적이다. 이야기 나누기는 일방적으로 전달하는 시간이 아니므로 주제와 상황에 따라 자유선택활동 전이나 후, 일과 중, 귀가 전으로 융통성을 가진다. 다만 유아들이 주의집중할 수 있는 시간대를 고려한다.

⑤ 다양한 교수매체를 활용한다. 이야기 나누기 시간에 활발한 언어적 상호작용이 이루어지기 위해서는 주제와 연관된 다양한 학습자료를 준비한다. 교사는 유아가 알고 있거나 경험한 것을 표현하고 사고를 확장시키도록 도와줄 필요가 있다.

주제에 대한 유아들의 흥미와 이해를 돕고자 실물이나 표본, 그림과 사진, 슬라이드, 비디오, 인형 등의 시청각 자료를 활용한다.

⑥ 교사는 바르고 고운 말을 사용한다. 유아기는 어휘 사용이 급격히 증가하면서 언어적 표현력이 다양해지는 시기이다. 그러나 표현방법과 태도에서 실수도 많이 하게 된다. 교사는 유아의 발달과 이해 수준을 고려하여 바르고 정확한 발음과 고운 말로 천천히 이야기하는 좋은 본보기를 보어야 한다. 아울러 표정, 시선, 몸짓 등의 비언어적인 측면도 의사소통의 중요한 요소임을 자연스럽게 보여준다.

⑦ 모든 유아가 골고루 참여하도록 배려한다. 이야기 나누기 활동은 평소 발표를 잘하고 말하는 것을 즐기는 유아가 독점할 수 있다. 특히 대집단으로 이야기 나누기를 하다 보면 여러 유아들의 생각을 수용해 주기 어렵고, 반응을 잘하는 몇몇 유아들에게만 초점을 맞추어 이끌어가기 쉽다(황보라, 2004). 유아는 자기중심적인 특성 때문에 말을 먼저 하고 싶어 하지만, 듣고 말하는 순서를 지켜야 타인과의 소통이 원활히 이루어짐을 경험하도록 한다. 따라서 모든 유아에게 말할 수 있는 기회를 배려하고, 소극적인 유아가 손을 든 경우 그 유아에게 먼저 발표할 수 있는 기회를 제공한다.

⑧ 활동목표와 결과를 염두에 둔 교수전략을 사용한다. 주제와 관련된 주요개념과 어휘, 정보의 습득은 유아의 발달 수준에 맞춰 계획하고 실행하는 교사의 체계적인 교수전략을 필요로 한다. 유능한 교사는 원활한 의사소통이 이루어지도록 중재적 교수방법(mediational teaching)을 잘 활용한다. 이야기 전개과정에서 언제, 어떻게 피드백을 제공할지, 필요한 정보와 질문이 무엇인지 알

투표 결과 발표하기

고 있어야 한다. 간혹 활동목표를 염두에 두고 의도적으로 "만일 ~이라면 어떨까?"와 같은 질문은 사고를 확장시키는 우수한 전략이다(Epstein, 2009). 반면 의미 없는 칭찬이나 비평은 단순히 정답 또는 오답임을 알려주고 교사의 개인적 승인으로 해석될 소지가 크다.

⑨ 다양한 질문을 사용한다. 이야기 나누기 시간은 교사가 준비한 것을 일방적으로 전하는 시간이 아니다. 유아의 참여를 격려하고 다양한 질문과 대답을 장려하는 언어적 상호작용이 있어야 한다. 유아에게 단순한 질문을 하고, 단순히 암기한 대로 응답하도록 하는 것은 유아의 학습을 향상시키지 못할 뿐만 아니라 지루함과 사기 저하를 가져온다(Epstein, 2009).

교사는 상황에 따라 예/아니오를 묻는 질문과 유아의 깊은 사고를 요하는 질문을 혼합하여 사용한다. 처음에는 유아들이 공통으로 관심을 가질 수 있는 질문으로 시작하여 더욱 구체적이고 깊이 있는 질문으로 확장한다. 간혹 질문에 대하여 유아가 더 이상 반응하지 못하거나 엉뚱한 답을 하는 경우가 있다. 이때는 동일한 질문을 반복하기보다 다른 말로 질문하거나 다시 말해 준다. 경험 나누기 시간에 "할머니 댁에 갔어요."라고 이야기한 후 더 이상 표현하지 못할 경우, 교사는 "누구와 갔니?", "무엇을 타고 갔니?", "할머니 댁에 가서 무엇을 했니?" 등의 질문으로 도와준다. 또한 답을 재촉하지 말고 유아가 생각할 수 있는 충분한 시간과 여유를 준다. 반대로 유아가 교사에게 한 질문이 당장 답을 하기 어려운 경우, "선생님도 잘 모르겠는데, 공부해서 알려줄게.", "선생님도 궁금하네, 함께 찾아보자."와 같이 솔직하게 말하는 것이 좋다.

⑩ 옆 교실과의 활동을 고려한다. 이야기 나누기 시간에 옆 교실에서 노래 부르기, 게임, 동작활동 등의 동적인 활동을 할 경우 주의집중이 어려우므로 교사들은 일과를 계획할 때 서로 조정한다.

⑪ 이야기 나누기 시간에 다룬 내용이 실생활에 반영되도록 지도한다. 이야기를 나눈 행동과 약속이 일상생활에서 실천되도록 한다. 주제에 따라서는 실제 활동을 하면서 이야기 나누기 시간을 가질 때 효과적이다. 손 씻기, 이 닦기, 옷 입고 벗

기, 문 열고 닫기, 인사하기와 같은 기본생활습관의 이야기 나누기 활동은 행동과 연결하면 더욱 효과가 있다.

4 활동의 예

누가 앉는 자리일까요?

활동목표

- 교통약자를 배려하는 마음을 갖고 예의 바르게 행동한다.
- 다양한 교통약자 배려석의 상징과 의미를 안다.

활동자료

교통약자(장애인, 노약자, 임산부) 배려석 그림이나 사진

활동방법

1. 도입

- 교통기관을 이용해 본 경험에 대해 이야기한다.

- 사람들이 많아 힘들었던 적이 있었니?
- (그림을 보여주며) 버스(지하철)에서 장애인, 노약자, 임산부를 본 적이 있니?
- 어떤 생각이 들었니?

2. 전개

- 교통약자 배려석 그림과 관련된 경험을 이야기한다.
  - 어떤 그림이니?
  - 교통기관에 이런 그림들이 그려진 곳을 본 적 있니?
  - 어디에서 보았니?
- 교통약자 배려석의 상징 그림과 그 의미에 대해 이야기 나눈다.
  - 우리 주변에서 볼 수 있는 교통약자 배려석에는 어떤 것들이 있을까?
  - 왜 이런 그림들을 붙여 놓았을까?
  - 이런 표시의 그림이 붙여져 있는 곳은 어떻게 해야 할까?
  - 왜 우리들이 앉으면 안 될까?
  - 우리들은 어떤 자리를 이용해야 할까?
- 만약 교통약자 배려석이 없다면 어떤 상황이 벌어질지 생각해 본다.
  - 만약 이런 교통약자 배려석 표시들이 없다면 어떨까?
  - 너희들은 어떻게 할 것 같니?

3. 마무리

- 교통약자 배려석 그림의 상징과 의미를 알게 되었는지 확인한다.
- 교통약자를 배려하는 마음을 갖게 되었는지 평가한다.
- 교통약자를 만났을 때 할 수 있는 행동과 말을 표현해 본다.

9장 동화

동화란 어린이가 이해할 수 있는 언어를 사용하여 어린이의 심성, 생활, 성장발달에 도움이 되는 내용과 정신적인 요소를 내포하고 있는 문학이다(이재철, 1983). 유아들은 공부로서가 아니라 즐거운 놀이와 경험의 하나로써 동화를 접하게 된다. 유아를 위한 동화는 발달 특성상 유아 혼자서 읽는 책이 아니다. 귀로는 성인이 읽어서 들려주는 이야기를 듣고, 눈으로는 그림을 보고 내용을 이해하는 등 함께 보고, 듣고, 참여하는 독특한 매체이다.

유아가 가장 먼저 접하게 되는 동화는 주로 그림이 있는 책으로 유아는 그림 이야기 책 속에서 자신을 둘러싸고 있는 새로운 세계를 만나게 된다. 성인과 함께 동화를 매개로 하여 인간과 인간 사이의 즐거움과 슬픔을 나누고, 세상에 대한 경험을 나눔으로써 개인으로서의 자기 인식은 물론 더불어 살아가는 공동체적 존재로서의 공감대를 형성하게 된다(김현희, 박상희, 1999). 이처럼 동화의 언어적·시각적 경험의 조화는 잘 들을 수 있는 집중력과 심미적인 감상능력을 촉진시킬 뿐만 아니라 상상력과 창의력, 판단력, 공감력을 길러준다는 점에서 동화는 유아교육에서 중요한 위치를 차지하고 있다.

1 교육적 의의

유아를 위한 동화의 교육적 의의를 살펴보면 다음과 같다.

① 유아는 동화를 보거나 들음으로써 즐거움과 기쁨을 느낀다. 유아는 동화 속 이야기에 공감하고 재미있는 표현에 즐거워하면서 동화에 대한 긍정적 태도와 계속적인 관심과 흥미를 가질 수 있다.

② 유아를 위한 동화는 이야기를 통해 현실과 상상의 세계를 구체적이고 적극적인 방법으로 표현한다. 동화를 통한 놀이와 상상의 경험은 그림, 노래, 동작, 동극, 이야기 짓기 등에서 유아의 상상력과 창의력으로 표현될 수 있다.

③ 유아를 위한 동화의 주제는 유아 자신의 주변 세계와 관련되며, 이야기가 짧고 내용이 단순하여 이해하기 쉽다.

④ 유아는 동화를 통하여 생활에서 겪는 문제를 공감하고 갈등을 해소한다. 다양한 주제의 동화는 유아가 생활에서 부딪히는 문제와 갈등을 자연스럽게 해결하고 극복하는 과정을 보여주고, 유아는 그 속에서 용기와 자신감을 얻을 수 있다.

⑤ 유아를 위한 동화는 문자와 함께 시각적 영상자료를 제공함으로써 심미적 감상력을 발달시킨다. 동화의 시각적·영상적 요소는 유아로 하여금 동화에 대한 의미와 분위기를 고조시키며 예술적 감각을 증진시킨다.

교사가 들려주는 동화 듣기

2 선정기준

유아에게 적절한 동화를 선정하기 위한 일반적 조건으로 잘롱고(Jalongo, 1988)는 동화가 지니는 문학적 특성, 환경적 요인, 유아의 특성을 제시하고 있다(이경우 외, 1997 재인용). 문학적 특성으로는 동화의 형식이나 장르, 그림, 내용과 주제, 동화의 질적 수준과 외형적 특징이 포함된다. 환경적 요인은 동화를 읽어주는 성인, 또래, 동화를 전달하는 상황을 말하며, 유아의 특성에는 연령, 성, 인성, 심리적 요구, 사회·경제적 지위, 동화에 대한 선호도, 인지적 발달 수준 등이 포함된다.

유아를 위한 동화는 특별히 언어, 그림, 내용을 동시에 고려하여 선정하여야 한다. 이는 동화 속에 문학적·예술적·교육적 요소가 균형적으로 조화를 이루어 유아의 전인적 발달을 도모해야 함을 의미한다. 이들 요소들을 고려한 동화의 선정기준을 구체적으로 제시하면 다음과 같다.

① 이야기의 주제는 유아의 주변 세계와 관련이 있는 친근한 이야기나 유아의 관심을 끌 수 있는 새로운 이야기를 선정한다.

② 이야기의 내용이 유아에게 재미를 줄 수 있어야 하며, 유아가 이해하기 쉽고 간단하여야 한다.

③ 동화의 구성은 기승전결이 분명하고 논리적으로 명백해야 하며 생동감이 있어야 한다.

④ 언어나 문체가 간결하여 유아의 언어적·인지적 발달 수준에 적합해야 한다.

⑤ 그림이 매력적이고 아름다움을 느낄 수 있어야 한다.

⑥ 그림이 이야기의 분위기를 반영할 수 있어야 하며, 내용을 이해할 수 있도록 표현되어야 한다.

⑦ 이야기가 도덕적이고 교육적이어야 한다.

⑧ 인종이나 성역할에 대한 고정관념을 담지 않아야 한다.

3 지도방법

동화를 활용한 활동은 유아교육과정에서 큰 비중을 차지하고 있다. 교사가 어떤 동화를 선정하고, 어떤 방법으로 제시할 것인가는 동화에 대한 유아의 흥미를 높이고 유지시키는 데 중요한 영향을 미친다. 교사가 유아들의 문학적 경험을 풍부히 하고, 확장활동으로 연계하기 위해서는 좋은 동화의 선정과 제시방법, 책을 읽고 난 후의 반응 활동에 대한 세심한 계획이 필요하다(김현희, 박상희, 1999). 한편 유아에게 좋은 동화를 제공하는 것도 중요하지만 다양한 종류의 동화를 균형 있게 경험하고 즐길 수 있도록 해야 한다. 시대별, 내용별, 형식면에서 다양한 동화를 제공할 때 동화에 대한 친근감을 높이고 언어와 인지발달을 자극하며 정서와 감정을 풍요롭게 해주기 때문이다.

동화를 활용하여 교육과정을 운영할 때의 지도방법을 소개하면 다음과 같다.

1) 동화를 반복해서 읽어준다

유아들은 동화의 이야기를 반복해서 듣는 것을 즐긴다. 여러 번 듣는 과정에서 유아들은 주제와 관련된 정보나 개인적 지식을 연결하기도 하고, 이야기에 대한 자세한 사항을 이해할 수 있으며, 어휘를 증진시킬 수 있다(Seefeldt & Wasik, 2002). 따라서 처음 소개하는 동화책은 여러 번에 걸쳐 읽어준다. 처음 읽어준 동화책은 2~3일 뒤 다시

♣ 동화를 읽어줄 때의 유의점

- 교사는 유아들이 동화를 잘 듣고 볼 수 있도록 자료의 높이와 위치, 유아와의 거리를 조정한다.
- 교사는 사전에 동화책의 내용을 완전히 파악하여 동화의 분위기에 어울리도록 뚜렷하고 분명한 음성으로 유아의 반응을 살피면서 재미있게 들려준다.
- 이야기의 내용과 의미에 따라 속도, 빠르기, 높이, 강세, 목소리의 높낮이와 장단 등을 조절한다.
- 표정이나 몸짓은 이야기의 분위기를 이해하는 데 도움을 주므로 상황에 맞춰 적절히 사용한다.
- 재미있는 소리나 몸짓, 반복되는 구절에서는 유아들이 이야기에 참여할 수 있는 기회를 제공한다.

읽어줌으로써 이야기에 대한 내용이나 어휘들을 기억하는 데 도움을 줄 수 있다. 특히 유아가 재미있어하는 내용이나 친근한 구절은 유아와 함께 읽는 기회를 가진다.

2) 동화를 읽으면서 즐거움을 공유하고, 유아와 상호작용한다

교사는 동화책을 읽어주기 전 동화책 표지 그림을 유아들에게 보여주면서 어떤 내용일지 추측해 보게 하여 동기를 유발한다. 동화를 읽는 중에도 간간히 질문을 하여 이야기가 의미하는 바를 명료화할 수 있고, 유아 자신의 경험과 이야기의 내용을 연관지을 수 있다. 또한 유아들의 질문이나 코멘트를 위해 잠시 읽기를 멈추었다가 다시 읽는다.

책을 읽고 난 후에도 이야기에 대한 유아의 반응(재미있던 부분, 슬픈 내용, 주인공의 생각 등)을 서로 공유하고, 이야기가 담고 있는 정보에 대한 이해를 확장시킨다. 동화에 대한 이야기를 나눌 때 폐쇄적인 언어형태보다는 내용에 대한 개방적인 질문과 유아의 느낌에 대하여 질문한다.

예 동화 '장갑'(우크라이나 민화, 에우게니 M. 라쵸프 그림, 이영준 옮김, 한림출판사, 1994)을 듣고 나눌 수 있는 질문

-장갑 속에는 어떤 동물들이 있었니?

-가장 재미있던 부분은 어디니?, 왜 그렇게 생각했니?

-왜 동물들은 장갑 안에 들어가고 싶었을까?

-장갑 속이 꽉 차 있을 때, 느릿느릿 곰이 들어가서 장갑 모양은 어떻게 되었을까?

-만일 다른 동물들이 느릿느릿 곰을 들어오지 못하게 했다면 곰은 어떻게 되었을까?

-장갑 속의 느낌은 어떨까?

-그림책 속의 계절은 어떤 계절인 것 같니?

-이 이야기를 듣고 무슨 생각이 들었니?

3) 동화는 대·소집단 혹은 개별적으로 제공한다

동화는 대집단 외에 자유선택활동 시 소집단이나 개별적으로 들려준다. 소집단 혹은 개별적으로 동화를 들려주는 것은 특히 언어발달과 듣기기술에 적절하다. 이 경우 유아는 이야기에 집중할 수 있고, 이야기에 대한 질문의 기회를 더 많이 가질 수 있다. 또한 친구들의 반응을 함께 들어보고 이야기하면서 상호작용할 기회를 더 많이 가질 수 있다. 이때 교사는 유아와의 친밀감을 위해 유아와 같이 바닥에 앉거나 무릎에 유아를 앉히고 동화를 들려준다.

4) 자주 동화를 들려준다

교사는 일과 중 매일 규칙적인 동화 읽기의 시간을 계획함으로써 비형식적인 언어학습의 기회를 유아들에게 제공한다. 동화는 일정하게 정해진 시간보다 이야기 나누기 시간, 간식 시간이나 소집단활동의 마무리, 낮잠 전, 귀가 전 시간을 활용하여 자주 들려준다.

♣ 생활주제별 동화목록의 예

- 유치원/어린이집과 친구: 친구가 생긴 날(나카가와 히로타카 글/히로가와 사에코 그림), 내 친구 루이(에즈라 잭 키츠), 우리 선생님이 최고야(케빈 헹크스)
- 나와 가족: 우리 몸의 구멍(허은미), 피터의 의자(에즈라 잭 키츠), 쏘피가 화나면 정말 정말 화나면(몰리 뱅)
- 우리 동네: 우당탕탕 할머니 귀가 커졌어요(엘리자베스 슈티메르트), 위층 할머니 아래층 할머니(토미 드 파올라), 우체부 곰(워딩턴)
- 동식물과 자연: 우리를 둘러싼 공기(슈미트), 새벽(유리 슐레비츠), 나무는 좋다(재니스 메이 우드리)
- 건강과 안전: 치과의사 드소토 선생님(윌리엄 스타이크), 지하철 바다(황은아), 콧구멍을 후비면(사이코 타카코)
- 생활도구: 참 편리한 세상(이지현), 기계들은 무슨 일을 하지?(바튼), 책은 어떻게 만들까요?(알리키)
- 교통기관: 지하철 바다(황은아), 야 우리 기차에서 내려(존 버닝햄)

- 우리나라: 열두 띠 이야기(정하섭 글/이춘길 그림), 나무가 자라는 물고기(김혜리), 숨 쉬는 항아리(정병락 글/박인숙 그림)
- 세계 여러 나라: 달라서 좋아요(후세 야스코), 쉿!(민퐁 호 글/홀리 미트 그림)
- 환경과 생활: 갯벌이 좋아요(유애로), 바다에서 태어났어요(킴 미셸 토프트),
- 봄 · 여름 · 가을 · 겨울: 코를 킁킁(루스 크라우스), 눈 오는 날(에즈라 잭 키츠)

5) 다양한 전달매체를 활용하여 동화를 들려준다

동화는 동일한 내용이라도 제시하는 방법에 따라 새롭게 전달될 수 있다. 각 매체가 지니는 장점을 활용하여 동화를 들려주면 유아는 색다른 즐거움을 느끼게 된다. 매체의 유형에 따른 동화는 다음과 같다.

♣ 다양한 동화 전달매체

• 구연동화	• 그림책, 낱장 동화, 글씨 없는 동화, 큰 책
• TV 동화	• 융판동화, 자석동화
• 슬라이드 동화	• 손가락인형 동화, 막대인형 동화, 줄인형 동화
• 테이블 동화	• 그림자 동화, 블랙라이트 동화
• 플래시 동화	• PPT 동화, OHP 동화, 비디오 동화

유아들이 만든 OHP 동화 발표하기

6) 동화의 이야기를 다른 활동으로 확장한다

동화를 듣고 난 후 주제와 이야기를 활용하여 다양한 활동으로 확장한다. 동화 '장갑'을 감상한 후 유아들은 장갑을 만들어보거나 이야기에 나오는 동물인형을 만들고 이름 지어주기 활동을 할 수 있다. 유아들이 동화를 여러 번 읽어 익숙해지면 만든 동물인형과 소품을 가지고 동극으로 표현해 본다. 이와 같이 동화책 읽기는 단순히 들려주기 활동으로 끝나지 않고 극놀이활동, 언어활동, 조형활동, 요리활동, 수·과학활동 등 다양한 경험으로의 연결이 가능하다.

동화 '사과가 쿵'(다다 히로시 지음, 정근 옮김, 보림, 2009)으로 동극하기

4 동화를 활용한 통합적 접근

동화책은 통합적인 활동을 전개할 수 있는 적절한 매체이다. 재미있고 친근한 주제와 정보를 포함하며, 아름다운 삽화가 그려진 이야기의 전개로 학습을 흥미롭게 하고, 기억하기와 이해하기가 쉬워 통합적 접근이 용이하다. 주제와 연관된 그림책을 읽고

각 활동영역과 통합하여 운영하면 더욱 교육과정을 풍부하게 할 수 있다. 또한 익숙한 동화책을 활용하여 통합적으로 접근하면 학문중심의 구조화된 프로그램과 흥미중심의 비구조적인 프로그램 간의 균형을 이룰 수 있다.

동화를 통한 통합적 접근을 체계적으로 운영하기 위해서 교사는 먼저 연관주제와 활동에 대한 전체적인 틀을 조망할 수 있어야 한다. 이때 주제망과 활동망을 구성해 보는 것은 교수-학습에 도움이 되는 방법이다. 주제망은 사전에 교사에 의해 또는 유아와 함께 구성할 수 있으며, 주제를 진행하면서 새로운 내용을 추가한다.

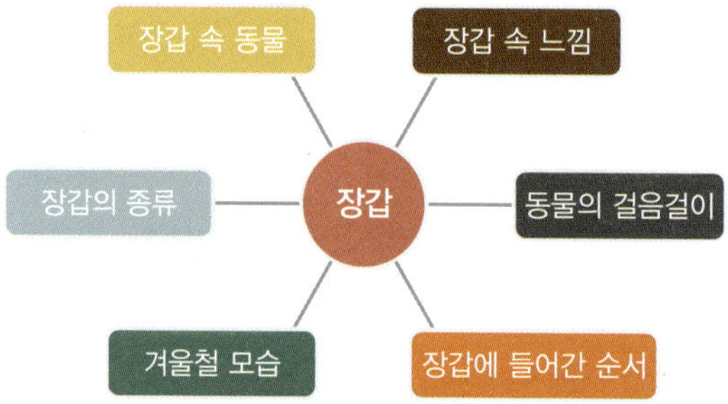

동화 '장갑'을 활용한 주제망

♣ 동화를 읽은 후 유아와 함께 할 수 있는 통합적 활동의 예

- 글자 없는 그림책에 이야기 만들기
- 벤다이어그램 만들기
- 단어책 만들기
- 동극 대본 쓰기
- 동극하기
- 작가, 등장인물에 편지 쓰기
- 조사활동
- 동화 짓기
- 인형 및 소품 만들기

5 동화 짓기

이야기 짓기 혹은 동화 짓기 활동이란 교사가 제시한 동화를 듣고 유아들이 후속 이야기로 연결해 보거나 새롭게 지어보는 활동을 말한다. 동화 짓기 활동은 유아의 문해발달과 관련하여 중요한 의미를 갖는다. 유아들은 교사가 들려주는 동화를 들은 후 이야기를 만들고, 만든 이야기를 다른 사람에게 읽어주는 순환적인 과정을 통해 이야기의 구성능력, 표현능력, 구어와 문어에 대한 인식과 이해력을 높일 수 있다(Isbell, 2002).

성인에 의해 만들어진 이야기를 듣는 활동이 수동적이라면, 스스로 이야기를 만들어보는 활동은 자신의 생각을 글과 그림으로 표현해 내는 능동적인 활동이다. 유아가 나름대로 독창적인 이야기를 지어보기 위해서는 동화를 들려준 후 자신의 경험과 느낌, 생각, 상상을 이야기해 보고, 책에서 읽었던 내용, 등장인물, 이야기의 전개나 구조를 바탕으로 이야기 만들기를 실행하는 것이 효과적이다.

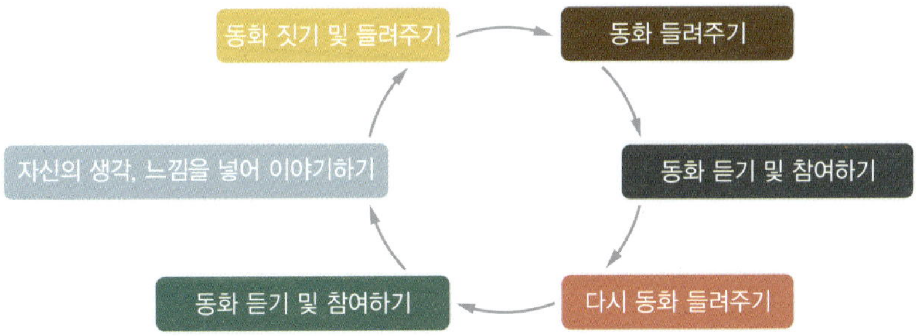

동화 짓기 활동의 순환과정

♣ 동화 짓기의 예

- 이야기 다시 써 보기 : '피터의 의자'를 듣고 이야기 순서에 따라 회상하여 그림을 그린 후 그림에 대한 이야기를 다시 써 보기
- 후속 이야기 짓기 : '눈 오는 날'을 들은 후 후속 이야기를 짓기
- 글자 없는 책에 이야기 만들어보기 : '빨간 풍선의 모험'을 감상한 후 각 장면에 내용을 넣어 이야기로 지어보기

유아들이 만든 동화책 전시

6 활동의 예

'토토의 요술막대' 동화 짓기

활동목표

- 동화책의 그림을 단서로 자신의 생각, 느낌, 경험을 넣어 이야기를 만들어본다.
- 자신의 생각을 글로 표현하는 즐거움을 경험한다.

활동자료

도화지, 사인펜, 크레파스, 연필 등 필기도구

활동방법

1. 동화 '이건 막대가 아니야'(앙트아네트 포티스 지음, 김정희 옮김, 베틀북, 2013)를 들려준다.
   - 아기 돼지에게 하고 싶은 말이 있니?
   - 너희들은 아기 돼지에게 무슨 질문을 하고 싶니?
   - 우리가 아기 돼지라면 어떤 대답을 할 수 있을까?
2. 동화의 장면에 유아들의 상상이 더해진 질문이나 문장을 만들고, 질문에 대한 유아의 생각을 그림으로 그리고 이야기를 지어본다.
   - 동화의 주인공 이름은 무엇이 좋을까?(유아들은 '토토'로 바꾸어 부르기로 했음)
   - 토토는 무엇을 하는 걸까?
   - 토토는 왜 이렇게 하고 있는 걸까?

토토야 막대
키는 거야?
토토야 하늘 을날고
코코야 막대
조심해!

3. 유아들이 지은 동화를 함께 읽어보고 느낌이 어떤지 이야기 나눈 후 제목을 정한다.
4. 이야기 나누기 시간에 지은 동화를 함께 감상한 후 도서영역에 비치한다.

확장활동

유아들이 지은 동화 '토토의 요술막대'를 동극으로 꾸며본다.

10장 동극

동극이란 유아들이 동화의 내용을 이해하고 동화에 나온 여러 인물을 맡아 극으로 표현하는 활동이다. 동극은 대본을 외우거나 연습해서 해보는 것이 아니라 동화의 내용을 유아 나름대로 해석해서 자연스럽게 소리나 언어, 표정, 동작, 몸짓으로 극화하는 것이다. 유아는 동화에 등장한 여러 인물의 역할을 재현해 봄으로써 다양한 사람들의 관점을 이해할 수 있으며, 표현에 대한 기쁨을 경험할 뿐만 아니라 감상의 즐거움을 느끼게 된다.

1 교육적 의의

동극의 교육적 의의는 다음과 같다.

첫째, 다양한 역할 표현 및 상황 표현을 통하여 타인과 상황에 대한 이해능력이 발달한다.

둘째, 유아들은 동극을 통해 언어로 의사소통할 기회를 많이 갖게 된다. 동극을 하려면 우선 동화를 주의 깊게 들어야 하고, 들은 목소리나 표정, 동작 등 온몸으로 표현함으로써 언어발달 및 의사소통능력이 향상된다.

셋째, 동극을 하려면 함께 모여서 무대장치도 만들어야 하며, 연기자, 관객, 연출가 등의 역할을 나누어서 함께 의논하고 협동하게 된다. 이러한 과정을 통해 사회적 가치를 학습하고 성취감과 기쁨을 누리는 유익한 학습 수단이 될 수 있을 것이다.

넷째, 동극은 동화내용을 똑같이 따라 해야 하는 것은 아니다. 유아 나름대로 동화의 내용을 이해하고 해석해서 언어와 동작으로 역할을 표현함으로써 창의적인 표현력을 기르게 된다. 또한 상상력을 동원하여 다르게 표현하는 가운데 창의적 표현과 상상력 향상에 도움이 된다.

다섯째, 동극은 감상하는 태도를 길러준다.

2 선정 기준

동극을 효과적으로 진행하려면 적합한 동화를 선정해야 한다. 동극용 동화를 선정할 때 고려할 점을 살펴보면 다음과 같다.

- 동화의 내용 및 주제가 교육적인지 고려한다.
- 동화의 내용 및 주제가 흥미 있는 것인지 고려한다.
- 동화의 내용과 그림이 문학적으로 가치 있는 것인지 고려한다.
- 절정(climax)이 있는 동화인지 고려한다.

동극에 적합한 동화가 선정되면 그 동화를 유아들이 동극하기에 적합하게 각색해야 한다. 동화 각색 시 고려해야 할 점은 다음과 같다(윤애희, 정정옥, 2009).

- 대사가 짧고 반복되도록 각색한다.
- 동화의 전개과정이 뚜렷하도록 각색한다.

- 동화의 절정이 단순하게 각색한다.
- 동화에 있는 설명 부분은 대화체로 바꾼다.
- 간접화법을 직접화법으로 바꾸도록 한다.
- 시간의 변화가 분명하게 나오도록 각색한다.
- 상황의 변화가 분명하게 나오도록 각색한다.
- 장면의 변화가 분명하게 나오도록 각색한다.
- 세밀한 언어로 묘사된 부분은 몸짓이나 동작 표현을 이끌어낼 수 있는 언어로 각색한다. 예를 들면, '아름다운 꿈나라로 여행을 떠났어요'를 '두 눈을 꼭 감고 잠들었어요'라고 각색하는 것이다.

3 지도방법

교사·유아가 함께 준비하여 이루어지는 동극활동의 진행과정은 다음과 같다.

1) 동화 선정 및 들려주기

(1) 동극을 하기 위해서는 먼저 적절한 동화를 선택하여야 한다

동화 선택 시 유의점은 다음과 같다.

- 활동주제와 관련 있는 이야기를 선정한다.
- 전개과정이 명확하고 유아가 흥미를 느낄 수 있는 줄거리를 고른다.
- 길이가 짧고 반복되는 대화체로 구성된 이야기를 선정한다.
- 다양한 등장인물과 재미있는 행동표현이 많은 이야기를 선택한다.
- 동화의 내용에 따라 전달매체와 전달방법이 적절해야 한다.

- 교사는 대화의 내용을 완전히 이해해야 한다.
- 교사는 동화를 읽어 줄 때 유아들에게 골고루 시선을 주도록 한다.
- 가능하면 정확한 발음으로 구연하도록 한다.
- 동화의 내용 중 반복되는 대사는 유아들과 함께 하도록 한다(예: '염소 세 마리' 중 "내 다리 위를 지나가는 놈이 누구냐?")

(2) 선정한 동화를 들려준다

교사는 동화를 선정한 후 이야기의 내용을 반복되는 대사나 간단한 대화체로 약간 각색하는 것이 좋다. 이야기를 들려주는 방법으로는 막대인형, 테이블인형, 손가락인형, 손인형 등을 사용하는 것과 그림자동화, 반 입체 그림동화, 융판동화, 자석동화, 구연동화 등이 있다.

교사는 동화를 들려주기 전에 미리 유아들에게 동극을 하기 위한 것임을 알려서 동화를 들을 때 주의집중을 하게 한다. 동화를 들려줄 때 이야기하듯이 설명식으로 하면 유아들이 재미없어 하므로 내용 전개나 등장인물에 따라 조금씩 다른 억양과 어조(큰 소리, 작은 소리, 빠르게, 천천히)로 표현한다. 이때 지나친 성대모사나 제스처는 유아들을 혼란스럽게 할 수도 있으므로 주의해야 한다.

2) 동화 회상하기 및 대본 구성하기

동화를 들려주고 난 뒤 동화의 내용을 회상해 보는 기회를 갖는다. 회상 시에는 전체 내용을 단순히 한 번 더 들려주는 것이 아니라 들은 이야기를 순서대로 이야기의 줄거리와 등장인물, 사건의 순서 등을 고려한다. 유아가 이야기에 대사를 중심으로 큰 소리로 따라 읽기, 주고받으며 대화하기, 간단한 동작 등을 함께 해보는 식으로 진행할 수 있다.

동화 회상하기 및 대본 구성하기는 다음과 같다.

예) 동화의 내용을 기억하면서 순서대로 이야기해 본다.

- 이 동극을 하려면 몇 사람이 필요할까? 네 사람이요.
- 누가 누가 나오니? 엄마 · 아빠 · 아기 염소, 도깨비요.
- 이쪽에 있는 풀을 다 먹어 버려서 어떻게 하기로 했니? 다리 건너 쪽으로 이사 가기로 했어요.
- 그런데 다리 밑에는 누가 살고 있었니? 도깨비요.
- 아기 염소가 다리를 건너고 있는데 도깨비가 뭐라고 했니? 내 다리 위를 지나가는 놈이 누구냐?
- 그래서 아기 염소가 뭐라고 했니? 저예요, 아기 염소요.
- 그랬더니 도깨비가 뭐라고 했니? 너를 잡아먹겠다. 흐흐흐(이하 생략)

3) 무대 꾸미기

교사는 사전에 무대장치를 어디에, 어떻게 배치할 것인지를 미리 생각해 놓은 상태에서 유아들과 의논하여 결정한다. 무대는 교실 안의 교구를 그대로 이용하거나 교사가 보자기나 다양한 소품을 준비하여 무대를 구성해 볼 수 있고, 유아들이 미술활동시간에 공동 작업을 통해 직접 만들어 꾸밀 수도 있다. 또한 공연에 필요한 소도구는 교실에 있는 자료를 이용하여 미리 준비하고, 적당한 가면이나 소품이 없으면 동극 전 작업시간에 유아들과 함께 제작해 본다. 모든 유아가 볼 수 있도록 무대는 가운데 정면으로 배치한다. 연기자들이 처음에 위치 할 준비석을 마련한다(의자 옆, 가리개 뒤쪽).

예) 무대 꾸미기는 다음과 같다.

- 어느 곳을 처음 풀밭으로 할까? 앞쪽에 있는 쌓기영역이요.
- 다리는 무엇으로 할까? 긴 의자요.
- 새 풀밭은 어디로 할까? 무대 왼쪽이요.
- 풀과 나무는 어디에 붙일까? 앞쪽이요.

- 구경하는 사람은 어디서 볼까? 의자가 놓인 곳이요.
- 동극이 시작되기 전에 염소 세 식구는 어디에 있을까? 의자가 놓인 곳이요.
- 도깨비는 어디에 있을까? 다리 옆이요.

4) 배역 선정 및 소품 만들기

동극은 연기자, 연출자, 관객으로 구성되어 있음을 알고 상호 협의과정을 통해 배역을 정한다. 배역을 정할 때 교사뿐만 아니라 유아들도 추천할 수 있다. 교사는 유아들이 여러 가지 배역에 골고루 참여할 수 있도록 '어떤 역할을 맡을까요?' 라는 역할 분담 토의지를 만들어 유아들끼리 의논할 수 있는 기회를 제공한다. 이때 소극적이고 부끄러움이 많아 동극활동에 참여하지 않으려는 행동을 보이는 유아가 있을 경우에는 무대의 배경 역할(바위, 꽃, 나무, 해 등)로 참여하여 만족감과 성취감을 느낄 수 있도록 한다. 또한 남녀 역할에 대한 편견을 없애고 유아들이 흥미 있어 하는 인물이나 주인공은 마지막에 선정하는 것이 좋다.

배역이 정해지면 유아들이 맡은 역할을 쉽게 알아보기 위해 가면이나 목걸이, 이름표 등을 직접 만들고 꾸민 후 유아 스스로 대사를 연습해 본다. 이때 유아들에게 형식적인 연습을 요구하거나 대사를 암기하여 기억해 내도록 하는 지나친 요구는 하지 않아야 한다. 처음 동극을 시작할 때는 잘할 수 있는 유아를 먼저 시키는 것이 좋다.

예) 배역 선정 및 소품 만들기는 다음과 같다.

- '염소 세 마리' 동극을 하려면 몇 명이 필요할까? 누구가 등장할까?
- 그럼 이제 누가 엄마·아빠·아기 염소, 도깨비를 맡을지 결정해 보자!
- 먼저 누가 엄마 염소를 해볼까?
- 아빠 염소는 누가 해볼까?
- 역할이 정해진 사람은 모두 나와서 선생님 옆에 나란히 서보자.
- 이 가면을 써보자.

5) 배역 소개 및 관람 태도, 주의사항 알려주기

자신이 어떤 역할을 맡은 누구인가를 소개한 후 정해진 위치로 간다. 연기자는 대사를 크고 분명한 목소리로 말하고 장난치지 않으며, 관람자를 쳐다보고 동극을 하고, 공연 후에는 인사를 하게 한다. 또한 관람자는 옆 친구와 떠들지 않고 관람 후에는 박수를 쳐주는 등 관람자의 태도에 대해 이야기한다. 배역을 맡은 유아들이 자리를 잡으면 교사는 주의사항에 대해 이야기를 나눈 후 무대 옆쪽이나 관객석에 앉는다.

예) 배역 소개 및 관람 태도, 주의사항 알려주기는 다음과 같다.

- 역할을 맡은 대로 무대 한 가운데 옆으로 서서 각자 자기소개를 한다(예: "저는 엄마 염소를 맡은 ○○○입니다.").
- 배역에 따라서 무대의 정해진 위치로 보낸다.
- 연기자와 관객의 태도에 대해 이야기 나눈다.
  - 자신이 나올 차례가 될 때까지 어떻게 하고 있어야 할까? 동극을 잘 보고 있어야 해요.
  - 누구를 보며 말을 할까? 구경하는 친구들이요.
  - 모든 사람이 잘 들을 수 있으려면 어떤 목소리로 이야기해야 할까? 큰 목소리요.
  - 구경하는 사람들은 어떻게 해야 할까? 조용히 잘 구경해요.
  - 동극 공연이 끝난 후에는 잘 보았다는 표시를 어떻게 해야 할까? 박수를 크게 쳐요.

6) 동극하기

한 집단이 동극을 상연할 때 다른 집단의 유아들은 관객이 되어 친구들의 동극하는 모습을 보고 즐기며 격려해 준다. 동극을 하기 위해 자리 정돈을 한다.

동극을 위한 무대 배치의 예는 다음과 같다.

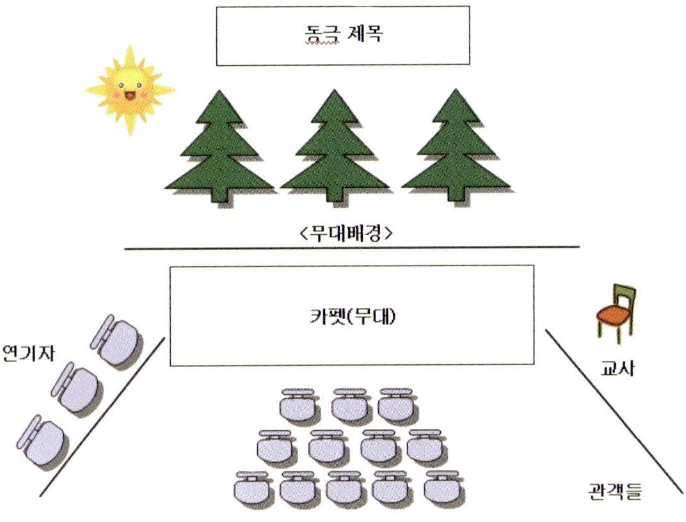

무대 배치의 예

① 자신이 어떤 역할을 맡은 누구인지 소개한 후 준비하는 자리로 간다.

-저는 아빠 염소를 맡은 류지예입니다.

② 동극을 시작을 알리는 해설과 함께 공연을 한다(보통 해설은 교사가 하지만 5세 학급의 2학기 정도가 되면 유아들이 할 수도 있다).

-지금부터 달님반의 동극 '누가 내 머리에 똥 쌌어?'를 시작하겠습니다.

-작은 두더지가 해가 떴나 안 떴나 보려고 땅 위로 고개를 내밀었어요.

③ 창의적 언어와 동작으로 동극을 한다. 동극을 하는 유아는 등을 돌리고 하면 말소리도 잘 안 들리고 얼굴 표정을 볼 수 없기 때문에 정면을 보고 이야기하도록 한다.

연기 도중에 대사가 막히거나 동작이 끊어졌을 경우 교사는 원활한 극의 진행을 위해 해설자의 역할로 유아들이 자신이 맡은 연기의 순서와 행동, 대사를 표현하는 데 도움을 주고, 장면, 시간의 변화를 알려주는 등 적절한 개입을 한다. 단, 교사는 유아들의 행동 하나 하나를 일일이 지시하지 않도록 한다.

• 유아가 대사를 할 차례임을 인식하지 못할 경우
-밭에서 풀을 뜯고 있는 말이 답했어요.
• 대사 없이 행동으로 표현해야 할 경우
-쿠당탕 소리를 내며 다섯 개의 굵은 말똥이 작은 두더지 앞으로 떨어졌어요
(이때 유아는 교사의 해설에 따라 바지 안에 숨겨 둔 점토로 만든 말똥을 '쿠당탕' 소리를 내며 떨어뜨린다).
• 시간의 변화를 알리는 경우
-아침이 되었어요.
• 장소의 변화를 알리는 경우
-두더지는 한스의 집 위로 기어 올라갔어요.

④ 교사나 유아가 동극이 끝남을 알리면 동극을 한 유아들은 한 줄로 서서 맡은 역할 소개를 하며 관객들에게 인사한다. 관객인 유아들은 모두 힘차게 박수를 친다.

예) 동극의 시작을 알리는 내용은 다음과 같다.

"지금부터 ○○반 어린이들의 ○○동극을 시작하겠습니다."로 동극의 시작을 알린 후 큰북 또는 소고 등의 악기를 한 번 크게 친다.

동극이 끝나면 무대로 나와 인사를 한다(예: 저는 도깨비를 맡은 ○○입니다).

7) 평가하기

동극에서 재미있던 점, 고쳤으면 하는 점을 이야기하고, 동극을 했던 사람의 태도, 관람했던 사람의 태도, 소품이나 무대 배치, 해설자에 대하여 평가한다. 감독을 맡은 유아가 동극의 장면을 비디오로 촬영한 것을 다함께 보며 평가하는 시간을 가질 수도 있다. 이때 자신의 동극 모습을 관찰한 후 스스로 평가해 보며, 유아들과 함께 다음에 동극을 할 때는 어떤 점을 고쳐 나갈 것인지 '약속'을 정해 본다.

예) 평가하기는 다음과 같다.

- 오늘 동극이 어땠니? 재미있었니?
- 어떤 점이 재미있었니? (예: “○○은 정말 도깨비처럼 무섭게 해서 재미있었어요.”, “○○이가 진짜 아기 같아서 재미있었어요.”)
- 혹시 재미없던 것은 무엇이니?
  - 동극의 참여한 사람들은 무엇을 느꼈니?
  - 구경하는 사람들은 어땠니?
  - 다음에 다시 한다면 어디를 고쳐서 하면 더 좋을까? (예: “염소를 맡은 사람은 진짜 염소처럼 네 발로 기어가면 좋겠어요.”, “대사는 더 크게 말해서 듣게 했으면 좋겠어요.”, “관객이 더 조용했으면 좋겠어요.”)

8) 재공연하기

유아들이 원하고 시간과 상황이 허락한다면 배역을 바꾸어 공연을 다시 한다. 이때 두 번 정도의 공연이 적당하며, 다음날에도 이루어질 수 있도록 한다.

예) 재공연하기는 다음과 같다.

- 조금 전에 우리가 이야기 나눈 것을 잘 생각하면서 이제 다시 한 번 ‘염소 세 마리’ 동극을 해보자.
- 엄마 염소는 누가 해볼까?
- 아빠 염소는? 도깨비는?

9) 정리 및 확장활동하기

공연이 끝난 후 동극에 사용했던 물건들(무대, 소품, 가면 등)을 제자리에 정리한다. 유아들이 원할 때 공연할 수 있도록 동극 시 사용했던 소품들을 교실에 정해진 영역에 놓아둔다.

동극 후 가장 재미있던 점에 대해 그림 그리기, 동극한 내용의 뒷이야기 지어보기, 악기를 이용하여 배경음 만들어보기, 동극 포스터 만들기, 극장놀이하기 등 다양한 확장활동을 해볼 수 있다.

예) 정리 및 확장활동하기는 다음과 같다.

-나중에 동극을 다시 해보려면 오늘 사용한 물건들을 어떤 영역에 두는 것이 좋을까?(예: "역할놀이영역이요!")

-무대는 어떻게 정리해 볼까?

4 활동의 예

검피 아저씨의 뱃놀이

활동목표

• 물에서 할 수 있는 활동에 대해 관심을 갖는다.

• 상황에 맞는 등장인물의 역할과 대사를 표현한다.

존 버닝햄 지음, 이주령 옮김, 시공주니어, 1996

활동자료

융판동화(등장인물, 배경), 동극 역할 머리띠

활동방법

1. 융판동화 자료를 사용하여 동화를 들려준다.

융판동화로 들려주기

동극 배경 구성하기

역할 소개하기

동극하기

2. 동화를 회상한 후 동극활동에 필요한 것들을 이야기 나눈다.

-등장인물은 누가 있을까?

-등장인물들의 대사는 어떻게 정할까?

-역할을 어떻게 나누어볼까?

-어떤 역할을 맡아서 동극을 하고 싶니?

-또 필요한 것은 무엇이 있을까? (동극 배경 및 동극 머리띠 등 소품)

3. 무대를 구성하고 역할을 나눈 후 동극에 필요한 소품을 준비한다.

-배경은 어떻게 꾸밀 수 있을까?

-배경을 무엇으로 꾸며볼까?

-동극에 필요한 소품에는 무엇이 있을까?

-동극에 필요한 소품을 무엇으로 만들어볼 수 있을까?

4. 각자 맡은 역할에 맞는 소품을 사용하며 동극활동을 한다.

5. 유아들과 함께 평가를 해본다.

-무엇이 가장 즐거웠니?

-자신이 맡은 역할을 잘 표현했니?

-어떤 점이 잘 되었다고 생각해?

-관객들은 동극을 볼 때 어떤 장면이 재미있었니?

-동극을 할 때 가장 어려웠던 점은 무엇이니?

검피 아저씨의 뱃놀이 - 동극 대본의 예

(해설자와 검피 아저씨 나온다.)

해설자 : 이 아저씨가 바로 검피 아저씨야. 아저씨네 집에는 배가 있어요. 집 주위에는 졸졸졸졸 흐르는 강이 있어요. 어느 날 검피 아저씨는 배를 끌고 강으로 나갔어요. 그러다 여자친구와 남자친구가 나왔어요.

(여자친구와 남자친구가 나온다.)

여자친구 : 나도 태워 주세요./ **남자친구** : 나도 나도 태워주세요.

검피 아저씨 : 타도 된단다. 그렇지만 싸우면 안 된단다.

(여자친구와 남자친구가 배에 타고 노를 저어요.)

배에 탄 모두 : 여기야! 디여차! 여기야! 디여차!

(토끼가 나온다.)

토끼 : (깡총깡총 뛰면서) 나도 태워 주세요. 깡총

검피 아저씨 : 타도 된단다. 그렇지만 뛰어다니면 안 된단다.

(토끼가 배에 타고, 노를 저으면서)

배에 탄 모두 : 여기야! 디여차! 여기야! 디여차!

(고양이가 나온다.)

고양이 : 야옹 나도 태워주세요~ 야옹~.

검피 아저씨 : 타도 된단다. 그렇지만 토끼를 괴롭히면 안 된단다.

(고양이가 배에 탄다. 그리고 노를 저으며)

배에 탄 모두 : 여기야! 디여차! 여기야! 디여차!

(강아지가 나온다.)
강아지 : 왈왈! 나도 태워줘, 왈왈!
검피 아저씨 : 타도 된단다. 그렇지만 고양이를 쫓아다니면 안 된단다.
(강아지가 배에 탄다. 그리고 노를 저으며)
배에 탄 모두 : 여기야! 디여차! 여기야! 디여차!
(돼지가 나온다.)
돼지 : 꿀꿀 나도 태워주면 안 될까요? 꿀꿀~~
검피 아저씨 : 타도 된단다. 그렇지만 배 안을 더럽히면 안 된단다.
(돼지가 배에 탄다. 그리고 노를 저으며)
배에 탄 모두 : 여기야! 디여차! 여기야! 디여차!
(양이 나온다.)
양 : 매애~. 나도 태워주세요.
검피 아저씨 : 타도 된단다. 그렇지만 시끄럽게 울면 안 된단다.
(양이 배에 탄다. 그리고 노를 저으며)
배에 탄 모두 : 여기야! 디여차! 여기야! 디여차!
(닭이 나온다.)
닭 : 꼬꼬댁 꼬꼬꼬꼬~. 나도 태워주세요, 꼬꼬댁!
검피 아저씨 : 타도 된단다. 그렇지만 날개를 푸드덕 푸드덕거리면 안 된단다.
(닭이 배에 탄다. 그리고 노를 저으며)
배에 탄 모두 : 여기야! 디여차! 여기야! 디여차!
(송아지가 나온다.)
송아지 : 음메~. 내 자리도 있나요? 음메~.
검피 아저씨 : 타도 된단다. 그렇지만 배안에서 쿵쿵거리면 안 된단다.
(송아지가 배에 탄다. 그리고 노를 저으며)
배에 탄 모두 : 여기야! 디여차! 여기야! 디여차!
(염소가 나온다.)
염소 : 메에~. 나도 태워주세요. 메에~.
검피 아저씨 : 타도 된단다. 그렇지만 뒷발질을 하면 안 된단다.
(염소가 배에 탄다. 그리고 노를 저으며)
배에 탄 모두 : 여기야! 디여차! 여기야! 디여차!
해설자 : 한참을 재미있게 뱃놀이를 했어요. 그러다가 갑자기 염소가 뒷발질을 하고, 송아지는 쿵쿵거리고, 닭들은 푸드덕거리고, 양은 매애애 울어버리고, 돼지는 배 안을 더럽히고, 개는 고양이를 못살게 굴고, 고양이는 토끼를 쫓아다니고, 토끼는 깡충깡충거리고, 꼬마들은 싸움을 했어요.
모두 : 아하하하… 어? 배가 흔들리는 것 같아! 어어어 (풍~덩)
염소 : 이게 뭐야 ! 물에 빠져버렸잖아. 아하하하하하하.
모두 : 우리 모두 물에 다 젖어버렸어. 얼른 나가서 몸을 말리자, 아하하하하.

11장 동시

유아의 언어는 매우 리드미컬하고 반복적인 리듬을 가지고 있어 어린 유아들도 동시를 즐길 수 있다. 동시란 시의 한 분야로서 동심을 바탕으로 생각이나 느낌을 가장 적절한 언어로 함축성 있게 표현한 글이다. 어린 시절의 동시 경험은 유아들이 이해할 수 있는 언어와 그들의 생활경험에서 나온 언어가 중심이 되어 자신의 생각이나 느낌을 자연스럽게 이끌어 풍부한 상상력과 정서를 풍요롭게 해준다. 유아들은 말을 하기 이전부터 주변의 소리에 민감하게 반응한다. 초기의 언어적 반응은 운율적 소리내기(sing-song sound), 반복적으로 말하기(repeated words), 운율적 구절로 말하기(rhythmic phrases)의 특징을 가진다(김재숙, 2002). 이러한 언어발달의 양상은 어린 유아들도 동시를 들으면 박자를 맞추면서 그 언어적 리듬을 즐길 수 있음을 의미한다.

유아들을 위한 동시는 특별히 소리 또는 운율에 따른 음악적 요소를 포함한다. 음악성을 주는 낱말은 대개 자연에서 발생하는 소리를 나타내는 의성어와 사물의 모양이나 움직임 등을 묘사하는 의태어로, 이러한 동시의 음악적 요소들은 유아들에게 즐거움을 맛보게 하고 언어의 아름다움을 느끼게 해주는 소중한 문학 경험이 된다.

1 교육적 의의

동시 낭독

동시는 재미있는 듣기 활동의 하나로 유아교육기관에서 자주 활용된다. 좋은 동시의 감상은 유아들에게 즐거움과 감동을 주고 세상에 대한 긍정적 사고를 심어준다. 동시가 지니는 교육적 가치는 다음과 같다(강문희, 이혜상, 1997; 김남연, 2005; Seefeldt & Wasik, 2002).

첫째, 동시의 운율과 리듬감을 통해 언어에 대한 재미를 느낄 수 있고 우리말의 아름다움을 경험하게 한다.

둘째, 유아가 자신의 감정을 자연스럽게 표현할 수 있는 능력을 기를 수 있다.

셋째, 선택되고 정선된 시어를 통해 언어의 신비로운 기능을 체득한다.

넷째, 동시의 비유적 언어, 함축된 언어표현, 리듬감은 유아의 감수성을 자극하여 사물과 사건에 대한 지각을 확장시켜 준다.

다섯째, 유아의 능동적 듣기를 조성한다. 반복해서 여러 번 듣고 낭독하면서 동시에 나오는 단어에 주의집중하게 되고, 잘 기억해서 읊을 수 있는 기억기술이 증진된다.

2 선정기준

유아에게 적절한 동시를 적절한 시기에 들려주는 것은 중요하다. 이는 동시에 대한 이해를 도울 뿐만 아니라 자연스럽게 운율을 즐길 수 있는 경험을 제공하기 때문이다. 동시를 지도하기 위해서는 동시가 가지고 있는 가치를 인식한 후 유아의 수준과 흥미를 고려하여 동시를 선정할 수 있는 판단기준을 가져야 한다. 유아들에게 좋은 동시를 제공하기 위해서는 무엇보다 교사가 동시를 좋아하고 즐겨야 한다. 좋은 동시를 선정하기 위한 일반적 기준을 제시하면 다음과 같다(김재숙, 2002; Wasik, 2001).

① 유아를 위한 동시는 너무 길지 않고 기억하기 좋은 것을 선택한다. 동시가 너무 길면 기억하는 데 어려움이 있고 지루하여 자칫 흥미를 잃을 수 있다.

② 유아의 경험에 기초하고 생활과 관련된 주제 혹은 현재 진행되고 있는 주제와 연관된 동시를 고른다. 유아의 경험을 정직하고 진실되게 표현한 시를 읽었을 때 훨씬 재미있고 생동감을 느낄 수 있다.

③ 단어나 주요 구절이 반복되는 동시를 고른다. 반복적인 언어와 리듬은 유아에게 익숙한 것을 기대하는 즐거움을 제공하며 기억과 이해를 돕고 선율적인 멋을 나타낸다.

④ 유아가 정서적으로 공감대를 형성할 수 있는 동시를 선택한다. 유아들은 동시의 소재가 자신, 가족, 놀이와 놀잇감, 친구, 동물 등과 같이 친숙할 때 더욱 즐거움을 느끼고 공감한다.

⑤ 동적이고 분명한 묘사와 상상력을 자극할 수 있는 언어로 된 시를 선택한다. 유아들은 추상적이고 관념적인 시보다 음악성과 리듬감, 행동을 묘사한 시어에 더 흥미를 느낀다.

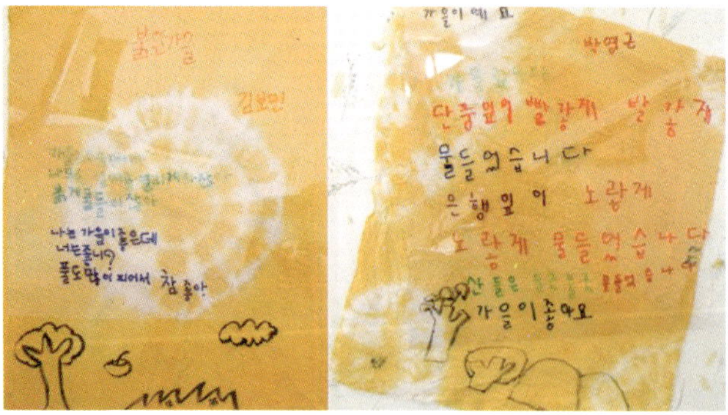

유아들이 지은 동시

3 지도방법

동시에 포함되어 있는 리듬, 형태, 시어, 반복, 운율의 특징은 마치 음악과 같아서 유아들에게 시를 듣는 즐거움을 더해 준다. 어린 시기부터 폭넓은 시를 재미있게 경험하게 하고 유아의 생각과 감정을 공감하고 잘 표현할 수 있도록 지도하는 것은 교사의 중요한 역할이다.

1) 동시 감상하기

① 동시와 관련된 유아들의 경험을 끌어내고 이야기를 나눈다. 이때 융판자료, 그림자료, 소품을 함께 준비하여 동시에 대한 관심을 높인다.

> 볼 비비기
>
> 엄마 볼은 매끈 매끈
> 아빠 볼은 까끌 까끌
> 아기 볼은 보들 보들
> 비벼보면 모두 달라요

출처: 김세희(2000).

제목을 말해 주고, 제목과 관련된 유아의 경험을 함께 나눈다.

- 엄마(아빠, 동생, 할머니)와 서로 안고 볼을 비벼본 적 있니?
- 기분이 어땠니?
- 어떤 느낌이 들었니?

② 동시에 나오는 어휘나 표현에 대해 이야기를 나누고, 익숙하지 않은 단어는 간단히 설명하여 이해를 돕는다. 이야기나 설명이 길어져 지루해지지 않도록 한다.

③ 동시의 주제, 내용에 맞춰 음악성을 살려 교사가 먼저 낭송을 하고 다시 유아와 함

께 낭송한다. 동시를 들려줄 때는 동시의 분위기와 운을 살려 천천히 들려준다.

④ 동시에 대한 유아의 자발적이고 자유로운 느낌이나 연상되는 것, 재미있는 표현 등을 말한다.

-이 시를 들으니 무슨 생각이 떠오르니?
-이 시에는 누가 누가 나오니?
-볼을 비빌 때 왜 느낌이 모두 다를까?
-어느 부분이 재미있니?

⑤ 운율과 반복이 있는 시 혹은 대화시의 경우 교사와 유아, 유아와 유아가 번갈아 가며 다양한 방법으로 낭독해 본다. 친구들에게 들려주고 싶은 유아가 있을 경우 앞에 나와 낭독해 보는 기회를 제공한다.

⑥ 유아들이 동시 낭독을 재미있어 하고 익숙해지면 분위기에 맞는 배경음악을 제공하여 동시의 느낌이 더 잘 전달되도록 한다.

⑦ 유아가 경험한 시는 주제별로 모아두어 유아들이 항상 시를 가까이 하고 익숙해지도록 한다.

⑧ 새로 배운 동시는 일과의 다양한 시간에 반복한다. 유아들이 동시에 익숙해지도록 이야기 나누기 시간, 교사가 동화책을 들려주기 위해 모여 앉을 때, 조용히 하기 위한 신호로 함께 낭송한다.

⑨ 동시감상이 풍부해지면 반복되는 부분이 있는 동시의 일부분을 유아들이 연결하거나 추가해 봄으로써 자연스럽게 동시 짓기로 유도한다.

⑩ 교사는 동시를 듣고 떠오르는 이미지, 상상, 느낌을 그림, 동작, 음악으로도 표현하는 기회를 제공하여 유아들의 문학적 감각을 확장시킨다.

tip 동시 지도 시 유의사항

- 유아들이 동시의 운율과 음악성을 즐길 수 있도록 반복하여 소리 내어 낭송한다.
- 유아의 발달 수준에 맞는 다양한 형식과 주제의 동시를 선정한다. 처음 동시를 소개할 때는 간단한 동작을 나타내는 한두 문장으로 된 짧은 시로 시작하는 것이 바람직하다.
- 동시감상의 본질은 감정이지 지식이 아니므로 동시에 나오는 단어나 내용의 전달에 집착하지 않는다.
- 유아가 동시에 대해 부정적 개념을 갖지 않도록 한다. 동시를 들려준 후 이를 세부적으로 분석하는 질문을 한다든가, 너무 많은 동시를 읽게 한다든가, 암기를 요구한다든가, 평가를 요구하지 않는다.

2) 동시 짓기

유아들이 다양한 동시를 감상하면서 시의 특징을 이해하고 재미를 느끼면 생활에서의 경험을 동시 짓기로 연계한다. 시를 짓는다는 것이 성인들에게는 어렵고 부담스러운 작업이지만 유아들에게는 자연스럽고 재미있는 일상의 활동이다. 교사는 동시에 나타난 문학적 요소들을 활용하여 사물이나 현상에 대한 생각과 느낌을 이야기하듯 유아들의 마음에서 일어나는 감정이나 상상력을 표현해 보도록 격려한다.

① 동시 짓기는 처음부터 유아가 창의적으로 동시 짓기를 하기보다 반복되는 어구의 동시를 들려주고 일부분을 유아가 연결해 보는 것으로부터 시작한다.

② 유아가 직접 경험한 활동이나 사건, 특정한 사물을 소재로 시를 지어보도록 격려한다. 동시 짓기를 계획할 때 교사는 유아가 소리, 냄새, 맛, 시각, 촉감을 구체적으로 느끼고 이해할 수 있는 활동을 제공하고 동기 유발하는 것이 효과적이다. 이런 과정에서 유아가 느낌을 말로 표현해 보고, 대상과 상황에 따라 적합한 언어를 사용하여 생각이 형상화되도록 돕는다.

-낙엽을 밟으니 어떤 소리가 나니?
-낙엽 위를 걸어가니 어떤 소리가 나니?
-낙엽 위를 뛰어가니 어떤 소리가 나니?

동시 짓기에 도움이 되는 활동의 예

- 계절과 관련된 활동 : 꽃과 나무가 자라는 모습, 낙엽 밟기, 가을동산 견학, 눈사람 만들기
- 자연과 관련된 활동 : 하늘 보기, 비 관찰하기, 빗방울과 비오는 소리, 풀밭 구르기
- 동물, 교통수단의 소리와 움직임, 팽이 돌리기
- 소풍, 운동회, 생일축하, 요리하기, 목공놀이, 실외놀이(미끄럼, 시소, 그네타기 등)

③ 교사는 유아들이 표현한 말을 글로 받아 적어 완성한 후 모두에게 들려주거나 함께 낭송한다. 이때 교사는 재미있고 창의적인 표현을 장려한다. 동시 짓기는 필요에 따라 대집단이나 소집단, 개별로 지도할 수 있다.

-종 : 딸랑 딸랑, 땡땡
-코끼리 꼬리 : 꼬불 꼬불
-웃음 소리 : 하하하, 킥킥, 히히히
-아빠가 잠잘 때 : 드르렁 드르렁, 쿨쿨

④ 동시가 완성되면 유아들과 함께 제목을 짓고 지은이를 '○○반 친구들'이라 적는다. 구체물을 가지고 동시를 지을 때는 제목을 먼저 적은 후 동시 짓기를 한다.

⑤ 완성된 동시는 유아들이 모양 종이에 적고 그림을 그려 전시한다.

코끼리

작자 미상

코끼리 커다란 몸
꼬리 좀 봐요.
아주 작아요.
꼬불 꼬불 꼬불

코끼리 커다란 몸
귀 좀 봐요.
아주 커요.
흔들 흔들 흔들

코끼리 커다란 몸
코 좀 봐요.
아주 길어요.
꾸불 꾸불 꾸불

4 활동의 예

동시 짓기 1

활동목표

- 동시를 즐겁게 감상한다.
- 자신의 경험을 재미있는 의성어와 의태어로 표현한다.

활동자료

화이트보드, 보드펜

활동방법

가을동산으로 견학을 다녀온 뒤 유아들의 느낌을 말로 표현해 본다. '낙엽을 밟았을 때 어떤 소리가 났는지' 이야기를 나누어보고, 유아가 표현한 말을 교사가 글로 받아 적은 후 함께 낭송한다.

1. 가을동산으로 견학을 다녀온 뒤 유아들의 경험과 느낌을 말로 표현해 본다.
   - -낙엽을 밟아 보았니?
   - -낙엽을 밟았을 때 어떤 소리가 났니? (사각 사각, 샤그락 샤그락)
   - -그럼 낙엽 위를 계속 걸어가 보았니? 어떤 소리가 났니? (부슥부슥 부스슥)
   - -낙엽 위에서 뛰어보기도 했니? 어떤 소리가 났었니? (삭삭 사사삭, 샤샤샤샤, 퍽퍽퍽퍽)
2. 낙엽을 밟았던 경험과 표현한 말을 연결하여 동시를 지어본다.
   - -낙엽을 밟았을 때 어떤 소리가 났는지 재미있는 소리로 말해 주었는데, 이 소리들을 가지고 동시를 지어보면 어떨까? (낙엽을 밟았던 경험에 대해 이야기했던 것을 회상한다.)
   - -낙엽을 밟았을 때 어떤 소리가 났다고 했지? ('우리는 낙엽을 밟아요'라고 보드에 적는다.)

-낙엽 위를 걸었을 때는 어떤 소리가 난다고 했지? ('우리는 낙엽 위를 걸어요'라고 적는다.)

-낙엽 위를 뛰어가면 어떤 소리가 난다고 했지? ('우리는 낙엽 위를 뛰어가요'라고 적는다.)

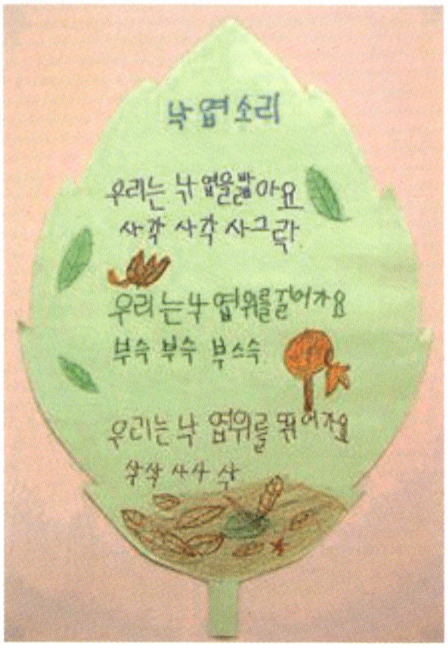

3. 완성된 동시를 함께 낭송하고, 유아들과 제목을 짓는다.

-자, 이제 우리가 만든 동시가 완성이 되었구나.

-그런데 이 동시의 제목이 없네. 제목은 무엇으로 하면 좋을까?

4. 제목을 넣고 다 함께 동시를 낭송한다. 이때 음악이 준비되었다면 시를 낭송할 때 배경음악으로 사용한다.

동시 짓기 2

활동목표

- 자신의 경험을 재미있는 글로 표현해 본다.
- 주변의 사물과 소리에 관심을 갖는다.

활동자료

동시 제목이 쓰여진 종이, 모양 종이, 필기도구, 색연필

활동방법

1. 유아와 동시 제목을 정한다. '기계와 도구' 주제가 전개될 때 교사는 미리 시계, 자동차, 라디오 등의 동시 제목을 쪽지에 써둔다. 이 중 어떤 제목으로 동시를 지을지 유아와 결정한다.
2. '시계'로 제목이 정해진 경우 이에 대한 경험을 말해 본다. 시계의 종류, 모양, 색깔, 부품, 소리 등에 대한 의성어와 의태어를 사용하여 단어와 구, 문장으로 지어 본다.

   -어떤 종류의 시계가 있을까?

   -시계는 어떤 소리를 낼까?

   -시계는 무엇으로 시간을 알려줄까?
3. 유아가 지은 시를 모양 종이에 적어 함께 낭송한다. 동시에 그림을 그려 전시한다.

12장

게임

게임은 두 명 이상의 유아가 참여하여 달성해야 할 공동 목표를 향해 즐거움을 느끼며, 일정한 규칙에 따라 참여자들이 서로 상반되거나 상호 의존 또는 협력적인 역할을 수행한다. 또한 자신들이 가진 능력을 최대한 발휘하여 게임을 이기려고 노력하여 일정한 기준에 따라 승패를 결정하는 활동이라고 할 수 있다. 따라서 유아는 게임을 통하여 신체적, 사회·도덕적, 정서적, 인지적, 언어적 발달을 도모할 수 있다. 유아는 게임을 통해 규칙을 이해하고 즐거움, 만족감, 성취감을 가지게 된다.

1 교육적 의의

게임의 교육적 의의는 다음과 같다.

첫째, 유아의 흥미를 자극하여 자발적인 활동으로 이끌어 환경 및 물리적 성질에 대한 학습과 다른 사람과의 상호 개입적 행동에 대한 학습, 사회적 상호작용 과정을 학습할 기회를 갖게 된다.

둘째, 유아는 게임에 포함되어 있는 인지적·사회적·언어적 기술 등과 관련된 게임 방법과 규칙을 경험하면서 단순하고 복잡한 개념들을 이해하게 되고, 자신의 역할을 끝까지 수행하고 책임지는 태도 등을 기른다.

셋째, 게임을 하면서 구성원들 사이에 상호 자극과 모방의 기회를 제공해 줄 뿐만 아니라 자발적이고 경쟁적 욕구를 가지게 함으로써 개인적 성장 및 발달을 돕는다.

넷째, 유아가 집단에 대한 소속감을 형성하도록 도와주며, 단체의 일원으로 규율을 지키고 공통된 목적을 달성하기 위하여 구성원과 함께 협력하게 된다. 이를 통해 의사소통을 배우고 의사결정 과정에 참여하는 기회를 갖는다. 또한 여러 가지 기술이나 개념을 좀 더 쉽게 이해하고 수용하도록 하고 개인적 능력감을 키운다.

다섯째, 유아들은 상대방의 생각을 수렴할 줄 알고 이기기 위한 전략을 사용하기 위해 상대방의 입장을 고려하여 생각하는 기회를 갖게 되어 자기중심적 사고에서 차츰 벗어나 탈중심화가 이루어진다.

여섯째, 정해진 규칙에 따라 행동하고 질서를 지키며, 옳고 그름을 판단하여 언어적으로 표현해 보는 경험을 함으로써 유아의 사회성발달, 도덕성발달, 언어발달이 이루어진다.

일곱째, 유아들은 게임내용에 포함된 수, 공간, 위치, 속도, 거리, 색깔, 모양 등 각종 기본 개념을 이해하고 물리적 특성과 논리적 사고의 기회를 가짐으로써 언어 및 수, 문제 해결력 등의 인지능력발달을 돕는다.

여덟째, 운동신경 및 감각이 발달되고 바른 자세와 균형적인 신체발달이 이루어진다. 또한 생활 속에서 생기는 억압이나 갈등을 해소하고 정서적으로 만족감을 가질 수 있게 한다.

2 선정기준

좋은 게임이란 유아의 흥미를 지속시키며 능력을 최대한 개발시킬 수 있어야 한다. 게임을 선정할 때 고려해야 할 점은 다음과 같다.

① 유아의 연령과 발달 수준, 흥미와 관심을 고려한다.

② 게임에 필요한 준비물을 잘 준비하고 모든 유아가 참여할 수 있는 게임을 선택한다.

③ 게임을 통해 긍정적이고 성공적인 경험을 할 수 있도록 단순하고 쉬운 게임부터 제시하기 시작하여 점차 복잡한 게임을 제시한다.

④ 유아들과 함께 편 이름, 게임 신호 악기, 점수 매기는 방법, 승부를 결정하는 방법, 게임 시 지켜야 할 약속 등을 정하여 유아 스스로 게임을 구성하고 참여할 수 있도록 한다.

⑤ 게임의 유형에 따라 필요한 공간이 달라져야 한다. 따라서 교사는 게임 시작 전 교구장이나 책상 등의 위치를 융통성 있게 변경시켜 운영한다.

⑥ 유아들이 게임의 승패나 경쟁심, 승부욕보다는 게임을 하는 과정과 게임의 규칙을 지켜 정당하게 게임에 참여할 수 있도록 주도한다.

3 지도방법

게임은 집단의 구성 형태에 따라 원 게임, 자유 대형 게임, 편 게임으로 구분할 수 있다. 게임은 정해진 규칙을 지켜야 하는 활동이므로 자신을 조절하고 협동할 능력이 필요하므로 쉽고 단순한 게임에서 점차 복잡하고 어려운 게임으로 발전시켜 나간다. 학기 초에는 단순한 내용, 규칙이나 지시가 적은 원 게임이나 자유 대형 게임을 다양하게 실시하고, 유아들이 게임의 규칙에 익숙해진 후 편 게임을 실시한다. 게임의 유형을 살펴보면 다음과 같다.

1) 원 게임

원 게임은 모든 연령이 할 수 있는 게임의 유형이다. 유아들은 원 게임을 하면서 집단에 대한 소속감을 느낄 수 있고 간단한 규칙을 이해하고 지키는 경험을 할 수 있다. 또한 이기고 지는 결과보다 누구나 성취감을 느끼면서 자신감을 향상하는 데 도움이 되는 게임의 형태이다. 유아들이 둥글게 앉아서 하는 원 게임은 이기고 지는 결과가 구분되지 않으므로 처음 집단에 소속되거나 게임의 방법과 규칙에 익숙하지 않은 유아들, 연령이 낮은 유아들에게 원 게임을 선정하여 지도하는 것이 바람직하다. 원 게임의 종류로는 오뚜기 맞추기, 수건 돌리기, 꽃바구니 꾸미기, 고양이 방울 가져오기, 동물 의자에 앉기 등이 있다.

원으로 구성하여 게임을 진행하는 방법은 다음과 같다.

① 유아들을 둥글게 의자나 바닥에 앉게 한다.
② 교사는 게임에 대한 동기 유발을 여러 가지 자료와 활동(그림자료, 인형, 노래 부르기, 수수께끼, 실제 준비물)을 이용하여 유도한다.
③ 게임의 방법과 규칙은 적절한 질문과 준비된 자료를 제시하여 정한다.
④ 게임은 개별적으로 움직이는 활동과 2~3명씩 한꺼번에 움직이는 활동 등으로 다양하게 경험시킨다.
⑤ 게임을 하는 도중 교사는 유아의 이해 정도와 흥미를 파악하며 활동의 결과보다는 과정을 중심으로 평가한다.
⑥ 게임 후 정리정돈을 하고, 사용된 도구는 필요시 흥미영역에 제시해 준다.

2) 자유 대형 게임

자유 대형 게임은 넓은 공간에서 단순한 규칙에 따라 유아들이 자유롭게 장소를 이동하면서 주변 환경을 탐색하고 자신의 신체를 최대한 활용해 볼 수 있는 게임이다. 많은 아이들이 한꺼번에 움직이므로 넓은 공간을 확보해야 하며, 게임 시작 전에 게임방법과 규칙을 충분히 이해해야 즐겁게 참여할 수 있다. 쫓기 게임, 보물 찾기, 짝 짓기 게임 등의 찾기 게임이나 색깔 찾기, 숨기기 게임, 술래잡기, 언어적 지시 게임 등이 자유 대형 게임에 속한다.

자유 대형으로 게임을 진행하는 방법은 다음과 같다.

① 유아들이 활동할 수 있는 공간을 확보한다. 유아들이 교사의 지시나 규칙에 따라 자유롭게 이동할 수 있을 만큼의 동선을 고려하여 충분한 공간을 확보하고, 공간 내에 움직임을 방해할 수 있는 물건들을 치운다. 공간이 충분하지 않을 경우 게임을 진행하는 과정에서 유아-유아, 교사-유아 간의 불필요한 갈등이 발생할 수 있다.

② 게임 자료가 준비된 경우 자료에 대해 탐색한다.

③ 게임 자료가 없는 경우 게임의 이름과 방법을 안내한다.

④ 교사 또는 한 명의 유아가 시범을 보인다.

⑤ 유아들이 이동할 수 있는 공간의 범위와 게임이 끝난 후 모이는 공간을 교사가 직접 움직이면서 유아들에게 확인시킨다.

⑥ 게임에 필요한 규칙을 협의한다. 자유 대형 게임은 유아들이 모였다가 흩어지는 것이 수시로 이루어지므로 교사는 유아들이 쉽게 인지할 수 있는 신호체계를 가지고 있어야 한다(예 : 탬버린, 호루라기, 징, 음악 등).

⑦ 정해진 방법에 따라 게임을 진행한다.

⑧ 교사는 유아들과 함께 게임에 참여하면서 예상되는 문제 상황을 주의 깊게 탐색한다. 자유 대형 게임은 유아들의 이동 공간이 비교적 넓으므로 교사는 유아들의 움직임을 놓치지 않아야 한다.

⑨ 필요한 경우 잠시 게임을 멈추고 분위기를 정돈한다. 게임을 진행하는 과정에서 유아들이 지나치게 흥분하거나 규칙에 대한 이해가 부족하여 혼란스러운 경우에는 게임을 지속하는 것보다 잠시 게임을 멈추고 유아들이 숨을 고를 수 있게 하거나 게임의 규칙을 다시 상기시키면서 분위기를 전환한 후 다시 게임을 시작한다.

⑩ 게임의 종료를 알리고 평가한다.

3) 편 게임

편 게임은 두 팀 이상으로 나누어 경쟁하는 것으로 정해진 게임방법과 규칙이 많다. 편 게임에 익숙해지고, 게임에 집중할 수 있는 시간이 길어지면 릴레이 형식의 편 게임을 진행할 수 있다.

편 게임으로 진행하는 방법은 다음과 같다.

① 교사는 게임 진행을 미리 계획하여 유아가 두 편으로 앉을지, 의자에 앉을지, 바닥에 앉을지 등을 명확히 지시하여 혼란스럽지 않게 한다.

② 게임하기 전에 출발선과 반환점(목적물), 점수판(기록판)을 준비하고, 교사는 출발 신호 악기(탬버린, 트라이앵글 등)를 준비하여 양편의 출발선 가운데 의자를 놓고 앉는다.

③ 두 편으로 나눈다. 양편으로 나눌 때 남녀의 숫자, 발달 단계 등을 고려하여 안배하되, 여자 편과 남자 편으로는 나누지 않는다.

④ 양편의 인원 수를 알아본다. 인원 수를 확인하는 방법으로 마주 보고 있는 상대편 친구와 인사하기, 악수하기 등의 짝 짓기, 인디언 노래 등으로 수 세기를 할 수 있다. 양편의 인원 수가 다를 경우에는 유아들과 의논하여 문제를 해결한다.

⑤ 유아와 함께 편 이름을 정하고, 편 이름을 적어서 점수판에 붙인다. 활동주제(과일 이름, 동물 이름, 탈 수 있는 것 등)와 관련된 것으로 편 이름을 정할 수 있도록 구체적인 범위를 제시할 수 있다.

⑥ 게임방법을 설명한다(추측해 보도록 한다). 교사가 설명하기 전에 게임을 하기 위한 준비물을 보여주면서 어떻게 게임을 할 수 있을지 유아들이 추측하여 말해 보도록 한다. 유아가 제시한 방법으로 게임을 할 수 있고, 교사가 계획한 게임방법으로 다시 한 번 할 수 있다.

게임방법 및 규칙 소개하기

⑦ 게임의 순서와 규칙, 태도를 알아본다. 게임방법을 명확히 알려주고 지켜야 할 규칙을 구체적으로 이야기한다.

⑧ 응원 방법, 응원 태도에 대하여 알아본다. 출발 신호를 알려준다.

⑨ 게임 결과에 대한 교사의 평가 관점을 말한다. 교사는 유아들이 승부에 집착하거나 지나치게 흥분되지 않도록 하며 게임 자체를 즐길 수 있도록 한다. 예를 들면, 빨리 하는 것보다 규칙을 잘 지키는 것, 응원을 열심히 하는 것, 게임을 하는 태도 등을 평가 관점으로 말할 수 있다.

⑩ 게임방법을 이해했는지 확인하기 위해 양편의 유아가 나와서 시범을 보인다. 교사는 약속한 대로 잘하는지 관찰하고 평가·격려한다.

⑪ 게임을 시작한다. 양편의 유아가 출발 신호에 맞추어 게임방법, 규칙에 따라 게임을 한다. 교사는 평가 관점에 근거하여 게임마다 개별적인 평가를 하고 점수판(기록판)에 점수를 준다.

⑫ 게임 결과를 확인한다. 유아와 점수판을 보면서 양편의 점수를 세어 확인한다. 이긴 편에게는 진 편이 박수를 보내거나 업어주기, 안아주기 등을 해주고, 바꾸어서 이긴 편이 진 편에게 수고했다는 의미로 같은 방법으로 한다. 교사는 규칙을 잘 지킨 편과 응원을 열심히 한 편에게 점수를 더 부여할 수도 있다.

⑬ 게임활동에 대한 평가를 한다. 어떤 것이 재미있는지, 어려운 점은 무엇인지, 기분은 어떤지, 어떻게 하면 더 잘할 수 있었는지 등을 이야기한다. 교사는 유아들의 태도와 약속에 대해 간략히 말하고 격려한다.

⑭ 유아와 교사가 느낀 점을 이야기하고, 준비물, 의자 등을 유아와 함께 정리하며 다음 활동으로 옮긴다.

4 게임의 평가

평가시간은 유아들에게 지속적인 학습의 기회를 제공해 줄 수 있으므로 평가의 기준을 명확히 제시해 주고 게임에 대한 흥미와 자신감을 심어주어야 한다(전남련 외, 2007).

1) 평가내용

(1) 승패에 대한 평가

게임에 이기고 지는 승패에 대한 강조는 지나친 경쟁심을 조장할 우려가 있다. 그러므로 게임을 시작할 때부터 승패에 대한 건전한 태도를 형성시켜 주어야 한다. 게임의 시작부터 이기는 것에 중요성을 극소화시키는 것이 좋고, 지는 것도 괜찮다는 것을 말로 표현하게 함으로써 감정 조절방법을 배우도록 도와준다.

(2) 규칙 준수에 따른 평가

교사가 정해 놓은 규칙이나 유아와 합의해서 정한 규칙 등에 따라 게임을 평가할 수 있다. 유아들이 게임을 할 때 이기고 지는 것을 평가하기보다는 게임 전에 만든 규칙을 얼마나 준수하였는가를 중심으로 평가를 해야 한다.

(3) 과정중심의 평가

게임의 평가는 결과중심적이기보다는 과정중심적이어야 한다. 유아들이 게임을 마친 후 게임이 흥미롭고 즐거웠는지, 게임에 열심히 참여했는지, 어느 편이 협력해서 게임을 잘했는지, 게임을 마친 후의 기분 등에 대해 평가할 수 있다. 이런 과정중심 평가는 유아들이 게임 결과에 집착하지 않고 게임과정을 즐기며 유아 자신과 집단의 성취감을 위해 조력할 수 있다.

2) 평가방법

평가방법은 개별 평가, 점수판에 의한 평가, 연속(릴레이) 게임의 평가 등이 있다.

(1) 개별 평가

개별 평가는 게임의 의미를 이해하기 시작하고 간단한 지시에 따를 수 있는 유아들에게 필요하다. 연령이 낮을수록 개별 지도에 따른 평가는 반드시 있어야 한다. 그러므로 3세와 4세 유아에게는 개별 평가를 실시하는 것이 게임에 대한 흥미를 지속시킬 수 있는 방법이 된다.

(2) 점수판을 이용한 평가

점수판을 이용한 평가방법은 주로 개별 평가를 실시한 후 점수를 표시해 주는 방법이다. 점수 표시방법은 숫자로 하기보다는 유아의 흥미를 끌 수 있는 여러 가지 형태, 모양·색깔, 그래프 등으로 재미있는 점수판을 만들 수 있다. 게임이 끝난 후 점수판은 쉽게 두 편을 평가할 수 있는 자료가 된다. 점수판은 붙여지는 점수가 빠르게 도착한 결과만 평가하는 것이 아니라 과정이나 규칙 준수에 따라 붙여지는 것이므로, 점수가 많은 편이 규칙을 잘 지키며 게임을 했다고 평가할 수 있다.

(3) 연속(릴레이) 게임의 평가

연속(릴레이) 게임의 평가는 게임이 모두 끝난 후에 최종적으로 평가를 실시한다. 교사는 전체 게임과정을 지켜보고 게임이 끝난 후 유아들과 함께 방법, 규칙에 대한 준수, 흥미·태도 등 여러 가지 반응에 대해 평가를 할 수 있다.

교사는 게임을 선정하고 활동한 후 게임의 선정이나 환경 구성, 적절한 매체 제공, 사전 활동, 게임 지도과정, 마무리 활동의 적절성에 대하여 평가를 해야 한다. 또한 평가를 마친 후 평가의 결과는 다음 활동을 위한 준비 자료로 활용한다.

5 활동의 예

지렁이 집으로

활동목표

• 흙 속에 사는 생물들에 관심을 가진다.
• 게임방법과 규칙을 이해하고 구성원과 협력한다.

활동자료

훌라후프 , 매트

활동방법

도입

1. 유아는 의자를 놓고 두 편으로 나누어 앉는다.
2. 양편의 인원 수를 확인하여 인원 수가 같도록 한다.
3. 준비물을 보여 주고 게임방법을 예측해 본다.
4. 유아와 함께 게임방법을 이야기한다.

-어떻게 하는 게임일까?

지렁이 집으로 게임방법

1. 출발선에 선 뒤 선생님의 신호에 맞춰 출발한다.
2. 매트 위를 지렁이처럼 기어서 훌라후프가 놓인 곳까지 간다.
3. 훌라후프를 기어서 통과한다.
4. 훌라후프를 통과한 후 일어서서 출발점으로 뛰어 돌아온다.

게임방법 소개하기

게임 활동하기

5. 게임에 필요한 규칙과 태도, 응원 방법, 응원 태도를 이야기한다.
    • 자기 팀의 훌라후프를 통과하도록 한다.
    • 기어서 가야할 때 일어서서 가지 않는다.
    • 게임하는 친구를 방해하지 않는다.
    • 자기 차례를 기다려서 한다.
    • 출발할 유아는 미리 나와서 기다린다.
    • 출발선을 지키고, 출발 신호 소리가 나면 출발한다.
    • 자기 자리에 앉아서 응원을 한다.
6. 게임 점수판을 사용하여 평가방법을 말한다.
    -게임 규칙을 잘 지키고 태도가 좋아야 해.
    -지렁이처럼 움직인 후 빠르게 훌라후프를 통과해서 돌아오는 거야.
7. 양편의 유아가 나와서 시범을 보인다.
8. 양편의 유아가 출발하여 게임을 한다. 교사는 점수판에 점수를 준다.
9. 게임이 끝난 후 평가한다. 함께 점수를 세어본 후 이긴 편에게 진 편이 박수 보내기, 업어주기 등을 해주고, 진 편에게도 박수를 보낸다.
10. 게임이 끝난 후 느낀 점을 이야기하고 준비물 등을 정리한다.

13장 동작

동작교육은 다양한 신체활동을 통해 일상생활에 필요한 기초 체력을 기르고, 유아가 자신의 신체에 대하여 긍정적으로 인식하게 하며, 자신의 몸으로 생각과 느낌을 자발적이고 창의적으로 표현함으로써 정서적 안정감을 가지게 된다. 유아는 던지기, 잡기, 스키핑 등과 같은 기본운동 동작을 하면서 기본운동 동작 기술을 향상시킬 수 있으며, 기본 운동동작을 통해 대·소근육 및 신체적 협응능력을 발달시키고 이러한 신체적 발달은 다른 영역의 성장을 도모한다. 무엇보다도 동작교육을 통해 유아들은 음악과 춤으로 몸을 움직이고 창의적으로 표현하면서 자유와 즐거움을 느낄 수 있다.

전통적으로 유아교육기관에서는 똑같은 동작을 가르치고 모든 유아가 같은 동작을 순서에 맞추어 따라하는 교육을 했으나, 최근에는 인간의 움직임의 요소에 좀 더 주의를 기울이고 창의적인 동작을 표현하는 것에 관심을 가지게 되었다. 유아는 자신의 몸을 능동적이고 자발적으로 움직이는 창의적 동작활동을 통해 신체발달뿐만 아니라 인지적·정서적·사회적·언어적으로 발달하여 전인발달을 도모할 수 있다.

1 교육적 의의

유아교육에서 동작교육은 기본적인 동작부터 창의적 동작으로 구성되며, 이를 통해 유아들은 자신의 신체능력을 이해하고 신체를 건강하게 하며 즐거움을 맛볼 수 있다. 특히 창의적으로 표현하는 과정을 통해 창의성 개발 및 즐거움과 성취감을 느끼게 된다. 교육적 의의를 구체적으로 살펴보면 다음과 같다.

첫째, 다양한 신체활동과 기본적인 동작을 통해 유아에게 필요한 기본적인 운동능력과 기초체력을 기르고 심신을 조화롭게 발달시킨다.

둘째, 유아는 자신의 몸을 능동적이고 자발적으로 움직이는 창의적 동작활동을 통해 정서적으로 안정감을 느낀다.

셋째, 유아는 음악에 맞추어 자신의 몸을 본인의 생각과 느낌에 따라 창의적으로 표현하면서 상상력과 창의적인 몸의 표현력을 기르고, 이러한 표현의 자유는 유아의 자아존중감과 사회적 자신감을 향상시킬 수 있다.

넷째, 동작은 노래, 악기놀이, 조형활동, 극놀이 등의 활동과 통합할 수 있다.

다섯째, 유아는 자신의 생각과 느낌을 자발적으로 표현함으로써 표현능력, 심미감, 즐거움, 의사 전달, 상징적 표상 등 유아의 전인적 발달에 기여할 수 있다.

여섯째, 춤 감상하기, 극놀이 감상하기, 예술적 표현 존중하기, 전통예술에 친숙해지기를 통해 심미적 경험을 제공할 수 있다.

2 활동내용

동작교육의 내용은 기본운동 동작과 창의적 표현하기로 구성된다. 기본운동 동작은 신체와 정신의 조화로운 발달을 도모하기 위한 기본 동작으로 이동 동작, 비이동 동작, 조작적 동작으로 구성된다. 유아들은 이동 동작, 비이동 동작, 조작적 동작 등을 경험함으로써 바른 자세 형성 및 운동기능을 향상시킬 수 있다. 기본 동작을 정리하면 다음과 같다(Gallahue, 1995; Pica, 1995).

표 13-1 기본 동작

이동 동작	비이동 동작	조작적 동작
• 걷기(walking) • 달리기(running) • 뛰어넘기(leaping) • 두 발 모아 뛰기(jumping) • 앙감질(hopping) • 두 발 번갈아 뛰기(skipping) • 말뛰기(galloping)	• 구부리기(bending) • 뻗기(streching) • 꼬기(turning) • 돌리기(turning) • 흔들기(swining)	• 던지기(throwing) • 받기(catching) • 차기(kicking) • 치기(stiking)

교사는 유아에게 필요한 기본적인 운동 동작을 습득하도록 돕기 위해 동작경험을 계획하거나 다양한 움직임이 있는 동작활동을 구성해야 한다.

표현하기는 구조적 표현 동작, 반구조적 표현 동작, 창의적 표현 동작으로 구분할 수 있다. 구조적 표현 동작은 노랫말에 맞추어 동작을 하는 것이고, 반구조적 동작은 노랫말에 맞추어 신체를 움직이다가 일정 부분에서 자유롭게 표현하는 것을 의미한다. 마지막으로 창의적 표현 동작은 다양한 방법으로 표현하는 것으로, 예를 들면 짧은 이야기를 듣고 상상하여 동작으로 표현하기, 음악을 잘 듣고 충분히 상상하여 표현해 보기 등이 있고, 움직이거나 제자리에서 할 수 있는 것으로 '~처럼 되어 보기', '~해보기'와 같이 창의적으로 몸을 표현하는 것 등이다.

3 지도방법

동작은 유아들이 자신의 느낌과 생각을 창의적으로 표현하여 다른 유아들과 소통하며 정서적 안정감 및 즐거움을 줄 수 있는 활동으로 교사의 교수-학습방법을 어떻게 하느냐에 따라 긍정적인 영향을 미칠 수 있다. 동작활동의 구체적인 교수-학습방법을 살펴보면 다음과 같다.

① 동작교육의 초기에는 신체적 접근방법 중심으로 지도하고, 익숙해지면 창의적 동작으로 확장시키는 것이 바람직하다.

② 교사는 이동, 비이동, 조작적 동작으로 구성된 기본 동작에 대해 정확히 인지하고, 초기에는 기본 움직임에서 시작하여 다양한 동작으로 확장하여 지도한다.

③ 이동 동작을 지도할 때는 음악에 맞추어 리듬감 있게 움직이도록 격려한다.

④ 조작적 동작의 경우 공, 손수건 등 적절한 도구를 사용하여 활동을 흥미롭게 진행할 수 있다.

⑤ 표현하기 중 구조적 표현동작에서는 정확한 동작을 강요하기보다는 유아의 의견을 반영하여 다양하게 창작해 본다.

⑥ 반구조적 표현동작은 노랫말에 맞추어 신체를 움직이고, 노랫말의 특정 부분에서는 유아들이 자유롭게 표현해 보도록 한다. 예를 들면, 토끼처럼 춤을 추다가 '그대로 멈춰라' 에서 토끼의 모습을 자유롭게 표현하도록 배려한다. 또한 소품을 지원하여 표현의 결과가 다양하게 나타나게 한다.

⑦ 창의적 표현 동작활동 지도 시에는 처음부터 무리하게 창의적인 동작을 요청하면 유아들이 당황할 수 있으므로 주제와 관련된 이야기 나누기, 동화, 시청각 자료 보기 등을 사전 활동으로 제공하여 유아가 표현하는 데 도움이 되는 기본적인 아이디어를 제공해 줄 수 있다.

⑧ 창의적 동작활동을 진행할 때 학기 초에는 짧은 이야기를 듣고 상상하여 동작으

로 표현하게 하거나 셈여림, 리듬, 박자, 멜로디 등 음악적 요소에 초점을 둔 동작 표현을 실시한다.

tip 동작활동 시 유의사항

- 유아들이 마음껏 움직일 수 있는 넓은 공간을 마련한다.
- 유아의 연령과 발달적 차이 및 개인차를 고려한다.
- 유아가 자신의 생각과 느낌을 표현할 수 있도록 허용적인 분위기를 조성한다.
- 유아의 독창적인 표현을 수용하고 격려함으로써 다른 유아들도 다양한 표현을 할 수 있도록 유도한다.
- 창의적 표현동작은 직접적인 교수방법은 피하고 탐색적 방법을 중심으로 지도한다.
- 교사는 유아의 동작활동을 위해 주제와 관련된 이야기 나누기, 동화, 시청각 자료 보기 등을 사전 활동으로 제공하여 유아가 활동에 대해 흥미를 느끼고 적극적으로 참여하도록 유도한다.
- 유아가 자신의 표현에 대해 자신감을 가지도록 격려한다.
- 유아의 동작에 대해 언어적 자극을 제공하여 유아의 상상력 증진 및 창의적 동작표현을 도울 수 있다.
- 교사가 적극적으로 참여하여 유아들에게 모델이 되기도 한다.
- 유아가 자신만의 방법을 창작할 수 있다는 것을 알게 해주고, 유아들도 모델이 될 수 있다는 것을 이야기해 준다.
- 유아가 자신의 몸으로 표현하는 것에 두려움을 느끼고 참여하기를 싫어하는 경우에는 억지로 시키지 말고 다음 기회에 참여하도록 격려한다.

4 활동의 예

조각상 되어 보기

활동목표

- 세계 여러 나라에서 볼 수 있는 조각품에 관심을 갖는다.
- 조각상의 모습을 신체로 표현할 수 있다.
- 신체를 이용하여 자신의 생각과 느낌을 표현한다.
- 다른 유아들과 협력하여 조각상의 모습을 표현함으로써 의사소통능력이 향상된다.

활동자료

'조각상이 되어보자' 동영상 자료, 다양한 조각상 사진, 음악자료

활동방법

1. '조각상이 되어보자' 동영상을 보고 이야기를 나눈다.
   - 동영상 속에 무엇이 나왔니?
   - 조각상은 무엇을 말하는 것일까?
   - 동영상 속 조각상의 모습이 어떠했니?
   - 이런 조각상을 실제로 본 적이 있니?
   - 실제로 보았을 때 어떤 느낌이었니?
2. 세계 여러 나라에서 볼 수 있는 조각상이 되어보는 신체활동을 할 것임을 알려준다.
3. 다양한 조각상 사진을 보며 이야기를 나눈다.
   - 사진 속 조각상이 어떤 모습을 한 것 같니?

-조각상을 보니, 떠오르는 것이 무엇이 있니?

-조각상이 누구를 닮은 것 같니?

-조각상끼리 서로 닮은 점이 있니?

-조각상의 차이점은 무엇이 있을까?

-조각상처럼 자세를 표현해 볼까? (유아의 표현을 보고 창의적인 표현을 한 유아가 있으면 앞으로 나와서 발표를 시켜본다.)

4. 음악에 맞춰 조각상처럼 표현해 본다.
5. 음악에 맞춰 공원을 걷는 느낌으로 걷다가 음악이 멈추면 조각상이 되어 멈추어 선다.
6. 교사가 보여주는 조각상 그림들을 보며 조각상이 되어본다.
7. 유아를 집단으로 나누어 조각상으로 표현한다.

-친구들이 조각상의 어떤 모습을 표현한 것 같니?

-조각상의 어떤 점을 잘 표현한 것 같니?

-조각상을 표현할 때 어려운 점이나 재미있는 점이 있니?

-어려운 점을 어떻게 보완하면 좋을까?

협동해서 조각상 표현하기

8. 전체 유아가 다시 한 번 조각상을 표현해 본 뒤 평가한다.

-우리가 오늘 무슨 활동을 했지?

-조각상을 표현해 보았는데 세계 여러 나라에서 볼 수 있는 조각상에는 무엇이 있었니?

-조각상을 표현하면서 어려웠던 것은 무엇이었니?

-조각상을 표현하면서 재미있었던 점은 무엇이었니?

추후 활동

조각상 그림에 말풍선을 만들어 조각상이 무엇을 생각하는지, 어떤 이야기를 하는 것 같은지 적어본다.

신체를 활용한 그림자 놀이

활동목표

- 동화를 잘 듣고 동화의 내용을 회상할 수 있다.
- 동화 속 곰 사냥을 떠나는 주인공의 움직임을 상상할 수 있다.
- 동화 속 주인공의 모습을 신체로 표현할 수 있다.
- 그림자의 원리를 알 수 있다.

활동자료

동화 '곰사냥을 떠나자'(마이클 로젠 글, 헬린 옥슨버리 그림, 공경희 옮김, 시공주니어, 2006), OHP, 음악자료(풀이 움직이는 소리/물 위를 첨벙첨벙 걷는 소리/눈보라 바람 소리/긴장감이 도는 소리)

활동방법

1. 동화 '곰사냥을 떠나자' 를 듣는다.
   - 동화에 어떤 이야기가 나왔니?
   - 동화 속 주인공의 모습이 어땠니?
   - 주인공들이 곰사냥을 떠난 장소들은 어디니?
2. 곰 사냥을 떠나는 동화 속 주인공들의 움직임에 대해 이야기 나눈다.
   - 동화 속 주인공은 어떻게 움직였니?
3. 동화 속 주인공이 되어서 움직이는 신체활동을 할 것임을 알려준다.
4. 동화 속 장면에 맞는 음악에 맞추어 주인공이 되어 표현해 본다.
   - 풀이 움직이는 소리 / 물 위를 첨벙첨벙 걷는 소리 / 눈보라 바람 소리 / 긴장감이 도는 소리 등의 음악을 들으며 신체를 표현해 보자.
5. 주인공이 되어 동화 속 장면인 풀숲, 강물, 눈보라, 곰이 사는 동굴로 곰사냥을 떠나본다.
   - 풀숲을 지날 때는 어떻게 지나가야 할까?
   - 눈보라가 몰아칠 때는 어떻게 지나갈 수 있을까?
6. OHP를 소개한 후 신체 표현한 것을 그림자로 볼 것이라고 알려준다.
7. 자신이 표현하고 싶은 장면을 선정하고 OHP 앞에서 주인공이 되어 그림자로 표현하도록 한다.
8. 유아들이 자신이 생각한 다양한 방법으로 곰사냥하는 모습을 표현한다(유아의 표현을 보고 창의적인 표현을 한 유아가 있으면 앞으로 나와서 발표를 시켜본다).
9. 전체 유아와 함께 오늘의 활동에 대해 평가한다.
   - 우리가 오늘 무슨 활동을 했지?
   - 동화 속 주인공의 모습을 표현하면서 어려웠던 점은 무엇이었니?

-동화 속 주인공의 모습을 표현하면서 재미있던 점은 무엇이었니?

-OHP 앞에서 신체를 표현하면서 새롭게 알게 된 것은 무엇이니?

추후 활동

모양 종이 위에 동화 속 주인공을 신체 표현한 느낌에 대해 모둠별로 적고 발표한다.

14장 음악

유아기는 음악을 학습하는 데 있어서 결정적인 시기이다. 유아들은 누구나 음악적 소질을 가지고 태어난다. 유아기의 경험, 교육, 환경에 의해 음악성이 발달하다가 9세가 지나면 그 성장이 멈춘다고 한다(Gordon, 1991, 1997). 세계적인 음악가인 코다이(Zoltán Kodály)도 음악교육은 출생 9개월 전부터 이루어져야 하며, 3~7세의 음악교육이 중요하다고 주장하였다. 즉 유아기는 음악적 능력발달에 있어서 매우 중요한 시기이므로 질 높은 유아 음악교육과 음악적 경험의 제공이 필요하다는 것이다. 음악적 경험은 유아의 잠재력과 창의력을 증진시키고 유아의 인지, 신체, 사회, 언어 등 모든 영역의 발달을 촉진하는 매우 중요한 역할을 한다(Campbell & Scott-Kassner, 1995).

1 교육적 의의

유아는 음악적 존재로 태어난다. 태어나면서부터 소리를 들을 수 있고 소리를 내며, 나이가 들어서는 음의 높낮이에 따라 노래를 부르고 악기로도 연주할 수 있으며, 음악 소리에 맞추어 움직일 수 있는 존재이다. 따라서 음악적인 경험은 유아의 성장과 발달에 중요한 역할을 한다. 음악의 교육적 의의를 살펴보면 다음과 같다.

첫째, 유아는 음악 경험을 통해 미적 즐거움을 누린다.

둘째, 유아는 음악을 통해 자기표현의 잠재력을 일깨운다.

셋째, 유아는 음악적인 움직임과 소리를 만드는 활동을 통해 비언어적 의사소통의 경험을 한다.

넷째, 유아는 음악 활동을 통해 감각적 경험과 소리를 인식할 수 있다.

다섯째, 유아는 음악적 경험을 통해 창의적으로 표현하는 능력을 기른다.

2 활동내용

1) 소리 탐색 및 소리 만들기

어떤 물체에 힘을 가하면 물체가 진동을 하게 되는데, 진동을 하면서 생기는 음파가 사람의 귀에 도달하여 감각을 일으키는 힘을 소리라고 한다. 소리는 바로 진동에 의해서 비롯되며 진동현상들이 세고 여린 소리(소리의 셈여림), 높고 낮은 소리(소리의 고저), 길고 짧은 소리(소리의 장단)를 결정하고 소리를 만들어내는 진원지의 재료, 구조, 크기에 따라 독특한 여러 가지 다른 색깔의 소리(음색)을를 만들어낸다. 소리를 탐색하고 소리를 만드는 능력의 발달은 다른 음악교육 내용영역의 기초를 이루는 중요한 경험이다(Campbell & Scott-Kassner, 1995; Haines & Gerber, 2000). 소리를 탐색하고 주의 깊게 듣는 능력이 발달하지 않으면 소리에 대한 흥미가 생기지 않아 궁극적으로 음악적 능력이 발달하지 않게 된다. 1세 이후의 유아들은 동물의 소리, 교통기관의 소리, 또는 주변에서 들은 여러 가지 소리 만들기를 매우 좋아한다(Dombro, Colker, & Dodge, 1997). 따라서 교사는 소리를 내는 다양한 실제 교수자료를 이용하여 소리 탐색과 소리 만들기 기회를 제공하는 것이 좋다.

소리 탐색 및 소리 만들기와 관련된 활동의 예를 소개하면 다음과 같다.

- 유아들이 좋아하는 노래를 부르며 신체 소리 만들기

  예 씨 씨 씨를 뿌리고 (쯧쯧쯧) 꼭꼭 물을 주었죠 (록록록)

- 그림카드를 이용한 소리 만들기 등

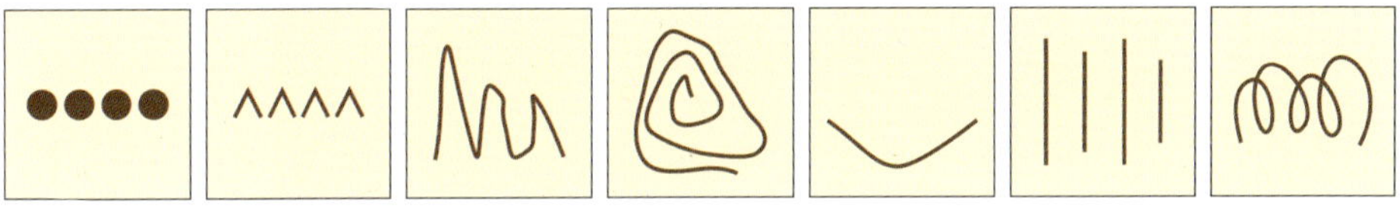

2) 노래 부르기

노래 부르기는 가장 쉽게 경험할 수 있는 음악활동으로서 유아교육 현장에서도 가장 많이 제시되고 있는 활동 중의 하나이다. 교사는 바람직한 노래 부르기 지도를 위해서 유아의 흥미를 고려한 생활주제와 관련된 노래를 선정하고, 음악적 개념을 발달시키면서 즐거움과 기쁨을 함께 제공해 줄 수 있는 교수방법을 사용해야 한다. 노래 선정 시 만 3세에서 4세에게 적절한 음역은 다장조 도~라, 만 4세에서 만 5세까지는 다장조의 레~시가 적절하다. 짧은 노래가 바람직하며 반복이나 대화체로 된 부분이 있으면 더 좋다. 또한 유아의 음악적 이해를 돕기 위한 더욱 바람직한 교수방법은 선율, 리듬, 셈여림 등 음악적 개념을 고려하면서 즐거움과 기쁨을 함께 제공해 주는 것이다. 노래 부르기 지도 시 이러한 음악적 개념을 포함한 그림 악보를 제시하면 좀 더 유아의 흥미를 지속시킬 수 있으며 노래 속에 포함된 음악적 개념을 유아가 쉽게 이해할 수 있다. 또한 동화나 동시와 같은 문학적 요소 활용하기, 손뼉 치기나 무릎 치기와 같은 동작 활용하기도 유아기 발달에 적절한 방법이다.

노래 부르기 내용과 관련된 활동의 예를 소개하면 다음과 같다.

- 그림 악보를 이용하여 노래 부르기
- 노래 부르며 게임하기 등

그림 악보 예

3) 악기 다루기

악기 다루기는 음악활동의 기본 수단이며, 모든 연령의 유아가 즐기는 활동이다. 악기는 유아가 음색을 발견하는 데 결정적인 도움을 주며, 소리의 장단·고저·강약 등 음악적 개념을 직접적으로 체험하여 이해하는 데 도움을 준다. 유아는 악기 연주를 통하여 악기의 이름과 악기의 독특한 소리를 익히고 연주방법을 발견하여 사람의 노래소리와 악기의 조화를 경험함으로써 음색의 아름다움을 느낄 수 있으므로, 교사는 유아 주도적인 놀이중심의 악기 탐색 및 악기 다루기 활동을 유아들에게 제공해야 한다. 악기를 탐색하고 다루는 경험은 궁극적으로 유아의 음악적 태도와 기술, 개념의 발달을 돕기 때문에 교사는 매일의 일과에서 유아에게 다른 음악교육 내용영역과 통합된 활동으로 제공한다. 유아들과 함께 사용할 수 있는 악기는 리듬악기류(예: 탬버린, 트라이앵글, 캐스터네츠, 우드블록, 리듬막대 등), 가락악기류(예: 피아노, 전자오르간, 실로폰, 스텝벨 등), 타악기류(소고, 장고, 북, 징, 꽹과리 등) 등이 있다. 특히 유아기는 리듬악기를 가지고 연주하기보다는 소리를 만들어보는 것에 더 흥미를 느끼므로 악기를 가지고 놀이할 충분한 시간을 제공해 주어야 한다.

음률영역에 다양한 악기를 제공하여 매일 유아들이 자연스럽게 악기놀이를 하면서

음률영역에 제공된 다양한 악기

자연물을 이용한 악기 만들기

악기를 다루는 방법과 더불어 악기를 파는 악기 상점이나 악기박물관 견학 및 악기연주회의 기회를 자주 갖는 것도 필요하다(안경숙 외, 2009 재인용).

악기 다루기와 관련된 활동의 예를 소개하면 다음과 같다.

- 다양한 재질의 악기소리 듣고 같은 소리 찾기
- 일상생활 도구를 이용하여 소리 만들어 연주하기 등

4) 음악 감상하기

음악 감상하기는 유아의 듣기 능력의 발달 및 음악적 개념 형성에 매우 중요한 내용으로서 음악에 대한 흥미, 선호도를 증진할 수 있다. 유아를 대상으로 음악 감상을 할 때에는 질이 좋은 CD 플레이어를 구비하고 이야기가 있는 곡(예: 프로코피예프의 '피터와 늑대'), 고전음악(예: 생상스의 '동물의 사육제', 하이든의 '시계교향곡'), 우리나라 민요 등 다양한 장르의 곡을 준비해서 들려주는 것이 좋다. 음악 감상곡은 짧고 생동감이 있는 양질의 곡을 선정해야 하며, 편안하고 안락한 분위기에서 감상하는 것이 좋다. 음악을 감상하고 난 후에는 여러 형태의 통합활동(예: 동작활동, 언어활동 등)으로 연계한다.

음악 감상하기에 관한 활동의 예를 소개하면 다음과 같다.

- 생상스의 '동물의 사육제' 중 〈피날레〉 감상하기
- 드뷔시의 '달빛' 감상하기 등

5) 음악극 하기

음악극은 동화, 동시의 내용 또는 주제 관련 내용을 극화하거나 노래극으로 구성하는 창작극이다(교육부, 1998). 유아들은 음악극 경험을 통하여 자신이 경험한 세계를 이해하고, 이야기를 구성하거나 대사를 익히고 분석하며, 또래 유아들과 협동작업을 통하여 언어적·사회적·지적으로 발달할 수 있다. 음악극의 구성은 이야기, 음악, 동작의 요소들이 한데 결합되어 있고 언어, 동작, 미술과 같은 예술적인 교과뿐만이 아니라 사회, 과학과도 통합적으로 이루어진다. 음악극 지도는 동화책을 활용하여 교사 주도적으로 기존의 노래를 활용하여 음악극을 안내할 수 있고, 유아가 창작이야기를 만들고 이야기에 리듬과 가락을 붙여 유아 주도적인 음악극을 만들 수 있다(안경숙, 김소향, 박진성, 2008).

음악극 활동의 예를 소개하면 다음과 같다.

- 창의적 음악극놀이 : '무지개 물고기'
- 통합적 음악극놀이 : '난 토마토 절대 안 먹어'

3 지도방법

음악교육 활동을 전개할 때 바람직한 교수-학습방법을 제시하면 다음과 같다.

첫째, 교사는 바람직한 음악교육 환경을 구성한다. 유아의 음악적 발달을 고려한 환경을 만들어 다양한 음악활동을 접할 수 있도록 배려한다. 유아의 음악적 발달을 고려한 환경은 유아의 연령적 적합성과 발달적 적합성, 문화적 적합성을 고려한 환경을 의미한다.

둘째, 교사는 소리 탐색 및 소리 만들기, 노래 부르기, 악기 탐색 및 다루기, 음악 감상하기 등의 음악교육 내용을 균형 있게 제공한다. 음악교육 내용은 유아의 발달 수준, 흥미, 생활주제 등을 고려하여 음악교육 내용 간의 통합성을 고려하여 제공한다.

셋째, 교사는 유아의 음악적 개념에 대한 사전 지식을 파악하여 유아가 음악에 대한 이해를 할 수 있도록 지원해야 한다.

넷째, 유아를 위한 음악교육 활동은 또래 간의 상호작용이 활발히 이루어지도록 소집단 위주의 음악 활동을 제공한다.

다섯째, 유아의 음악적 능력과 지능은 다른 지능영역이나 교과영역과 상호 연결되도록 지도한다. 예를 들면, 음악은 유아의 신체적 표현이나 움직임과 밀접히 관련되어 있으므로 리듬, 음정 등과 같은 음악적 개념을 신체를 사용하여 학습할 수 있도록 한다. 신체표현활동뿐만 아니라 말놀이와 같은 언어활동, 조형활동 등으로 통합될 수 있도록 한다(안경숙, 김소향, 나은숙, 2012).

여섯째, 음악 감상을 위해 일과 시간에 배경음악으로 음악을 들려주는 것은 피하는 것이 좋다(Albrecht & Miller, 2000). 어린 영아들은 성인이 하는 것처럼 쉽게 소음을 걸러내지 못하기 때문이다. 배경음악을 들려주는 것은 오히려 유아에게 소음 수준을 증가시키는 결과를 낳을 수 있다. 배경음악을 들려주는 대신 특별한 목적을 가진 일에 음악을 활용한다. 예를 들면 다음 활동으로의 전이시간, 유아를 조용하도록 할 때, 교실 분위기가 너무 가라앉아 있거나 너무 소란스럽고 들떠 있을 때 분위기를 바꾸기 위해 사용할 수 있다.

4 활동의 예

악기 연주하기

활동목표

- 악기의 음색을 구별할 수 있다.
- 리듬에 맞춰 악기를 연주할 수 있다.

활동자료

여러 가지 리듬악기(트라이앵글, 마라카스, 소프라노 실로폰, 탬버린, 심벌즈 등)

활동방법

1. 악기를 소개하고 탐색하는 과정을 갖는다.
   -(트라이앵글을 땡땡땡 치며) 이 악기의 이름은 뭘까?
   -이 악기의 이름은 트라이앵글이야. (트라이앵글을 치며) 트라이앵글은 이런 소리가 나는 악기야. 너희들도 악기를 사용해 볼까?
2. 자신이 마음에 드는 악기에 대해 이야기를 나눈다.
   -모두 악기를 사용해 보았니?
   -그럼 가장 마음에 드는 악기가 무엇인지 이야기해 볼까?
   -마음에 드는 악기를 가지고 연주해 볼까? (악기를 나눠준다.)

3. '동물의 사육제' 중 〈피날레〉 음악을 들려준다.

-지난 시간에 들었던 <피날레> 음악 기억나니?

-(기억나지 않는 유아들을 위해 다시 한 번 들려준다. 집중해서 들어보도록 한다.)

<피날레>를 듣고 난 후 느낌이 어때?

4. 〈피날레〉 음악에 맞춰 악기를 연주한다.

-<피날레> 음악에 맞추어 앞에 있는 악기를 이용해 자유롭게 악기 연주를 해볼까? (노래에 맞추어 자유롭게 연주하도록 한다.)

-노래에 맞추어 악기 연주를 해보았는데 어땠니?

5. 아름다운 소리를 만들기 위해서 악기 연주를 어떻게 하는 것이 좋을지 이야기를 나눈다.

-아름다운 소리를 만들기 위해서는 어떻게 악기 연주를 하는 것이 좋을까?

-선생님이 음악을 다시 들려줄게.

-어떤 악기를 사용하면 아름다운 소리가 날지 생각해 보자.

-(53초~1분 10초 부분을 들려준다.) 이 부분은 어떤 악기로 연주하면 좋을까?

-(1분 10~32초 부분을 들려준다.) 이 부분은 어떤 악기로 연주하면 좋을까?

-(1분 32~52초 부분을 들려준다.) 이 부분은 어떤 악기로 연주하면 좋을까?

6. 유아들이 토의하여 결정한 방법으로 악기 연주를 한다.

-이제, 우리가 정한 대로 노래에 맞춰 악기를 연주해 보자.

7. 마음대로 연주했을 때의 소리와 아름다운 소리를 만들기 위해 연주한 소리가 어떠했는지 이야기 나눈다.

-악기를 자유롭게 연주했을 때와 서로 이야기를 나누어 순서를 정해서 연주했을 때 어떤 것이 듣기 더 좋았니?

8. 음악에 맞춰 악기를 사용하면서 즐거웠던 점, 어려웠던 점에 대해 이야기를 나눈다.

-악기를 연주하면서 어려웠던 점은 무엇이었니?

봄비 노래 부르기

활동목표

- 음정에 맞춰 노래를 부를 수 있다.
- 즐겁게 노래를 부른다.

활동자료

그림 악보, 노래 CD, CD 플레이어

활동방법

1. 비를 맞았거나 비가 내리는 것을 본 경험에 대해 이야기를 나눈다.
   -비를 맞아본 적이 있니? 비오는 것을 본 적이 있니?
2. 봄비 그림 악보를 제시한다.
3. 교사가 먼저 봄비 그림 악보를 읽어준다.
4. 교사가 그림 악보를 보며 직접 봄비 노래를 들려주거나 CD로 들려준다.
5. 피아노로 멜로디만 들려준다.
6. '라' 나 '아' 등의 한 음으로 멜로디를 노래 부르며 그림 악보의 선율을 익힌다.
7. 유아들의 선율 표현이 자연스러워지면 그림 악보를 보면서 노랫말로 노래를 부른다.
8. 노래가 자연스러워지면 노랫말을 바꾸어 불러본다.

15장 미술

유아들은 자신의 생각이나 감정을 표현하려는 욕구를 가지고 있지만 아직 언어로 표현하는 능력이 부족하기 때문에 언어 이외의 방법으로 자신의 생각과 느낌을 표현하게 된다. 그중의 하나가 그림을 그리고, 만들어보는 미술활동이다. 이는 유아의 세계에 대한 이해와 그 안에서 소통하기 위한 자연스럽고 자발적인 표현양식인 것이다. 따라서 유아들에게 있어서 미술은 생활의 한 부분이며, 자기표현의 원초적 수단이 된다. 즉 미술활동은 모든 유아가 다양한 미술형식으로 자기를 표현해 봄으로써 즐거움을 느끼고, 내적 갈등을 해소하며, 미적 감수성을 발달시키는 활동이 되어야 한다.

1 교육적 의의

다양한 미술자료의 탐색에서 시작하여 자신의 생각과 느낌을 표현하는 미술활동은 유아의 여러 발달 및 학습을 자연스럽게 증진시키고 통합적으로 이루어진다. 미술활동의 교육적 의의는 다음과 같다.

첫째, 신체발달이다. 다양한 미술활동을 통해서 유아들은 화판에 붓으로 그림을 그리는 등의 활동을 하면서 대·소근육운동 능력이 발달하게 되고, 가위로 형태 오리기나 종이접기 등을 하면서 눈과 손의 협응력이 발달하게 된다.

둘째, 정서발달이다. 유아들은 발달에 적합한 미술활동에 자유롭게 참여하면서 성취감이나 만족감, 자신감뿐만 아니라 정서적인 안정감을 가질 수 있다. 또한 작품 감상을 함으로써 풍부한 감성과 심미감을 기를 수 있다. 미술활동을 하면서 부정적인 감정을 정화시키고, 이러한 정서를 긍정적인 방법으로 조절하고 표현하는 것을 학습하게 된다.

셋째, 지각발달이다. 미술활동을 하면서 색상, 형태, 선, 공간, 구성에 대한 시각적 지각능력을 기르고, 다양한 미술 자료의 질감을 경험함으로써 촉각이 발달한다.

넷째, 사회성발달이다. 유아는 미술활동을 하면서 친구와 미술자료를 나누어 사용하고 다양한 상호작용을 함으로써 사회성발달을 이루게 된다. 그리고 유아들이 함께 참여하는 공동 작업이나 작품 감상 활동을 통해 다른 사람의 생각·감정·관점을 이해하고 존중할 수 있으며, 공동체 의식도 형성된다.

다섯째, 인지발달이다. 유아는 미술자료를 구체적으로 탐색하고 조작하여 작품을 만드는 경험을 통해 인지발달이 촉진된다. 또한 수를 세고 숫자를 인식하고 1:1로 짝지어보는 등의 활동을 통해 수 개념이 발달하며, 물질의 변화 과정을 관찰하고 실험하면서 탐구능력이 발달한다.

여섯째, 언어발달이다. 유아는 미술활동에 참여하면서 자기 작품에 대해 설명하고 친구 작품을 보고 질문을 하는 등 자유롭고 부담감 없이 말하는 경험을 하게 되는데, 이런 기회를 통해 다양한 어휘를 습득하고 바르게 말하는 능력이 발달하게 된다.

일곱째, 창의성 발달이다. 미술활동에는 표현의 제한이 없으므로 유아의 느낌, 생각, 경험을 다양한 자료를 사용해 독자적으로 표현할 수 있다.

2 활동내용

조형활동의 내용인 탐색하기, 표현하기, 감상하기를 구체적으로 살펴보면 다음과 같다(심성경 외, 2003).

1) 탐색하기 – 형태 탐색하기

유아가 자연이나 사물의 조형적 형태에 관심을 갖고 탐색해 볼 수 있도록 끊임없이 안내하고 격려해 주며 다양한 재료와 도구를 통해 탐색할 수 있는 충분한 시간을 제공해 주어야 한다. 예를 들어, 현장학습을 다녀온 후 다음과 같은 질문을 통해 유아를 돕는다.

- 어떤 모양의 나무들이 있었니?
- 어떤 색깔의 나뭇잎들이 있었니? 색깔이 모두 같았니?
- 주변의 건물들은 어떤 모양이었니?
- 사물을 가까이에서, 멀리서 보았을 때 다른 점을 느꼈니?

탐색활동을 지도하기 위한 지침은 다음과 같다.

- 시각적·촉각적 탐색의 기회를 제공하기 위해 주변 사물과 미술자료 등 다양한 탐색자료를 마련해 놓는다.
- 여러 미술자료들을 혼합하거나 조작해 봄으로써 물리적 변화를 경험할 수 있는 탐색활동(예: 색깔의 혼합, 추의 진동을 이용한 그림 그리기)을 제공한다.
- 직접 보고 만져 볼 수 있도록 현장 견학(예: 작업실, 박물관)을 계획한다.
- 사물을 주의 깊게 관찰하는 태도를 격려하며 충분한 시간을 제공하여 자유로운 탐색을 허용한다.

- 유아의 탐색과정에 참여하여 개방적 질문을 함으로써 유아의 발견적 학습을 촉진한다.
- 유아가 안전하게 탐색할 수 있도록 자료의 안전성 여부를 점검하고 탐색활동 중에 감독을 철저히 한다.

2) 표현하기 – 그림 그리기, 만들기, 꾸미기

유아가 여러 가지 재료나 도구를 이용하여 주의 깊게 탐색한 것을 바탕으로 자신의 생각이나 느낌을 자유롭게 표현하도록 한다. 교사는 유아 작품의 결과보다는 자료를 다양하게 이용하여 만드는 과정에 중점을 두고 지도해야 하며, 추상적인 격려보다는 구체적으로 칭찬해 주고 격려해 주어야 한다. 예를 들어, 다음과 같이 유아의 창의적 노력에 대해 칭찬과 격려를 한다.

- 물감을 섞어 쓰니까 다른 색이 나오는구나. 정말 좋은 생각이다!
- 폐품(과자상자)을 이용하여 멋진 차를 만들었구나. 선생님도 그 차를 타고 여행하고 싶은데!
- 색종이를 찢어 붙인 옆에 그림도 그렸구나. 또 다른 느낌이 나서 정말 멋있다!

표현활동 유형에 따라 평면활동과 입체활동별 지도방법은 다음과 같다(이숙재, 이봉선, 김경란, 2002).

(1) 평면 표현활동

① 그리기와 칠하기

- 영유아들이 쉽게 그림을 그리고 색을 칠할 수 있도록 발달을 고려하여 적합한 재료를 다양하게 제공한다. 영아는 미술재료를 입에 넣거나 빨 수 있으므로 무독성이고 안전한 재료 선택과 사용에 주의를 기울여야 한다.

- 영유아들이 작품을 시작하는 단계에서 질문하는 것은 심리적인 부담감을 줄 수 있으므로 주의한다.
- 작품과정과 완성된 작품에 대해 이야기를 나누어 표현활동을 촉진할 수 있다.

② 찍기

- 선명하게 색이 나오게 하기 위해서 활동하는 동안 물감의 농도가 일정하게 유지되어야 하고, 종이의 흡수성이 적절해야 한다.
- 나뭇잎이나 채소 판, 단추 등과 같이 세부적인 묘사를 요구하는 경우에는 붓을 이용하여 대상물에 직접 물감을 칠하는 것이 도움된다.
- 찍기 활동을 한 작품 위에 그림을 추가하여 그려보거나 색칠하는 활동으로 확장할 수 있다.

(2) 입체 표현활동

① 점토

- 특정 대상을 지정하여 만들기 활동을 강요하기보다는 유아가 손으로 조작하고 점토의 형태와 변화에 관심을 갖게 한다.
- 점토로 만드는 과정에 대한 이야기 나누기를 통해 유아 스스로 해결방법을 찾도록 격려한다.

② 만들고 구성하기

- 오리고 붙이는 기술이 습득되면 구성활동을 소개한다. 처음에는 풀로 쉽게 붙일 수 있는 종이상자로 구성활동을 시작하고, 점차 입체자료 종류를 추가해서 자료의 특성에 따라 접착제를 사용하도록 한다.
- 만드는 과정 중에 대안적인 방법이나 문제해결방법에 대해 이야기 나누며 새로운 발견을 하도록 격려한다.

3) 감상하기 – 자연, 사물 및 미술작품 감상하기

유아가 자연과 사물 및 다양한 미술작품을 감상할 수 있는 기회를 제공하고, 유아 자신의 느낌과 생각을 자연스럽게 이야기 나눌 수 있도록 해야 한다. 교사는 사려 깊게 미술작품을 감상하고 작품에 대해 집중적인 토론을 할 수 있도록 지도하되 유아가 흥미를 잃지 않고 작품을 즐길 수 있도록 배려한다.

감상활동을 할 때에는 유아의 작품과 작가의 작품, 자연물에 대한 감상 기회를 고르게 제공하며, 작품에 대한 생각과 느낌을 나누고 비교해 봄으로써 각자의 생각이나 표현방법이 다름을 인식할 수 있도록 한다. 예를 들어, 다음과 같이 질문한다.

- 그림을 자세히 관찰해 보자, 이 그림은 어떤 재료로 그렸을 것 같니?
- 이 그림을 보면 어떤 기분이 드니?
- 이 그림에서 가장 마음에 드는 곳은 어떤 곳이니?
- 이 그림에서 어떤 곳을 바꾸어 보고 싶니?

유아의 작품감상은 별도의 계획적인 대집단활동뿐만 아니라 교실 안에 전시해 줌으로써 자연스럽게 감상할 수 있는 기회를 제공한다. 또한 미술표현활동 후에 유아가 그리거나 만든 작품을 모아 두었다가 그중에서 선정하여 감상하고 전시할 수 있다. 평면 작품은 개인 사물함이나 파일에 넣어 모으며, 입체 작품은 1~2주 정도 전시한 후 집으로 가져가도록 한다. 유아가 전시된 작품을 보면서 자부심을 느끼며 긍정적인 태도를 갖도록 가능한 모든 유아의 작품을 동시에 진열한다. 전시할 작품도 가능하면 유아가 직접 선정하도록 한다. 교사는 유아의 작품을 전시해 주고, 안전하게 집으로 가져가도록 도우며, 작품에 대해 뭔가 긍정적으로 언급해 줌으로써 유아로 하여금 자신의 작품이 존중받는다는 것을 알게 해준다(Rankin, 1995).

전시된 작품에 대해서는 비교, 평가가 아니라 관심을 갖고 관찰하고 이해하도록 지도한다. 또한 유아가 자신의 작품에 대해서 평가해 볼 수 있는 기회를 갖는 것이 좋다.

펠드만(Feldman, 1970)은 감상지도 시 토론 과정을 기술하기, 분석하기, 해석하기, 판단하기의 미술비평 4단계를 적용하였다.

(1) 1단계 : 기술하기

유아가 미술작품을 자세히 살펴본 후 작품 속에서 본 것들을 그대로 서술하게 하는 단계이다.

- 이 그림을 잘 살펴보자.
- 그림을 자세히 보고 나서, 눈을 감고 본 것을 기억해서 말해 보자.
- 여기 모두 몇 명이 있니?
- 그림 속에는 무엇이 있니?
- 어떤 모양들이 보이니?
- 어떤 선들이 있니?

(2) 2단계 : 분석하기

작품 속에 나타난 제작 기법이나 사용한 재료와 용구 등을 분석하고, 미술 요소(형, 색, 질감, 공간 등)들을 찾아보고 어떻게 조직되었는지 생각해 본다.

- 이 그림은 어떤 재료로 그렸을 것 같니?
- 움직이는 것처럼 보이는 선은 어떤 것일까?
- 어떤 색깔이 가장 잘 보이는 것 같니?
- 이 모양을 만지면 어떤 느낌이 들까?
- 어떤 모양이 가장 큰 것 같니?
- 어떤 모양이 가장 무거워 보이니?
- 어떤 부분이 어두워 보이니?

(3) 3단계 : 해석하기

작품의 특징을 느낌이나 인상, 작가의 의도나 원리, 작품의 메시지 등과 관련지어 보는 단계이다.

- 어떤 표현이 가장 재미있니?
- 이 그림을 보니 어떤 느낌이 드니?
- 어떤 부분을 보고 그런 생각을 했니?
- 화가가 왜 이렇게 그렸을까?
- 이 그림에서 소리가 난다면 어떤 소리가 날까?
- 이 그림 속의 계절은 무엇일까?
- 이 그림 속에 재미있는 이야기가 숨어 있어요. 어떤 이야기가 숨어 있을까?
- 이 사람들의 사이는 어떤 것 같니?

(4) 4단계 : 판단하기

감상한 작품에 대한 자신의 느낌에 대해 이야기 하는 단계이다.

- 이 그림이 마음에 드니?
- 이 그림에서 어떤 점이 가장 마음에 드니?
- 이 그림을 어디에 걸어두고 싶니?
- 네가 화가라면 이 그림에서 어떤 부분을 바꿔 보고 싶니?
- 이 그림을 집에 가져간다면 어떻게 하고 싶니?
- 제목을 다시 만든다면 무엇이라고 하고 싶니?

4) 통합적 조형활동

통합적 미술교육이란 유아의 생활 내용 전부와 전 영역, 교과과정의 통합에 의한 미술교육을 의미한다. 통합적 미술교육은 유아의 생활 전반에서 의미 있는 환경이나 배경을 제공하며, 교육기관 내에 있는 전 영역을 사용하여 활동을 하고 미술활동을 통해 다음 활동의 학습효과를 증진시키며, 예술 전반에 관한 폭넓은 이해를 도와주고 창의성을 증진시키는 것이다.

통합적 미술교육에서는 유아가 활동하는 교실에 풍부하고 다양한 물리적 환경이 중요하다. 필드(Field, 1980)는 좀 더 작은 공간으로 분할된 방이 개방되고 넓은 공간보다 또래와의 상호작용과 언어적 상호작용, 상상놀이나 연합놀이, 협동놀이와 같은 행동이 촉진된다고 한다. 즉 유아들이 자신의 눈높이에서 마음껏 탐색활동을 하며 표현해 볼 수 있는 다양한 자료와 자유로운 분위기 조성이 무엇보다 필요하다 하겠다.

통합적 미술교육을 위해서는 다음과 같은 원칙이 지켜져야 한다(이진이, 1997).

첫째, 확산적 사고의 과정을 거친다.

둘째, 유아는 일상적인 재료가 아닌 다양한 미술 재료를 사용하여 여러 가지 형태의 그리기, 골 찍기, 뿌리기, 칠하기, 염색, 구성 등의 새로운 기술과 기법을 배워서 새롭고 독특한 결과가 나오도록 이끈다.

셋째, 창작의 과정은 긴장을 해소할 수 있는 기회이다.

넷째, 유아의 모든 아이디어를 수용적인 자세로 받아들여 활동과정을 중요시한다. 심지어 이상한 아이디어조차도 창조적인 발견의 시초이며, 창의성을 발달시키려고 한다면 반드시 이를 받아들여야 한다.

다섯째, 자신의 창의적인 자질을 나타내기 위한 표현방법을 탐색할 수 있는 기회를 제공해 주어야 하며, 자신의 감정이나 느낌을 움직임으로 표현하게 하는 신체활동과 연관시켜 보게 한다(이진이, 1997). 즉 통합적 미술교육을 통해서 다른 흥미영역의 활동과 연계성을 가지고 통합적으로 미술교육이 진행되어야 한다.

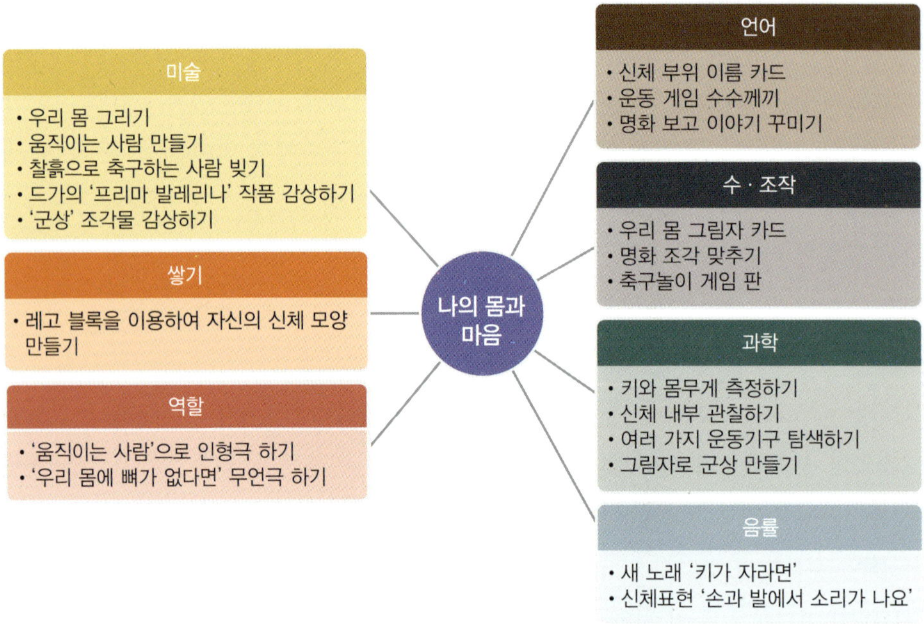

주제 '나의 몸과 마음'에 대한 대 · 소집단활동 계획

3 지도방법

미술활동의 지도는 계획-진행-평가-작품 전시-정리 및 보관으로 이루어진다.

1) 계획

미술활동은 유아 스스로 계획한 것과 교사가 먼저 계획하고 준비한 활동으로 나눌 수 있다.

(1) 유아 스스로 계획한 활동

유아가 계획한 활동이란 자신의 생각이나 느낌을 표현하기 위하여, 즉 자신의 흥미와 요구에 의해 동기가 유발되어 시작한 활동이다. 단순히 일회적으로 그리거나 만드는 활동일 수도 있고, 또래, 교사와의 상호작용, 자신의 관찰 등을 통하여 얻은 지식이나 느낌을 표현하는 활동일 수도 있다. 유아가 계획한 활동은 미술영역에 비치된 다양한 자료를 주로 이용하여 이루어진다. 유아가 계획한 미술활동은 대부분 실내 자유선택활동시간에 개별적으로 미술영역에서 이루어지지만, 유아가 자신이 고안한 활동을 다른 유아와 함께 해보고자 원하거나 교사의 판단에 전체 유아와 함께 해보는 것이 좋겠다고 생각될 때는 자료를 준비하여 공동 작업으로 발전시킬 수도 있다.

(2) 교사가 계획한 활동

교사가 계획한 활동은 교사가 유아의 흥미와 발달 정도, 계절, 주제, 작업양상 등을 고려하여 어떤 목적을 가지고 활동을 계획하고 준비하는 것을 말한다. 교사는 먼저 유아의 흥미와 발달정도, 연령 등을 고려하여 작업의 난이도를 조절하고 그 다음 계절이나 주제를 고려하여 유아가 흥미를 가지고 탐구해 볼 수 있는 활동을 선정한다. 교사가 계획한 활동 역시 주로 실내 자유선택활동시간의 미술영역에서 이루어지는데, 모든 유아가 해야 하는 것은 아니며, 미술활동을 선택한 유아들이 미술영역에서 하는 활동으로 운영한다.

교사가 제안하는 준비물을 미술영역의 책상에 미리 준비해 둠으로써 유아들이 참여해 볼 수 있도록 유도한다. 만 5세의 경우 실제 활동은 자유선택활동시간에 하더라도 활동에 준비물과 하는 방법 등을 계획하기 시간에 소개할 수도 있다.

2) 진행

미술활동을 실제로 실행하는 방법은 자유선택활동시간에 미술영역에서 진행하는 경우와 하루 일과 중 집단활동으로 운영하는 것이 있다. 현장에서는 미술활동을 집단활동으로 실행하는 경우가 대부분이지만, 미술활동은 자유선택활동시간에 개별적 선택활동으로 이루어지는 것이 더 바람직하다.

교사는 유아가 미술활동을 하면 자신이 하고자 하는 것을 잘 선택하고 진행하는지 확인한다. 유아를 잘 관찰한 후, 유아가 겪고 있는 문제를 파악하여 해결할 수 있도록 도움을 주고 정보를 주는 것이 좋다. 교사는 유아가 즐겁게 자신감을 가지고 창조적인 표현을 할 수 있도록 격려하며 끝까지 마무리할 수 있도록 한다.

(1) 자유선택활동시간의 미술활동

① 유아 스스로 계획한 활동

유아 스스로 하고 싶은 미술활동을 하기 위해서는 미술영역의 자료를 쉽게 사용할 수 있도록 배치해야 한다. 자료를 같은 종류별로 분류해 놓거나 학기 초 오리엔테이션을 할 때 유아와 함께 영역을 살펴보며 개별적으로 자료의 종류와 위치에 대해 이야기해 줄 수 있다.

② 교사가 계획한 활동

미술활동을 하기 전에 미술영역의 책상에 준비물을 미리 비치해 두면 동기 유발에 도움이 된다. 유아들은 같은 미술활동을 반복해서 하고 싶어 한다. 만약 유아들이 그 활동을 즐겨 한다면 필요한 자료를 4~5일 동안 계속해서 내주어 누구나 경험해 볼 수 있도록 해준다. 유아들이 다양한 자료를 자유롭게 쓸 수 있도록 질서 있게 배치해 주고 충분한 시간을 준다. 유아들이 미술 경험에 몰입할 때는 일과 계획상 다른 활동으로 전이가 되더라도 몰입된 유아들은 계속할 수 있도록 배려하는 것이 좋다.

(2) 대집단으로 하는 미술활동시간

견학 후, 생일 축하 전, 복잡한 과정이 필요한 활동에는 대집단 미술활동시간을 별도로 정하여 활동을 소개하고 실행하게 한다. 모든 유아가 해야 할 가치 있는 활동, 전체가 동시에 했을 때 안전이나 소음에 큰 문제가 없는 활동을 대집단 미술활동으로 할 수 있다.

3) 평가

유아 미술활동의 평가목적은 미술활동이 다양한 영역의 유아발달을 촉진했는지 살펴보고, 각 활동을 위해 선정된 학습목표가 어느 정도 달성되었는지를 살펴보아 유아 지도와 교사의 발전을 위한 자원으로 활용하는 데 있다.

교사는 유아를 개별적으로 평가하기 위하여 유아를 세심히 관찰하고, 미술활동을 하는 동안이나 미술활동을 마친 후 교사의 생각이나 느낌을 이야기해 준다. 유아 개별 평가 시 주의할 사항은 다음과 같다.

- 먼저 개선점을 이야기하기 전에 격려부터 해주는 것이 좋다. 유아에게 보충할 점을 이야기해 줄 때는 교사가 강요하거나 지시하는 것보다 다양한 가능성을 제안하는 방식으로 한다.
  - 예 "여기 색칠 더해라."라고 강요하는 등 이야기하는 것보다는 "오늘 집 모양을 아주 재미있고 정성스럽게 그렸구나. 집을 색칠해 주면 더 멋진 집이 될 것 같구나."라고 제안하는 것이 바람직하며, 구체적으로 격려해 주는 것이 좋다. 유아가 한 활동을 정확히 관찰해서 그중에 열심히 하고 창의적으로 표현한 것을 격려해 준다.
  - 예 유아들이 그림을 그리고 있을 때 교사가 "잘했어.", "예쁘다."라고 천편일률적인 이야기를 해 주는 것보다 "오늘 집 그림은 지붕이 뾰족한 게 예전 그림이랑 달라졌구나.", "여러 가지 아름다운 색으로 칠해서 그림이 아주 멋있어졌네."

라고 이야기하는 것이 훨씬 좋은 방법이다.

• 정형화된 그림을 그린 유아에게 교사가 적절히 제안하는 것이 필요하다. 이 시기의 유아들은 자신이 생각한 것을 그림으로 그리다 보니 여러 가지 정형화된 기호가 등장하게 된다. 교사는 이런 정형화된 그림을 가르쳐서는 안 되며(예 : "집은 세모 아래 네모를 그리면 된다."), 좀 더 다양한 방식으로 표현해 볼 수 있도록 도움을 준다.

예 집, 나무, 구름, 햇빛을 그리는 유아는 야외임을 표시하기 위한 기호로 이런 그림을 그릴 수 있다. 그리기 전에 "오늘은 어디 가는 그림을 그릴거니?", "슈퍼마켓을 가는 그림이라면 슈퍼마켓 안을 그리면 어떨까?" 라는 식으로 제안한다.

• 유아들이 서로의 작품을 평가할 수 있다. 미술활동을 시작하기 전에 작업에 대한 계획과 진행과정을 이야기하고, 미술활동이 끝난 다음에도 이야기 나누기 시간을 통하여 평가를 한다. 이야기 나누기 시간을 통한 집단평가시간에는 다음과 같은 사항을 평가할 수 있다.

- 유아의 작품에 어떤 이야기가 담겨 있는지 관심 가지고 표현해 보게 한다.
- 사용한 색깔이 유아가 표현하고자 한 주제에 적절한지 이야기해 본다.
- 창의적 표현(다른 유아들이 하지 않은 방식, 이전에 없었던 표현방식)을 격려한다.
- 작품을 좀 더 돋보이게 하려면 어떤 것을 하면 더 좋을지 이야기해 본다.

4) 작품 전시

작품 전시는 유아의 작품을 활동실 내·외에 전시하는 것으로 전시를 위한 특정 장소뿐만 아니라 다양한 장소에서 완성된 작품을 전시할 수 있다. 다른 유아의 작품과 함께 자기 작품이 전시된 것을 보면서 소속감을 느낄 수 있고, 성취감 및 자아존중감도 가질 수 있게 된다. 유아의 작품은 편견이나 편애 없이 전시되고 받아들여야 한다. 전시의 목적은 유아의 작품을 교사의 주관에 의해 비교하는 것이 아니라 유아들 간에 서로의 작품을 보고 느껴보도록 하는 데 의의가 있다. 전시를 하는 방법은 다음과 같다.

① 유아의 작품을 개별적으로 전시해 준다.

② 처음부터 공동 작업을 하여 함께 전시한다.

③ 유아 개개인의 작품을 모아 교사가 특징 있게 배치하여 마치 공동으로 작업한 것처럼 보이게 하는 공동 작품화 방법이 있다.

tip 작품을 전시할 때 고려할 사항

- 작품에는 유아의 이름을 쓰거나 별도의 이름표를 붙여서 전시한다.
- 작품을 전시할 때에는 유아들이 작품을 감상할 수 있도록 유아의 눈높이에 맞추어 전시하며 정기적으로 작품을 교체해 준다.
- 벽, 게시판이나 전시대뿐만 아니라 다양한 시설(예 : 커다란 상자, 가리개, 이젤, 문, 창문, 선반, 천장)을 활용할 수 있다.
- 작품의 특성을 살려 전시 효과를 극대화시킬 수 있는 방법을 모색한다.
- 유아의 작품을 개별적으로 전시할 수도 있고, 개인 작품을 모아서 주제에 따라 공동 전시를 할 수도 있다.
- 부모님이나 다른 학급의 유아를 초청하는 미술 전시회를 개최한다.
- 미술 전시회를 개최할 때에는 교사와 유아가 함께 의논하여 전시방법을 결정하도록 한다.

5) 정리 및 보관

유아가 그린 그림과 만든 작품을 정리하는 것은 유아로 하여금 자신의 물건을 스스로 정리하고 보관하는 습관을 기르도록 할 뿐만 아니라 자신의 작품을 소중히 다루는 경험을 통해 긍정적인 자아개념을 형성하는 데 도움을 준다.

작품을 보관할 때 유의사항은 다음과 같다.

- 모든 작품에는 유아의 이름, 작품의 제목, 완성한 날짜를 적어 유아의 개인 사물함에 보관한다.
- 그림이나 물감 칠하기 등의 평면 작품은 묶어서 보관한다.
- 만들기와 같은 부피가 있는 작품은 작품이 망가지지 않도록 상자에 담아 보관하는 것이 좋다.

• 모든 작품은 계속 보관하기 어려우므로 작품이 모아지면 집으로 돌려보내거나 포트폴리오로 정리한다.

4 활동의 예

휴대전화 만들기

활동목표

• 휴대전화의 모양과 특징에 대해 알아본다.
• 창의적으로 표현활동을 한다.

활동자료

활동판, 우드보드, 풀, 테이프, 가위, 휴대전화 모양 종이, 색연필, 크레파스, 물감 등

활동방법

1. 휴대전화에 대해 이야기 나눈다.
   - 우리가 멀리 있는 사람에게 말을 전하기 위해 필요한 도구에는 무엇이 있을까?
   - 휴대전화로 할 수 있는 것은 무엇이니?
2. 준비된 재료를 함께 살펴본다.
   - 어떤 재료로 휴대전화를 만들 수 있을까?
   - 이것으로 어떻게 휴대전화를 만들 수 있을까?

미술활동 소개

미술활동에 참여하는 유아들

3. 활동판을 보며 활동순서에 대해 알아본다.
    - 휴대전화 모양대로 자른다.
    - 휴대전화를 꾸민다.
    - 휴대전화 모양 종이 사이에 우드보드(우드락)를 붙인다.
    - 풀칠을 한다.
4. 휴대전화를 만든다.
5. 다양한 재료를 이용하여 자신의 휴대전화를 꾸며본다.
6. 휴대전화 만들기 활동을 마친 후 느낀 점을 이야기한다.

    -친구들이 만든 휴대전화에 대해 이야기해 보도록 할까?
7. 작품을 전시하여 서로의 작품을 감상해 본다.
8. 확장된 활동으로 만든 휴대전화를 이용하여 역할놀이를 해본다.

    -우리 친구가 만든 휴대전화로 어떤 것들을 할 수 있니?

열기구 모빌 만들기

활동목표

- 열기구의 특징에 대해 알고 이해한다.
- 열기구를 만들며 다양한 교통수단에 관심을 갖는다.

활동자료

골판지, 허니컴 종이, 종이컵, 실, 가위, 풀

활동방법

1. 항공교통수단인 열기구에 대해 이야기 나누고 표현해 본다.
2. 활동순서에 대해 이야기 나누어본다.
3. 종이보드(골판지)를 원 모양으로 자르고, 허니컴 종이는 반원으로 자른다.
4. 종이보드에 허니컴 종이가 펴지도록 붙이고, 다른 한쪽 면도 허니컴 종이를 붙인다(양면 구성).

활동자료 준비 / 표현하기 / 열기구 꾸미기 / 완성

5. 도화지에 사람을 그려 오린 후 종이컵 안쪽에 붙인다.
6. 컵과 열기구에 테이프로 실을 붙여 연결하고, 위쪽에도 실을 붙여 천장이나 벽에 붙여 장식한다.
7. 열기구를 꾸며본다.
8. 친구들의 모빌을 감상해 본다.

16장

요리

요리활동은 유아들이 음식을 만드는 과정에 직접 참여하여 경험하는 것으로, 유아들은 요리활동에 흥미를 느끼고 요리하는 과정을 즐기며 요리를 통해 교육적 의미를 찾을 수 있는 통합적인 활동이다. 음식은 모든 유아에게 친숙하며 유아의 기본적 욕구의 한 부분이다. 유아는 매일 유아교육기관이나 집에서 음식을 접하며 관심이 매우 높다. 유아는 만든 음식을 먹는 것뿐만 아니라 음식을 준비하는 것을 돕고 만드는 것도 좋아한다. 그러므로 유아교육기관에서 유아의 요리활동은 다양한 방법으로 즐겁고 재미있게 행할 수 있는 활동 중의 하나이다.

요리활동은 단순히 음식을 만드는 데서 끝나는 것이 아니라 여러 영역과 연관하여 다양한 경험을 제공할 수 있다. 요리활동과 관련된 활동은 과학(열, 물리·화학적 변화), 언어(조리법 읽기, 대화), 인지(개념발달, 이해력), 사회(물건의 생산 및 유통과정), 정서(긍정적 자아형성, 성취감), 수학(측정, 양과 수에 대한 개념), 신체(소근육 협응, 기본생활습관) 등이다. 즉 요리활동을 통해 음식물에 대한 개념, 음식을 만들고 준비하면서 얻을 수 있는 개념, 사회·과학적 지식, 측정의 개념학습에 도움을 주고, 온도와 변화의 개념, 시간의 개념, 물리·화학적 개념들을 학습할 수 있으며, 다양한 경험을 통합적으로 접근하여 유아의 전인발달을 도모할 수 있다.

요리활동은 유아가 요리하는 과정을 통해 음식 재료를 보고, 만지고, 냄새 맡고, 맛보고, 듣는 등 오감각을 사용해서 자신의 주변 세계에 대한 개념을 얻을 수 있다. 또 재료의 변화를 관찰함으로써 음식의 모양, 색, 크기 등을 묘사하고, 논리적 사고를 하는 등 새로운 정보를 학습하는 데 도움을 받으며 새로운 기술을 습득하게 된다.

요리활동은 유아의 모든 감각을 사용하여 사물이나 사건을 다룸으로써 유아에게 의미가 있으며 직접적이고 구체적인 활동을 통해 유아의 모든 발달에 영향을 주는 중요한 활동이다. 또한 유아 자신이 성공적인 느낌과 좋은 느낌을 가질 수 있도록 도와주는 한 방법이며, 유아가 요리를 함으로써 생각하고 배우는 동안 어떤 활동을 계속할 수 있도록 격려받으며 즐거운 생각을 갖는 과정에서 많은 것을 학습할 수 있는 교육활동이므로 요리활동을 주기적·지속적으로 계획하고 실행하는 것이 바람직하다.

1 교육적 의의

유아교육에서 이루어지는 요리활동은 유아들에게 즐거움을 줄 뿐만 아니라 이를 통해 다양한 학습이 이루어진다. 요리활동의 교육적 의의를 구체적으로 살펴보면 다음과 같다.

첫째, 요리활동은 유아들에게 매우 흥미 있는 활동으로 생활주제 및 절기에 맞는 요리를 선정하여 주기적으로 실시한다면 유아들에게 즐거움을 주고 또래와 협력하여 요리활동을 하면서 사회성발달 및 정서발달에 긍정적인 영향을 줄 수 있다. 유아는 목적을 가지고 다른 유아들과 함께 상호작용하면서 의사소통하고 협동하는 것을 배울 수 있다. 요리하는 과정에서 음식의 재료를 프라이팬에 넣을 때, 무거운 프라이팬의 손잡이를 잡을 때, 음식의 재료와 결과물을 다른 곳으로 옮길 때 도움이 필요함을 알게 된다. 어떤 유아는 특별한 것을 하기 위해 새로운 아이디어를 필요로 하거나 음식에 설탕을 얼마나 넣어야 하는지 등을 결정할 때 다른 유아의 도움이 필요하다는 것도 알게 된다. 이렇게 함께 작업하도록 요구되는 활동을 하는 동안 유아는 사회적 기술을 배운다.

둘째, 요리 재료들을 만져보고, 냄새 맡고, 보고, 맛보고, 익히고, 섞고 변화하는 과정을 오감각을 통해 구체적으로 경험함으로써 감각 경험에 도움이 된다.

셋째, 요리활동은 유아들에게 감각적 경험, 운동기술, 언어·수학, 과학, 인지적 개념과 사회·정서발달을 향상시키도록 돕는 등 유아의 모든 발달에 도움을 준다.

넷째, 음식 재료를 혼합하여 섞고, 액체를 부으면서 소근육발달이 이루어지며, 젓가락을 손에 쥐고 주전자에 들어 있는 주스를 컵에 따르는 활동을 함으로써 눈과 손의 협응력 발달을 도울 수 있다.

다섯째, 요리활동을 통해 유아들은 측정개념 및 측정도구에 대해서도 이해할 수 있다. 유아는 컵과 스푼을 가지고 양을 표시하는 활동을 하면서 측정을 이해하기 시작한다. 유아는 한 컵이나 한 테이블스푼을 정확히 측정할 수는 없다. 그러나 티스푼보다 테이블스푼이 훨씬 더 큰 것을 발견할 수 있고, 한 컵은 한 테이블스푼보다 많다는 것도 알게 된다. 유아는 또한 밀가루나 물을 섞으면서 음식물이 서로 혼합될 수도 있다는 것을 알게 되며, 사용된 각 성분의 양이 최종 결과물을 다르게 한다는 것도 이해하게 된다. 이런 인식을 통해 양을 알아내는 다양한 방법들을 탐색하고 측정할 도구를 발견하게 한다.

여섯째, 요리활동을 통해 전인발달을 도모하며 여러 활동영역을 통합할 수 있다. 요리활동은 유아의 모든 감각을 사용하여 사물이나 사건을 다루어봄으로써 유아에게 의미가 있으며, 직접적이고 구체적인 활동을 통해 유아의 모든 발달에 영향을 주고 여러 영역과 관련되어 통합적으로 활동이 이루어질 수 있다.

2 활동내용

유아교육기관에서 실시하는 요리활동은 요리 종류의 선택이 무엇보다도 중요하며, 요리 종류는 먼저 유아의 발달단계와 요리의 과정, 실시 여건 등을 고려하여 한두 가지 기능을 요하는 간단한 것부터 시작한다. 특히 요리활동이 유아 주도적으로 이루어지기 위해서는 만드는 방법이 간단하면서도 물리적 변화를 많이 관찰할 수 있는 활동을 선정하는 것이 바람직하다. 또한 유아가 이미 알고 있는 음식과 이전에 접하지 못했던 음식, 시간이 짧게 소요되는 음식, 시간이 많이 소요되는 음식, 한 가지 음식 재료만 사용하는 음식, 여러 종류의 재료를 혼합해서 요리하는 음식 등 다양하게 선택할 수 있다.

요리활동은 불의 사용 유무에 따라 불을 이용하는 활동과 불을 이용하지 않는 활동으로 나눌 수 있는데, 연령이 어리고 학기 초일수록 불을 이용하지 않는 활동을 하는 것이 교사와 유아 모두에게 유익하다.

(1) 불을 이용하지 않는 요리

어린 연령의 유아, 유아들과 처음으로 요리활동을 계획하는 경우, 학기 초에 실시하는 요리활동은 불을 이용하지 않는 요리를 선택하는 것이 안전하고 운영상에 어려움을 줄일 수 있다. 불을 이용하지 않는 요리에는 카나페, 과일 샐러드, 꼬치요리, 화채 등이 있다.

(2) 불을 이용한 요리

불을 이용할 경우에는 유아가 안전에 유의하여 요리활동을 할 수 있도록 교사는 유아들을 소집단으로 구성하여 세심하게 지도해야 한다. 교사는 요리하는 동안에 잠시도 자리를 떠나서는 안 되며, 특히 기름이 부어진 프라이팬, 끓는 물 등을 조심해서 다루어야 한다. 또 휴대용 가스렌지보다는 전기 프라이팬을 활용하는 것이 안전사고 예방에 도움이 된다. 또한 투명한 뚜껑을 사용하면 열이 가해지면서 변화되는 과정을 유아들이 직접 관찰할 수 있다. 불을 이용한 요리로는 팝콘, 핫케이크, 피자, 떡볶이, 빈대떡 등이 있다.

3 지도방법

1) 요리활동 계획 단계

요리활동은 어떻게 계획하느냐에 따라 성공적으로 이끌 수 있는 결정적 요인이 되기 때문에 요리활동을 통한 교육목표를 달성하기 위해서는 구체적인 계획을 세워야 한다. 계획을 수립할 때 유의할 점은 다음과 같다.

① 요리활동의 연속적인 단계를 계획한다.
② 요리활동 단계를 벽에 쓴다.
③ 점차적으로 복잡한 활동을 계획한다.
④ 유아가 하는 활동에 대해 이야기할 수 있도록 격려한다.
⑤ 여러 활동이 가정의 경험으로까지 연결되게 한다.
⑥ 새로운 음식, 과정, 도구에 이름을 붙인다.
⑦ 유아들이 만들고 싶은 요리에 대해 이야기 나눈다.
⑧ 적절한 때 유아가 할 수 있도록 참여시킨다.
⑨ 유아가 했던 것을 토의하도록 격려한다. 또한 맛보고 만지는 것을 허용한다.
⑩ 수·과학·언어·지역과 가정의 이해 등 여러 종류의 학습을 포함시키도록 한다.
⑪ 추후 활동으로 학습을 확장한다.

2) 요리활동 준비 단계

요리활동에서 무엇보다도 중요한 것은 청결과 안전의 문제이다. 교사는 요리활동 시작 전에 전에 유아가 손을 깨끗이 씻은 후 앞치마를 입게 하고, 요리 시에 주의해야 할 안전에 대해 이야기한다. 요리활동 시 주의할 점은 다음과 같다.

① 유아는 무딘 칼이나 톱니 모양의 플라스틱 칼을 쓰도록 한다.
② 유아를 위해 충분한 도구와 기구를 준비한다.
③ 가능하면 전기 프라이팬이나 전기기구를 사용하고, 교사는 유아의 기구 사용을 돕는다.
④ 낮은 작업대와 의자를 사용한다.
⑤ 가열된 도구는 뜨겁다는 것을 알려준다.
⑥ 교사는 유아의 발달에 적합한 요리순서표를 준비한다.

tip 요리순서표 제작 시 유의사항

- 유아가 요리방법을 쉽게 이해할 수 있도록 그림과 단어를 함께 제시한다.
- 요리활동명, 필요한 재료, 요리순서, 요리방법을 구체적으로 제시한다.
- 요리과정을 세분화하여 제시한다.

3) 요리활동 실행 단계

요리활동의 실행단계를 효과적으로 진행하기 위해서는 무엇보다도 교사의 역할이 중요하다. 요리활동에 있어 교사의 역할은 다음과 같다.

① 교사는 유아가 자기주도적으로 요리활동을 할 수 있도록 지시하기보다는 유아를 격려하여 스스로의 속도로 활동하도록 배려한다.
② 요리활동이 유아에게 적절한 도전이 되도록 배려한다. 처음에는 쉬운 활동으로 시작하다가 점점 더 어려운 활동을 제시하여 유아가 좌절감을 느끼지 않고 오히

곰돌이 까나페

재료 크래커, 딸기잼, 치즈, 햄, 방울토마토

요리 순서

1. 방울토마토를 칼로 잘라요.

2. 햄을 곰돌이 모양 찍기 틀에 찍어 곰돌이 모양으로 만들어요.

3. 크래커 위에 딸기잼을 발라요.

4. 딸기잼을 바른 크래커 위에 치즈, 곰돌이 모양 햄, 방울토마토를 올려요.

주의사항

- 요리하기 전에 손을 깨끗이 씻어요.
- 칼을 가지고 장난하지 않아요.

요리순서표

려 자신감을 향상시킬 수 있도록 한다.

③ 요리의 결과보다 요리의 과정을 중요시한다. 요리의 최종 결과물에만 관심 갖기보다는 요리의 과정을 더 강조하고 격려해서 유아가 요리하는 것에 대해 자신감을 가지고 실행할 수 있도록 한다.

④ 음식의 중요성에 대해 유아와 함께 이야기하고 가정에서도 부모와 함께 요리해 보도록 제안한다.

4) 요리활동 마무리 단계

① 교사는 유아와 함께 직접 만들고 완성한 요리를 먹으며 평가를 한다. 평가할 때 유아들에게 다음과 같은 질문으로 이야기를 나눌 수 있다.

♣ **평가 시 질문목록**

- 요리의 과정이 계획대로 잘 진행되었는가?
- 요리를 직접 해본 느낌이 어떤가?
- 직접 요리한 음식을 맛보니 기분이 어떤가?
- 요리를 진행하면서 궁금했던 것은 무엇인가?
- 요리를 통해서 새롭게 배우고 알게 된 것은 무엇인가?
- 오늘 요리했던 재료로 만들 수 있는 다른 요리는 무엇인가?
- 다음 기회에 해보고 싶은 요리는 무엇인가?

② 유아가 만든 요리를 기관에 근무하는 선생님 및 다른 반 유아들에게도 대접할 수 있다.

③ 가정에서도 부모와 함께 요리해 보도록 격려하고 제안한다.

④ 유아들과 함께 정리정돈하며 마무리한다.

4 활동의 예

곰돌이 카나페 만들기

활동목표

- 요리활동의 즐거움을 경험한다.
- 카나페의 다양한 재료를 접해 보고 탐색해 본다.
- 음식을 제자리에 앉아서 먹을 수 있다.

활동자료

크래커, 치즈, 햄, 딸기잼, 방울토마토, 그릇, 플라스틱 칼, 곰돌이 모양틀, 요리순서표

활동방법

1. 앞치마를 입고 손을 씻는다.
2. 유아와 요리순서표를 보며 요리 이름, 재료 및 요리방법과 요리활동 시의 주의사항을 이야기한다.
   - 카나페를 만들려면 어떤 재료가 필요할까?
   - 어떻게 만들 수 있을까?
   - 요리를 시작하기 전에 무엇을 해야 할까?

2. 준비한 재료를 만져 보면서 탐색한다.
   - 어떤 재료가 있니?
   - 재료의 모양이나 색이 어때?
   - 재료에서 어떤 냄새가 나니?
   - 재료를 직접 보고 만져보고 냄새 맡아보니 어떤 느낌이 드니?

3. 요리활동에서 지켜야 할 규칙 및 주의점 등에 대해 이야기한다.
   - 요리활동할 때 지켜야 할 규칙에는 무엇이 있을까?
   - 카나페를 만들 때 칼을 어떻게 사용해야 할까?
4. 요리활동을 한다.
   - 재료를 자를 때 느낌이 어떠니?
   - 딸기잼을 바른 후 재료를 얹으니 어떻게 되었니?
   - 어떤 카나페가 만들어졌니?
5. 정리정돈을 한 후 간식으로 먹는다.
6. 간식을 먹으면서 맛과 직접 요리해서 먹는 느낌 등을 이야기한다.
7. 원장선생님에게도 만든 요리를 전한다.

17장

현장학습

현장학습이란 교실 밖에서 이루어지는 학습으로, 유아교육에 있어서 현장학습은 유아들에게 주제와 관련된 직접적인 경험의 기회를 제공함으로써 구체적이고 직접적인 경험을 제공하는 활동을 말한다. 최근 유아교육기관에서 유아들에게 좀 더 직접적이고 통합적인 경험을 제공하고자 현장학습을 활성화하고 있다. 또한 맞벌이가정이 늘어나면서 부모들은 유아들에게 지역사회의 사회적 생활을 직접적으로 제공하지 못하는 점을 아쉬워하며 이러한 부족한 점을 기관에서 충족시키기를 기대한다. 이러한 요구가 유아교육기관에 반영되어 기관에서는 현장학습을 매우 중요시하며 생활주제와 관련지어 연간교육계획을 세워 진행하고 있다.

1 교육적 의의

유아들은 현장학습을 통해 자신을 둘러싼 지역사회 및 문화를 더욱 의미 있게 경험하고 이해하게 되며, 이러한 이해와 경험은 유아가 새로운 지식을 학습할 때 매우 중요하다. 현장학습의 교육적 가치를 구체적으로 기술하면 다음과 같다.

첫째, 현장학습은 유아들의 탐구심과 호기심을 자극하며 과학적으로 문제를 해결할 수 있는 방법을 터득하도록 돕는다.

둘째, 현장학습은 장소, 시간, 상황과 관련된 새로운 낱말을 배우게 되어 유아의 언어발달을 돕는다.

셋째, 현장학습은 유아의 학습에 대한 흥미를 유발시켜 자발성을 유도함으로써 교실에서의 학습효과를 높일 수 있다.

넷째, 현장학습은 유아가 주제와 관련된 개념을 명백하고 분명하게 이해하도록 돕는다.

2 지도방법

교사는 효율적인 현장학습을 위해 철저하고 치밀한 계획을 세울 수 있어야 한다. 안전하고 교육적인 현장학습을 위해 계획하기, 사전활동, 현장활동, 사후활동 단계로 나누어 운영할 수 있다.

1) 계획하기

(1) 현장학습 장소 선정

현장학습을 위한 장소는 생활주제와 관련된 곳으로 주제 관련 학습에 대한 이해를 심화시킬 수 있는 장소가 바람직하다. 현장학습을 선정할 때의 조건을 좀 더 구체적으로 제시하면 다음과 같다.

첫째, 학습활동이 주제와 연계성이 있는가?
둘째, 유아들이 방문하기에 안전한가?
셋째, 교통기관을 이용할 때 시간이 얼마나 걸리는가?

넷째, 현장학습기관에서 유아들의 현장학습을 환영하는가?
다섯째, 감각경험을 제공하는가?
여섯째, 참여를 통해 진정한 현장학습이 이루어지는가?

생활주제에 따른 현장학습 장소의 예는 다음과 같다.

표 17-1 생활주제에 따른 현장학습 장소의 예

월	생활주제	주제	견학장소
3	나와 유치원	우리 유치원 유치원에서의 하루 내가 할 수 있는 일 사이좋은 친구들	유치원 둘러보기
4	봄의 생활	봄이 왔어요 봄의 식물	식물원
	동물	반려동물 동물원 동물	동물병원, 동물원
5	가족과 이웃	행복한 우리 가족 우리집 우리 동네의 자랑거리 우리를 도와주는 기관들	우리 동네 돌아보기(도서관, 전시관, 미용실, 은행, 소방서, 경찰서, 우체국 등), 지역사회 명소나 유적지 돌아보기
6	건강한 몸과 마음	음식 튼튼한 몸이 좋아요 운동	운동 경기장
7	여름의 생활	여름의 날씨와 생활 물 여름방학 즐거웠던 여름방학	수영장
9	우리나라와 세계 여러 나라	우리나라의 전통문화 우리나라의 상징물 세계 여러 나라	박물관 도자기 체험
10	가을의 생활	가을 가을의 곡식과 열매	가을동산 둘러보기

(계속)

월	생활주제	주제	견학장소
11	교통기관	여러 가지 탈것 교통안전	교통공원 지하철역
	지구와 환경	지구와 우주 아픈 지구를 살려요	과학관
12	도구와 기계	편리한 기계와 도구 에너지	자동차 정비소, 주유소
	겨울의 생활	겨울 겨울방학	소방서
2	특별한 날	초등학교 즐거웠던 유치원	초등학교 동생반 교실 둘러보기

(2) 현장 사전답사

현장학습 장소에 따라 사전에 승낙을 받아야 할 곳과 사전 승낙이 필요하지 않는 곳을 구분하여 사전 답사를 한다. 산과 강, 들과 같이 관리소가 없는 경우나 관광객들의 출입이 빈번한 곳은 사전 승낙을 받을 필요가 없으나 공공기관을 방문하고자 할 경우에는 최소한 1주일 전에 전화로 승낙을 받은 후 공문을 보내야 한다. 이때 방문 목적, 방문 예정일, 인솔자, 방문자 수, 소요시간, 연락처 등을 기술한다. 공문이 처리된 후 현장학습 장소를 미리 답사하여 다음과 같은 사항들을 점검해 두어야 한다.

- 교통편 결정하기
- 현장학습 장소까지의 경로(차에서 내린 후 유아와 함께 걷는 경로)
- 간식 먹을 장소
- 화장실 위치와 거리
- 현장학습 시 유아를 안내해 줄 사람이 있는지 여부(만약 있다면 유아의 이해 수준을 고려한 쉬운 정보의 내용과 전달방법 의논)
- 갑자기 날씨가 변하여 비가 올 경우 피할 수 있는 장소가 있는지 확인

(3) 가정에 알리기

현장학습 일정과 교통편이 결정되었으면 현장학습의 목적, 장소, 일시, 시간(유아교육기관에서의 출발시간, 도착시간, 시간별 현장학습 세부내용), 복장, 준비물 등에 관한 가정통신문과 현장학습 참가신청서를 각 가정에 최소 1주일 전에 보내고 현장학습 참가신청서를 받아둔다. 이때 학부모들에게 일일교사로 봉사할 수 있는지 여부를 함께 조사하여 보조교사로 활용하면 좀 더 교사를 보조할 수 있는 인력이 지원되므로 안전한 현장학습을 할 수 있다.

표 17-2 현장학습에 대한 가정 통신문의 예

<table>
<tr><td>

가정 통신문

안녕하십니까?

싱그러운 봄을 맞이하여 가정에도 행복이 깃드시길 바랍니다. 유치원에서는 어린이들이 '동물'이라는 주제로 동물에 대해 좀 더 자세히 알아보기 위하여 동물원으로 현장학습을 가려고 합니다. 현장학습에 참여하여 좀 더 어린이가 능동적으로 학습에 참여할 수 있도록 많은 협조 부탁드립니다.

일 시: 2015년 ○월 ○일(출발시간 오전 10시, 도착시간 오후 2시)
장 소: 서울어린이대공원 동물원
준비물: 간편한 복장, 운동화, 모자, 이름표, 배낭(비닐봉지, 물수건, 도시락, 간식, 물)

※아래 현장학습 참가신청서에 참여 여부를 표시한 후 ○월 ○일까지 제출하여 주시기 바랍니다.※

절 취 선

현장학습 참가신청서

(　　　　)반 이름: ____________

2015년 ○월 ○일에 실시하는 동물원 현장학습에 참여합니다 (　　)
참여하지 않습니다 (　　)

</td></tr>
</table>

2) 현장학습활동

(1) 사전활동

사전활동은 유아들이 알고 싶어 하는 것에 대한 질문목록을 작성하고, 질문에 대한 답변을 미리 예상해 보도록 한다. 사전준비 및 계획에 유아를 참여시키면 현장체험 학습을 통해 알게 된 사실과 이전에 알지 못했던 것을 비교해 볼 수 있다. 사전활동 시 확인해야 할 사항은 다음과 같다.

첫째, 유아들에게 방문하는 장소를 소개한다.
둘째, 활동목표를 인식시킨다.
셋째, 현장에서 활동할 개개인의 구체적 과제(역할분담, 활동과정)에 대해 안내한다.

구체적인 활동내용으로는 체험장소와 체험내용에 관한 이야기 나누기, 현장 관련 사진이나 그림·책 보기, 인터넷이나 유아들과 알아본 현장 관련 정보에 대해 정보를 공유할 수 있다.

(2) 본활동

교사는 현장학습을 진행하는 동안 유아를 능숙하고 차분하게 지도해야 한다. 현장학습 당일에는 현장학습에서 지켜야 할 점, 주의사항에 대해 간단히 유아들과 이야기하고 약속을 하여 안전하게 현장학습을 하도록 한다. 차량을 이용할 경우 교사는 기사에게 활동시간을 알려주어야 한다. 또한 차에 탈 유아의 명단을 확인하고, 안전벨트를 반드시 착용하도록 도우며, 다른 조력자들과 협력하기 쉽도록 이름표를 달아준다. 현장체험 학습장소에 도착했을 때, 교사는 유아들이 알아보고자 했던 것을 충분히 관찰하고 찾아볼 수 있는 시간을 제공한다. 체험학습을 하는 동안 때때로 유아의 안전을 확인하고, 자유시간에는 유아들이 흥미 있었던 점, 새롭게 발견한 점에 관해 질문을 하여 현장학습 체험에 대해 토론할 기회를 주도록 한다.

현장학습 단계에서는 실제로 유아들이 체험을 해보는 활동이 이루어진다. 예컨대, 문구점에서 물건을 구입하는 일, 은행에 가서 통장을 만들어보는 일, 관련된 일을 하는 지역사회 담당자를 면담하는 일이다. 또한 유아들은 소그룹으로 조사, 관찰한 것을 스케치, 쓰기, 수, 도표, 사진으로 기록할 수 있다. 이것은 유아가 현장에서 보고 들은 것을 주의 깊게 기록해서 교실로 다시 돌아와 학습한 내용을 표현하고자 할 때 유용한 자료가 된다. 현장학습 장소에서의 활동은 주로 유아가 직접 알아보고 체험하기, 교사가 설명해 주기, 장소 관계자의 설명 듣기, 체험학습장에서 준비한 시청각 자료 활용하기 등의 방법으로 활동을 전개해 나갈 수 있다.

(3) 사후활동

사후활동은 현장학습 후 교실에서 이루어지는 활동과 교사의 평가를 포함한다. 교사의 평가는 미흡했던 점, 소홀했던 점을 되짚어보고 이러한 점들을 다음 활동에 반영하여 더 나은 계획과 활동 실시에 도움이 되도록 해야 한다. 또한 다음 활동을 위해 장소, 경로, 활동방법 등을 기록해 문서화된 자료로 남겨두어야 한다.

유아들이 현장 방문 전에 만들었던 첫 질문목록표는 현장에서 얻은 새로운 정보를 조직하는 데 유용하므로 질문과 알아낸 답을 검토한다. 교사는 유아들과 함께 활동과정을 순차적으로 다시 이야기해 봄으로써 현장학습 경험을 상기시킨다.

사후활동의 구체적인 내용으로는 현장체험을 통해 알게 된 개념에 대한 회상, 느낀 것 중심의 조형활동, 언어활동, 극놀이, 더 알고 싶은 것에 대한 정보수집활동 등을 전개할 수 있다. 또한 현장학습 시 도움을 주신 분들께 편지나 그림으로 감사 표시하기 활동을 할 수 있다. 사후활동을 한 작품들은 전시하여 유아들이 서로의 작품을 비교하고 토의할 수 있도록 한다.

3 활동의 예

소방서 견학

활동목표

소방서에서 하는 일에 대하여 알고 화재 시 대처방법을 실천할 수 있다.

활동자료

카메라, 비상약품, 메모지, 비상연락처

활동방법

1. 사전활동

소방서에서 하는 일, 불이 났을 때 대처방법, 소방대원께 질문하고 싶은 것 등에 대해 이야기 나눈다.

2. 본활동

- 소방서에 대해 안내를 받으며 둘러본다(예: 소방차, 구급차 등).
- 불이 났을 때 소방서에서 하는 일에 대해 듣는다.
- 화재 시 대처방법에 대해 교육을 받는다.
- 소화기기, 옷의 종류, 소방 장비에 대해 관찰한다.

3. 사후활동

자유선택활동 시간에 다양한 흥미영역에서 소방서 현장학습과 연계된 활동을 할 수 있도록 활동을 제공한다.

- 쌓기영역에서 소방서 구성하기
- 소꿉놀이영역에서 소방관 놀이하기

- '만약에 내가 소방관이라면?' 이야기 꾸미기
- 소방관 아저씨께 감사의 편지 쓰기

꽃시장에 갔어요

활동목표

- 우리 동네에 꽃 가게의 위치를 안다.
- 꽃 가게에서 꽃모종을 구입하고 꽃에 대한 궁금증을 해결한다.
- 우리 동네에 꽃 가게의 소중함을 안다.

활동자료

- 동화 '꽃 파는 삼총사' (이유미 · 손영옥 글, 이소영 그림, 웅진씽크빅, 2006)
- 필기도구, 구입할 꽃 목록을 적은 종이, 꽃 관련 질문목록, 카메라

현장섭외

꽃모종의 종류와 가격 조사하기, 소요시간과 이동경로 확인하기, 담당자와 방문시간과 활동내용 협의하기, 준비물과 꽃모종 구입비용 예산 세우기

활동방법

1. 사전활동으로 동화 '꽃 파는 삼총사'를 들려준다.
2. 우리 동네에 있는 꽃 가게에 가서 구입할 꽃 목록에 대해 이야기 나눈다.
3. 소그룹으로 꽃 가게에 가서 궁금한 것을 알아보는 질문목록을 작성하도록 한다.
4. 소그룹으로 꽃 가게에 방문하여 씨앗과 꽃모종을 보면서 꽃의 이름과 여러 가지 특성을 탐색하고 조사한다.

-이 꽃의 이름은 무엇이니?

-꽃잎은 모두 몇 장이니?

-키가 가장 큰 꽃은 무엇이니?

5. 유아들이 계획한 대로 우리 반에서 함께 키울 꽃모종을 구입한다.
6. 교실로 돌아와 반 친구들에게 구입한 꽃모종을 소개하고, 조사한 내용을 소그룹별로 발표한다.
7. 우리 동네에 있는 꽃 가게의 소중함에 대해 이야기 나눈다.
8. 사후활동으로 쌓기영역에서 꽃 가게 놀이를 할 수 있다.

내 통장을 만들어요

활동목표

- 은행에서 하는 일에 대해 안다.
- 예금하는 경험을 통해 저축하는 습관을 기른다.

활동자료

- 한국은행 어린이경제마을 : 저금은 어떻게 하나요?(http://kids.bokeducation.or.kr/index.jsp)
- 유아 주민등록 등본, 도장, 저금할 돈

현장섭외

○○은행 견학 공문 작성하기, 공문통장 만들기에 필요한 준비물 확인하기, 소요시간과 이동경로, 안전사항 확인하기, 담당자와 방문시간과 활동내용 협의하기

활동방법

1. 은행에서 하는 일에 대해 동영상을 본 후 이야기 나눈다.
2. 통장을 제시하며 내 통장에서 얻을 수 있는 정보에 대해 이야기 나눈다.
   - 통장의 겉면을 살펴보자. 무엇이 쓰여 있니?
   - 통장을 만들 때 도장은 왜 필요할까?
   - 통장 안에 쓰인 글자나 숫자를 보고 무엇을 알 수 있을까?
3. 은행에서 하는 일에 대해 더 궁금한 사항에 대해 질문목록을 작성한다.
3. 소그룹으로 우리 동네에 있는 은행을 방문하여 은행에서 하는 일에 대해 담당자로부터 설명을 듣고 질문을 한다.
4. 각자 준비한 돈을 통장에 예금한다.
5. 사후활동으로 동화 '내 통장이 생겼어요'(부희령 글, 유지연 그림, 그레이트북스, 2007)를 읽어준 후 저금을 하고 난 후 느낌에 대해 이야기를 나눈다.

18장

간식 및 점심

유아기는 성장과 발육이 급속하게 진행되는 시기이며 유아들이 기관에 머무르는 시간이 늘어나는 추세이므로, 유아의 간식 및 점심지도는 체계적인 계획을 가지고 하루의 일과 가운데 자연스럽게 이루어져야 하며 물리적 환경 역시 청결하게 구성해야 한다. 특히 유아들은 활발하게 놀이하며 에너지를 발산하기 때문에 적절한 시간에 균형 있고 영양가 있는 음식을 제공하는 것이 매우 중요하고, 이 시기는 식습관 형성에 기초가 되므로 바람직한 식습관 관련 태도가 형성될 수 있도록 세심한 지도가 이루어져야 한다.

간식 및 점심 지도가 청결하고 위생적으로 이루어지도록 주기적인 위생, 청결상태 등을 점검해야 한다. 유아들이 간식 및 점심을 먹기 전에 청결한 위생습관 형성을 돕기 위해 손 씻기가 잘 이루어지도록 해야 하는데, 교사는 유아들이 손 씻기를 잘할 수 있도록 손을 깨끗하게 씻는 과정에 대한 그림이나 사진을 제시해 주고, 유아들의 신체 크기에 맞도록 세면대 시설을 구비해 놓는 것이 필요하다.

교사는 유아들이 선호하는 음식에 대해 조사하고 일과 속에서 우리 몸에 좋은 음식과 몸에 좋지 않는 음식 등에 대해 이야기를 나누거나 다양한 활동을 통해서 왜 영양소 섭취를 골고루 해야 하는지 유아들이 이해할 수 있는 기회를 제공한다. 또한 유아교육기관에서 섭취하는 음식에 대해 가정과 공유하여 유아의 영양상태의 관리 및 지도가 효율적으로 이루어지도록 한다.

1 교육적 의의

기관에서 이루어지는 간식 및 점심시간의 교육적 의의는 다음과 같다(이정환, 1999).

첫째, 유아들에게 적절한 시간에 균형 잡힌 영양소를 제공하여 유아들의 건강한 생활에 도움이 된다.

둘째, 바람직한 식사습관을 몸에 익히고 식사 및 간식에 필요한 도구의 올바른 사용법 및 예의 바른 식사태도를 배운다.

셋째, 기관에서 제공하는 다양한 음식을 접하고 맛보면서 편식을 예방할 수 있다.

넷째, 또래 친구들과 함께 식사하면서 이루어지는 상호작용을 통해 유아의 사회성 발달 및 정서발달을 도모할 수 있다.

2 지도방법

간식 및 점심지도를 위한 지도방법은 식사 전, 식사 중, 식사 후로 나눌 수 있다. 이를 구체적으로 살펴보면 다음과 같다.

1) 간식 및 점심식사 전

- 간식 및 점심식사 장소가 교실인 경우 책상을 깨끗하게 닦아서 청결한 가운데 식

사가 이루어지도록 한다.

- 식사장소가 따로 마련된 경우에는 교사와 함께 안전하고 질서 있게 이동하도록 한다.
- 간식 및 점심식사 하기 전에 손 씻기가 위생적으로 이루어질 수 있도록 한다. 이를 위해 학기 초에 손을 씻어야 하는 이유를 알게 하고, 손 씻는 방법에 대해서도 세심한 지도가 이루어져야 한다.
- 음식을 준비해 준 분들에 대해 감사하는 마음을 표현하는 시간을 갖는다.
- 음식을 배식할 때 유아의 의사를 존중하여 적절한 양을 제공하되, 유아들이 다양한 음식을 접하고 먹어 보도록 세심하게 배려한다.

2) 간식 및 점심식사 중

점심식사하는 유아들

- 유아들이 바른 자세로 앉아서 그릇과 도구를 올바르게 사용하면서 식사할 수 있도록 지도한다.
- 음식을 편식하지 않고 골고루 먹을 수 있도록 지도한다. 유아들이 선호하지 않는 음식도 교사가 맛있게 먹는 모습을 보여주어서 유아들이 새로운 음식들을 맛볼 수 있는 기회를 제공하며, 유아들이 골고루 먹어야 하는 이유를 이해하여 싫은 것이 있어도 조금씩 시도해 보게 한다.
- 음식을 먹을 때 흘리지 않도록 적절하게 양을 조절하게 하며, 소리를 내지 않고 천천히 씹어 먹을 수 있도록 지도한다.
- 음식물이 입 안에 가득 있을 때는 소리를 내거나 말을 하지 않도록 하는 등 올바른 식사태도에 대해 지도한다.
- 식사를 하면서 또래들과 자연스럽게 대화하며 즐거운 분위기를 갖게 한다.

3) 간식 및 점심식사 후

- 식사 후에는 입가에 묻은 음식물을 휴지로 닦게 한다.
- 유아 스스로 음식물을 흘린 자리를 깨끗하게 닦고 식기를 제자리에 정리하게 한다.
- 점심식사 후에는 이닦기를 바르게 하도록 지도한다.
- 먼저 식사를 마친 유아는 책 읽기나 조용한 활동을 하며 휴식을 취하게 한다.

3 간식 및 점심 지도 시 유의사항

- 간식은 끊임없이 활동하는 유아에게 보충 에너지와 영양을 공급해 주는 것이므로 적절한 열량의 음식을 제공해야 한다.
- 기관에서 제공하는 간식은 보통 오전 간식과 오후 간식으로 이루어지는데, 오전 간식은 소화가 용이한 음식으로 구성하여 점심식사에 지장을 주지 않도록 계획되어야 한다. 오후 간식은 유아들이 귀가하여 저녁을 먹기까지의 시간을 고려하여 에너지를 충분히 줄 수 있는 메뉴를 선택하여 제공한다.
- 오전 간식의 운영은 10시에서 11시 사이에 각 유아들이 원하는 때 스스로 준비하여 먹은 후 각자 자신이 먹은 것을 치우는 자유 운영방식과 매일 일정한 시간에 같은 반의 모든 원아가 함께 간식을 먹는 방식이 있다.
- 간식시간을 통해 유아들은 또래와 즐겁게 상호작용하며 하루 일과로 인한 긴장을 풀게 한다.
- 간식 및 점심식단은 신선한 제철식품을 활용하며 시각적·미각적 감각을 만족시킬 수 있는 음식을 제공하도록 한다.
- 점심 식단은 유아들의 성장과 발육에 도움이 되도록 하며, 모든 영양소의 균형 있는 섭취가 가능하도록 구성한다.
- 유아들이 씹기 쉽고 자극성이 적은 음식을 제공한다. 즉 파, 마늘의 과다한 사용

을 피하고, 화학조미료의 사용을 금한다.

- 유아들의 체질에 따라 피해야 할 음식이 있으므로 교사는 유아들의 개별 신상을 잘 파악해야 한다.

19장 낮잠 및 휴식

유아들이 유아교육기관에서 건강하고 즐겁게 생활하기 위해서는 규칙적으로 잠을 자고 적당한 휴식을 취해야 한다(교육과학기술부, 보건복지부, 2012). 기관에서 장시간 생활하는 유아들이 충분한 낮잠과 휴식을 취하지 못하면 쉽게 피로를 느끼고 짜증을 내는 경우가 많다. 유아들의 피로는 많은 활동량에 기인한다. 유아들은 재미있는 일에 집중하면 피로함을 잊어버리고 자지 않으려는 경향이 있다. 따라서 원에서는 유아들이 건강하게 생활하도록 일과 계획에 의도적으로 휴식이나 낮잠을 포함해야 한다. 원에서 종일 생활하는 유아들에게 낮잠과 휴식의 필요성은 더욱 중요하여, 어린이집 평가인증지표에도 반영되어 강조하고 있다(www.kcpi.or.kr).

유아들의 낮잠과 휴식은 개별 유아의 습관과 특징을 이해하고 편안한 분위기에서 쉴 수 있도록 배려해야 한다. 그러나 실제 현장의 모습은 낮잠과 휴식시간을 일과에 계획하고는 있지만 거의 운영하지 않거나 모든 유아가 동일한 시간대에 잠을 자거나 쉬게 하는 획일적 지도를 하는 기관도 있다. 낮잠시간은 유아의 의무가 아니며, 교사들이 밀린 업무를 처리하는 시간도 아니다. 교육시간의 연장이며 다른 활동과 마찬가지로 또 다른 즐거움과 휴식을 제공해야 한다. 다만 유아들은 잠시도 가만히 있지 않고 스스로 휴식을 취하기 어려우므로 교사는 일정한 시간을 통하여 휴식을 취할 수 있도록 지도하는 것이다.

1 교육적 의의

낮잠 및 휴식의 교육적 의의는 다음과 같다.

① 유아들은 잠시도 가만히 있지 않고 스스로 휴식을 취하기 어려우므로 휴식과 낮잠시간을 통해 에너지를 보충하여 오후 활동에 집중할 수 있다. 피로가 누적될 경우 유아들의 주의력과 집중력이 떨어져 안전사고의 위험도 높아진다(이슬기, 2008; 조경자, 이현숙, 1998).

② 주변 환경과의 계속적인 접촉, 여러 사람들의 행동과 목소리 등은 유아들을 쉽게 지치게 하는 요인이 된다. 유아의 생체리듬을 고려한 충분한 휴식과 낮잠은 면역력을 강화하여 기관에서 건강하게 생활할 수 있게 한다.

③ 유아들의 뇌발달을 촉진할 수 있다. 유아는 잠을 자는 동안 뇌세포가 활성화되어 기억을 재정비하고 이 과정에서 기억력이 강화된다는 뇌연구 결과(서유헌, 2013)는 낮잠과 휴식의 중요성을 더욱 뒷받침한다.

2 지도방법

유아들이 일과에서 편안하고 안락한 낮잠이나 휴식을 취할 수 있도록 준비과정에서 정리에 이르는 지도방법을 소개하면 다음과 같다.

1) 준비과정

유아들의 생체리듬은 대체로 오전 9시부터 상승하다가 11시가 지나면 하락한다. 따라서 휴식이나 낮잠을 통해 에너지를 재충전하여 오후 활동에 새로운 힘과 여유를 가질 수 있도록 도와준다.

① 유아연령, 계절, 활동량, 건강상태에 따라 낮잠이나 휴식시간은 차이가 있다. 학기 초 유아들의 연령이 어리거나 기관에 낯설어 하는 시기에는 개별적인 휴식이나 낮잠지도가 필요하다. 그러나 점차 유아들이 유아교육기관에 익숙해지고 규칙적인 일과에 안정감을 느끼게 되면 매일 일정한 시간에 피로를 풀거나 낮잠을 잘 수 있는 환경과 분위기를 마련한다. 일반적으로 종일제 프로그램에서는 오전 일과를 마치고 점심식사 후, 1시간~1시간 30분 정도의 낮잠을 통해 휴식을 취할 수 있도록 배려한다. 시간연장제 프로그램의 경우 동적인 활동을 한 후, 15~20분 정도 휴식을 가지는 것이 좋다.

② 낮잠을 자기 전에 화장실을 다녀오고, 유아 스스로 자신의 요와 이불, 베개를 챙겨 잠자리를 준비하도록 도와준다. 낮잠용 침구는 일정한 장소에 비치한다. 침구마다 이름을 붙이면 개인적인 의미가 있어 좋고 위생적이다. 침구 간 간격은 약 50㎝ 정도 떨어지게 하여 서로 방해받지 않도록 한다. 준비과정에서 교사는 실내화를 신은 채 유아의 침구 위를 올라가지 않도록 유념한다.

③ 쉽게 잠들 수 있는 환경을 준비한다. 낮잠 자는 방을 따로 마련해 주는 것이 가장 바람직하나 공간이 부족할 경우에는 교실에 교구장이나 칸막이 등으로 가려 아늑한 분위기를 만든다. 유아들이 신체적으로 잠자리에 적응하도록 조명을 낮추고, 커튼이나 블라인드를 치며, 실내온도와 습도, 환기에도 신경을 써주어 편안하게 낮잠과 휴식을 취할 수 있도록 한다.

④ 유아기는 발달적으로 다른 성에 관심과 호기심을 가지기 시작하는 시기이다. 간혹 옷을 갈아입고 벗는데 불편해하는 유아가 있거나 친구의 신체적 접촉을 꺼리는 유아가 있는 경우 여아와 남아들의 낮잠 장소를 구분하기도 한다. 예를 들면

여아들은 역할영역, 남아들은 쌓기영역으로 나누어 낮잠을 재우기도 한다.

2) 낮잠 및 휴식 지도

낮잠이나 휴식을 취할 교실환경이 준비되면 교사는 유아들의 신체상태와 수면습관 등을 고려하여 오전의 피로를 푸는 시간이 되도록 운영한다.

① 유아가 편안하게 낮잠을 잘 수 있도록 조용한 음악을 들려주고, 등을 쓸어 주거나 부드러운 인형을 옆에 두게 하고, 조용히 책을 읽어준다. 유아마다 잠이 드는 데 걸리는 시간과 방법이 다르므로 교사는 잔소리를 하거나 강요를 하지 않는다.

② 낮잠을 자지 않으려는 유아는 억지로 재우려 하지 말고 분리된 공간에서 조용한 활동을 하도록 배려한다. 잠자는 유아를 방해하지 않도록 교사는 낮은 목소리로 말하는 모습을 보이고 한쪽에서 조용히 휴식을 취하도록 한다. 낮잠시간은 유아마다 활동의 양과 그날의 상태에 따라 조금씩 차이가 있으므로 스스로 조절하도록 지도한다.

낮잠 지도하는 교사

③ 교사는 사전에 부모로부터 유아 개개인의 생활리듬이나 수면습관 등을 파악해 놓는다. 예민하여 조그만 소리에도 잠을 깨는 유아가 있는가 하면, 어떤 소리에도 방해받지 않고 잘 자는 유아, 자신의 베개나 이불, 인형이 있어야 잠을 자는 유아 등 유아에 따라 다양한 습관을 가지고 있으므로 이에 대한 개인적 정보를 미리 파악하는 것이 필요하다.

④ 유아가 낮잠을 자는 동안 한 명의 교사는 반드시 낮잠 자는 방을 지켜 악몽을 꿔 놀란 유아, 일찍 잠에서 깬 유아들을 보살펴 준다. 교사가 분주하게 교실을 오가며 일을 하거나 훈계를 하는 것은 바람직하지 않다.

3) 정리정돈

어린 유아들은 잠을 자고 깨는 습관에도 차이가 있다. 교사는 학기 초 이에 대한 파악을 하여 낮잠 후 오후활동으로 자연스럽게 전이되도록 지도한다.

① 유아들이 서서히 잠에서 깨어나도록 땀을 닦아주거나 조명도 부분적으로 켜고 경쾌한 음악을 작게 틀어준다. 낮잠에서 일찍 깨어난 유아는 다른 친구들을 방해하지 않도록 한쪽에서 쉬거나 조용히 활동하도록 배려한다.

② 자고 난 자리를 스스로 정리하게 하고, 차례대로 화장실을 다녀온 후 다음 활동을 준비하도록 한다.

③ 학기 초 부모와의 헤어짐이나 초기 적응에 불안감을 가진 어린 유아의 경우 잠을 자면서 실수할 수 있다. 이를 대비하여 개인별 여벌의 옷을 준비해 둔다.

20장

귀가

귀가시간은 하루의 일과를 마무리하고 내일의 놀이에 대한 기대를 하며 행복하게 집으로 돌아가는 시간이 될 수 있도록 한다.

귀가 전, 귀가 시, 귀가 후에 교사가 해야 할 일에 대해 시간대별로 구분하여 정리하면 다음과 같다.

1 귀가 전

- 귀가시간이 되면 유아가 집에 가져갈 소지품들을 챙겨서 가방에 넣도록 하며, 이때 젖은 양말이나 옷가지 등은 비닐봉지에 잘 담아 밀봉하여 가방에 넣어준다.
- 정기적으로 칫솔이나 수건, 이불, 실내화를 세척하기 위해 가정으로 보내는 날에는 미리 준비하여 안 가져가는 유아가 없도록 한다.
- 부모에게 전달할 물건이나 유인물을 구분하고, 직접 전해야 할 말은 따로 메모를 해둔다.

• 유아가 단정하게 정돈된 모습으로 귀가하도록 매무새를 다듬어 준다. 헝클어진 머리는 다시 빗겨주고, 땀이나 음식물 등이 얼굴에 묻은 경우 깨끗이 닦아 준다. 손이나 옷에 물감 등이 묻은 채 귀가해야 하는 경우에는 부모님께서 무엇이 묻었는지 알 수 있도록 메모를 붙여 보내주는 것이 좋다.

귀가 준비를 하는 유아

2 귀가 시

• 한자리에 모여 하루 생활을 회상하는 시간을 갖는다. 하루를 지내면서 기분이 어떠했는지, 기뻤던 일, 속상했던 일 등에 대해 질문하고 알아본다. 또한 놀이했던 것에 대한 소개시간도 가질 수 있다.

하원 정보를 기록하는 교사

• 다음 날 있을 활동에 대해 소개하기도 한다. "내일은 우리 반에서 시장놀이를 할 거란다. 그래서 교실이 평소와는 다를 거란다."와 같이 자유선택활동시간에 이루어질 놀이에 대해 알려주기도 한다.

• 일과에 대한 회상 및 내일 활동에 대한 소개가 끝난 후, 귀가 노래를 부르고, 유아의 이름을 한 명씩 다정하게 불러주고 인사를 나눈다.

귀가 인사의 예)

- "잘 가, 내일 또 만나자. 사랑해."
- "두 밤 자고 만나자."
- (몸이 아팠던 유아에게) "○○야, 내일은 다 낫고 와서 재미있게 지내자."

• 하원 시 유아를 하원시킨 사람과 하원한 시간을 기록용지에 적는다.

3 귀가 후

• 유아들이 모두 귀가한 후에는 다음 날의 일과를 위한 준비를 한다. 즉 놀잇감 세척, 실내·외 안전 점검, 교실의 물품(휴지, 소독액, 수건 등) 점검, 일지 작성과 교육계획안에 따른 자료 준비 등을 한다.

• 유아가 하루를 어떻게 지냈는지, 유아의 상태와 그에 대해 어떤 조치를 취했는지 부모와 통화한다(예: 목이 아팠던 유아, 친구와 부딪혀 멍이 든 유아 등).

tip 귀가 지도 시 유의사항

• 유아가 개인 준비물(가방, 겉옷, 신발, 목도리 등)을 잘 챙겨 돌아갈 수 있도록 빠진 것이 없는지 확인한다.
• 두고 가는 소지품이 없도록 귀가 전에 개인사물함을 살펴본다.
• 누가, 언제, 누구와 함께 귀가했는지 기억하거나 적어둔다.
• 약속된 보호자가 아닌 다른 보호자가 유아를 데리러 왔을 때 반드시 교사의 확인을 거친 후에 귀가시켜야 한다.
• 하원 지도 시 학부모로부터 유아의 귀가 일정 변경에 대한 요청이 있는 경우 즉시 메모하고 담임교사와 차량 담당자에게 정확하게 전달한다.

참고문헌

국내문헌

강문희, 이혜상(1997). **아동문학교육**. 서울: 학지사.

교육과학기술부(2012). **5세 누리과정 교사용 지도서**. 교육과학기술부.

교육과학기술부, 보건복지부(2012). **누리과정 교사용 지도서**. 교육과학기술부, 보건복지부.

교육과학기술부, 보건복지부(2013). **3~5세 연령별 누리과정 해설서**. 교육과학기술부, 보건복지부.

교육부(1998). **유치원 교육과정 해설**. 대한교과서주식회사.

교육인적자원부(2001). **유치원 교사교육 프로그램**. 교육인적자원부.

김남연(2005). 통합적인 동시 활동이 만3세 유아의 동시 감상 능력에 미치는 영향. 중앙대학교 교육대학원 석사학위논문.

김미량, 김수희(2013). **영유아교수방법론**. 경기: 공동체.

김세희(2000). **유아교사를 위한 유아문학교육**. 서울: 양서원.

김신자(2000). **효과적 교수설계 및 교수방법**. 서울: 문음사.

김재숙(2002). 독자반응이론에 의한 동시지도가 유아의 동시감상 및 짓기에 미치는 영향. 덕성여자대학교 대학원 박사학위논문.

김정원, 김유정, 이효정(2013). **교수-학습방법**. 경기: 공동체.

김철주(1999). **효과적인 교수방법의 탐구**. 경기: 강남대학교출판부.

김현주(2010). 유아교육기관 일과 운영에서 전이(轉移)의 내용과 의미. 전남대학교 대학원 박사학위논문.

김현희, 박상희(1999). **유아문학교육**. 서울: 학지사.

나은숙, 윤희경, 안경숙, 오애순, 김승옥(2010). **영유아 교과교육론**. 경기: 공동체.

박은혜(1996). 반성적 사고와 유아교사교육. **유아교육연구**, 16(1), 175-192.

박은혜, 배소연, 이정욱, 임승렬, 조부경, 조운주, 조형숙, 황보영란(2002). **유아 교사 교육의 최근 연구 동향**. 서울: 이화여자대학교 출판부.

박화윤, 김영애, 마지순, 안라리, 이선원, 이희자, 조진희, 허은주(2010). **유아를 위한 교과교육학**. 경기: 공동체.

방인옥, 박찬옥, 이기현, 김은희(2003). **유아교육과정**. 서울: 정민사.

서동미, 엄은나, 이혜경, 박성희(2013). **유아교과교육론**. 경기: 공동체.

서유헌(2013). **뇌의 비밀**. 경기: 살림출판사.

심성경, 백영애, 이영희, 이효숙, 박지애, 박주희(2007). **유아미술교육**. 경기: 공동체.

심성경, 백영애, 이영희, 함은숙, 변길희, 김나림, 박지애(2010). **놀이지도**. 경기: 공동체.

안경숙, 김소향, 박진성(2008). 창작이야기 노래를 활용한 유아 주도적 음악극 활동이 유아의 음감 및 리듬감 발달에 미치는 효과. **음악교육연구**, 34, 59-86.

안경숙, 김소향(2009). 음악교육내용 영역에 따른 유아교사의 교수방법 실제에 대한 분석연구. **음악교육연구**, 36, 29-54.

안경숙, 김소향, 나은숙(2012). **영유아음악교육**. 양서원.

안경숙, 이옥주(2003). 소리에 대한 음악과 과학 교육 통합 활동이 유아의 음악적 개념에 미치는 영향. **음악교육연구**, 24, 49-66.

양옥승, 최경애, 이혜원(2011). **영유아교육과정**. 서울: 학지사.

오연주(2010). **조형 활동을 활용한 영·유아 미술교육**. 서울: 창지사.

육아정책연구소(2013). 누리과정 컨설팅 장학 중앙연수. 세미나자료 2013-09.

윤애희(2003). **유아 놀이지도**. 서울: 창지사.

윤애희, 정정옥(2009). **영·유아 놀이지도**. 서울: 창지사.

윤희경, 임미혜, 김애옥, 이분려, 장미아, 고영희(2003). **현장중심 유아교수-학습방법**. 서울: 창지사.

이경우, 장영희, 이차숙, 노영희, 현은자(1997). **유아에게 적절한 그림책**. 서울: 양서원.

이미선(2006). 유치원 현장에서의 이야기 나누기 활동에 대한 인식과 실태 연구. 경기대학교 교육대학원 석사학위논문.

이성호(1999). **교수방법론**. 서울: 학지사.

이숙재, 김경란, 이방실(2013). **영유아미술교육**. 서울: 창지사.

이숙재(2014). **영유아 놀이의 이론과 실제**. 서울: 창지사.

이슬기(2008). 어린이집에서의 낮잠에 대한 교사와 부모의 인식 및 실제. 이화여자대학교 교육대학원 석사학위논문.

이영, 이정희, 김온기, 이미란, 조성연, 이정림, 유영미, 이재선, 신혜원, 나종혜, 김수연, 정지나(2009). **영유아발달**. 서울: 학지사.

이영자, 이기숙, 이정욱(1999). **유아 교수-학습 방법**. 서울: 창지사.

이영자, 유희정(1995). 3, 4세 유아를 위한 이야기 나누기: 3-4세 유아를 위한 프로그램의 이론과 실제. 1995년 하기교사강습회. 한국어린이육영회.

이은화, 양옥승(1988). **유아교육론**. 서울: 교문사.

이재철(1983). **아동문학개론**. 서울: 서문당.

이정욱, 임수진(2010). **탐색·표현·감상의 통합적 유아미술교육**. 경기: 정민사.

이정환(1999). **유아교육 교수학습방법**. 서울: 교문사.

이정환, 김희진(2013). **영·유아 교육의 교수학습방법**. 서울: 파란마음.

임부연, 최남정, 양혜련(2010). **유아교과교육론**. 경기: 공동체.

조규락, 김선연(2006). **교육방법 및 교육공학**. 서울: 학지사.

조부경, 백은주, 서소용(2001). **유아교사의 발달을 돕는 장학**. 서울: 양서원.

조경자, 이현숙(1998). **유아건강교육**. 서울: 학지사.

홍순정, 이기숙(2014). **유아교육과정**. 한국방송통신대학교출판부.

황보라(2004). 자기 장학을 통한 교사와 유아의 변화: 이야기나누기 수업을 중심으로. 중앙대학교 교육대학원 석사학위논문.

국외문헌

Albrecht, K., & Miller, L. G.(2000). *The comprehensive toddler curriculum: A complete for toddlers from 18 to 36 months*. Beltsville, MD: Gryphon House, Inc.

Berk, L. E., & Winsler, A.(1995). **어린이들의 학습에 비계설정: 비고츠키와 유아교육**. 홍용희(역). 서울: 창지사.

Bodrova, E., & Leong, D.(1996). *Tools of mind: the Vygotskian approach to early childhood education*. Upper Saddle River, NJ: Merrill/Prentice Hall.

Bredekamp, S.(1991). Guidelines for appropriate curriculum content and assessment in programs serving children ages three through eight. *Young Children*, 46(3), 21-38.

Bredekamp, S., & Copple, C.(1997). *Developmentally appropriate practice in early childhood programs*. Wsahington, DC: National Association for the Education of Young Children.

Bredekamp, S., & Rosegrant, T.(1992). Reaching potentials through appropriate curriculum: Conceptual frameworks for applying guidelines. In S. Bredecamp & T. Rosegrant(Eds.). *Reaching potentials: Appropriate curriculum and assessment for young children*. Washington, DC: NAEYC.

Bruner, J., & Haste, H.(1987). *Making sense: The child's construction of reality*. NY: Methuen.

Campbell, P. S., & Scott-Kassner, C.(1995). *Music in childhood*. New York: Schirmer Books.

Charlesworth, R., & Lind, K. K.(1995). *Math and science for young children*(2nd ed.). Albany, NY: Delmar.

Dombro, A. L., Colker, L. J., & Dodge, D. T.(1997). *The creative curriculum for infants & toddlers*. Washing, DC: Teaching Strategies.

Eliason, C., & Jenkins, L.(2003). *A practical guide to early childhood curriculum*(7th ed.). Upper Saddle River, NJ: Merrill/Prentice Hall.

Epstein, A. S.(2009). **유아교수방법: 교육적 의도를 가진 교사**. 이은해 외(역). 경기: 양서원. (원저: The intentional teacher: Choosing the best strategies for young children's learning)

Freiberg, H. J., & Driscoll, A.(1996). *University teaching strategies*. Boston, MA: Allyn & Bacon.

Gallahue, D. (1995). Transforming physical education curriculum. In S. Bredekamp and T. Rosegrant(Eds.), *Reaching potentials: Trans forming early childhood curriculum and assessment*(vol. 2). Washington, DC : NAEYC.

Gorden, E. E.(1991). *Guiding your child's musical development*. Chicago, IL: GIA Publication.

Gorden, E. E.(1997). *A music learning theory for newborn and young children*. IL: GIA Publication.

Gordon, E. E.(2003). *Learning Sequence in Music: Skill, Content and Patterns*. Chicago: G.I.A. Publications.

Haines, B. & Gerber, L. (2000). *Leading young children to music*. Upper Saddle River, NJ: Prentice-Hall, Inc.

Hendrick, J.(1997). *Total learning: Curriculum for the young child*. Upper Saddle River, NJ: Merill/Prentice Hall.

Isbell, R. T.(2002). Learning language and literacy: Telling and retelling stories. *Young Children*, 57(2), 26-30.

Johnson, D. W., & Johnson, R. T.(1991). *Learning together and alone*. Upper Saddle River, NJ: Merill/Prentice Hall.

Kilmer, S. J., & Hoffman, H.(1995). Transforming science curriculum. In S. Bredekamp and T. Rosegrant(Eds.), *Reaching potentials: Transforming early childhood curriculum and assessment*(vol.2). Washington, DC: NAEYC.

Kostelnic, M. J., Soderman, A. K., & Whiren, A. P.(1999). *Developmentally appropriate programs in early childhood education*. Upper Saddle River, NJ: Merill/Prentice Hall.

Kovalik, S., & Olsen, K.(1997). *Integrated thematic instruction*(3rd ed.). Kent, WA: Susan Kovalik & Associates.

Lay-Dopyera, M., & Dopyera, J(1993). *Becoming a teacher of young children*. New York: McGraw-Hill.

NAEYC(1991). Guidelines for appropriate curriculum content and assessment in programs serving children age 3 through 8, *Young Children*, 30, 21-67.

Pica, R.(1995). *Experiences in movement-with Music Activities and thery*. Alban, N.Y.: Delmar Publishers Inc.

Santrock, J. W.(2001). *Child Development*(9th ed.). NY: McGraw-Hill.

Seefeldt, C., & Wasik, B.(2002). *Kindergarten: Fours and fives go to school*. Upper Saddle River, NJ: Merrill/Prentice Hall.

Wasic, B.(2001). Teaching the alpabet to young children. *Young Children*, 56(1), 34-41.

웹사이트

한국보육진흥원 https://www.kcpi.or.kr

한국은행 어린이경제마을 http://kids.bokeducation.or.kr/index.jsp

저자 소개

윤희경
덕성여자대학교 대학원 유아교육학과(박사)
계명문화대학교 유아교육과 교수

저서 및 논문
사립유치원 부담임으로 근무하는 초임교사의 일과 생활(2014)
좋은 교사에 대한 예비유아교사들의 신념 변화(2013)

김애옥
전남도립대학 유아교육과 교수

저서 및 논문
영유아 교과교재연구 및 지도법(2013)
아동문학(2014)

나은숙
덕성여자대학교 대학원 유아교육학과(박사)
서일대학교 유아교육과 교수

저서 및 논문
3~5세 유아용 인성 척도개발 연구(2014)
영유아 음악교육(2013)

이분려
경북대학교 대학원 아동가족학과(박사 수료)
선린대학교 유아교육과 교수

저서 및 논문
유아영어 교사교육에 관한 제언(2012)
보육교사의 정서노동에 관한 연구(2011)

황혜경
덕성여자대학교 대학원 유아교육학과(박사)
한림성심대학교 유아교육과 교수

저서 및 논문
보육과정(2014)
영유아 동작교육(2013)

유아 교수-학습방법

초판 1쇄 발행 2015년 2월 27일
초판 7쇄 발행 2023년 1월 16일

지 은 이 | 윤희경 · 김애옥 · 나은숙 · 이분려 · 황혜경
펴 낸 이 | 김기섭
책임편집 | 최창숙
펴 낸 곳 | 창지사 www.changjisa.com
153-802 서울시 금천구 가산디지털1로 83 파트너스타워 1차 9층
전화 (02) 719-2211~3
팩스 (02) 701-9386
등 록 | 1977년 4월 28일 · 제1-421호

ISBN 978-89-426-0790-7 (93370)

값 17,000원